实体经济高质量发展策略研究

——以河南省为例

RISK MANAGEMENT AND COOPERATION MECHANISM OF SUPPLY CHAIN FINANCING ON E-COMMERCE PLATFORM

黄毅敏　王红娜　张如云◎著

经济管理出版社
ECONOMY & MANAGEMENT PUBLISHING HOUSE

图书在版编目（CIP）数据

实体经济高质量发展策略研究：以河南省为例/黄毅敏，王红娜，张如云著．—北京：经济管理出版社，2020.10
ISBN 978-7-5096-7568-7

Ⅰ．①实…　Ⅱ．①黄…②王…③张…　Ⅲ．①区域经济发展—研究—河南
Ⅳ．①F127.61

中国版本图书馆 CIP 数据核字（2020）第 175527 号

组稿编辑：丁慧敏
责任编辑：丁慧敏　吴　倩
责任印制：黄章平
责任校对：王淑卿

出版发行：经济管理出版社
（北京市海淀区北蜂窝 8 号中雅大厦 A 座 11 层　100038）
网　　址：www. E-mp. com. cn
电　　话：（010）51915602
印　　刷：唐山玺诚印务有限公司
经　　销：新华书店
开　　本：720mm×1000mm/16
印　　张：15
字　　数：262 千字
版　　次：2020 年 12 月第 1 版　　2020 年 12 月第 1 次印刷
书　　号：ISBN 978-7-5096-7568-7
定　　价：59.00 元

前言 | PREFACE

实体经济是人类社会赖以生存和发展的坚实基础，是社会物质财富的源泉，是国家繁荣昌盛的根基，也是社会和谐稳定的保障。本书对河南省的实体经济高质量发展策略展开研究，以促进河南经济快速发展，本书共分为11章。

第1章首先阐述了研究背景，即发现实体经济是人类发展的基础、国家高质量发展的基础，得出了实体经济高质量发展是时代所趋的结论，其中河南省实体经济需要高质量发展，高质量发展是河南省实体经济发展的内在需要，因此对河南省实体经济的研究具有必要性。其次提出了河南省实体经济发展过程中存在的一些问题，即河南省实体经济发展薄弱，表现在：产业结构不尽合理、发展质量相对较低、受虚拟经济挤压严重，然而由于河南省具有实体经济发展基础好、国家政策扶持带来新机遇等优势，因此研究河南省实体经济发展策略具有重大意义。

第2章主要通过文献分析梳理了实体经济、高质量发展和协同发展的基础理论及研究动态，并基于创新、协调、绿色、开放、共享的新发展理念综述高质量发展的宏观路径分析，最后分别综述了制造业与物流业、制造业与金融业、制造业与生产性服务业的协同关系。研究发现“实体经济”经常使用在经济战略和政策领域，但理论层面上的实体经济并不清晰，如何推动经济发展成为一个新的历史课题，而高质量发展就是针对这一课题的理论创新和解决方案，但是总体来看高质量发展的研究尚处在起步阶段，有关高质量发展的深度理论研究并不多，因此围绕河南省积极探索富有地域特色的高质量发展新路径，最终协同推进河南省实体经济协同发展意义非凡。

第3章主要描述分析河南省经济发展基础特征，即描述分析河南省经济发展概况，并运用有序度测度模型测算出河南省及18地市产业结构有序度并绘制产业结构有序度图表，深入分析河南省经济资源配置的现状，最后设计了河南省创新驱动路径，提出了河南省已进入中等收入和中高等收入水平行列，经济总量虽然每年呈现增长的态势，但是产业结构不合理始终是困扰河南经济发展的一大难题，产业结构需要进行调整，使产业结构与经济总量健康增长；河南省的第二产业产值比重较高，工业现代化水平偏低，第三产业产值低，大部分地区尚未得到充分发展，应以第三产业反哺第一产业，真正做到产业结构的优化合理。

第4章主要研究了河南省的实体经济发展态势，首先提出了河南省实体经济基础特征，即实体经济总量规模持续增长、实体经济产业结构不断优化、效益日渐提升、实体经济与虚拟经济协同发展、技术创新能力和创新的科研水平不断提高、企业在实体经济建设中的地位逐步提升。其次从政策支持力度增加、产业结构升级有潜力、“一带一路”经济增长新契机、人口和资源优势仍在、消费潜力巨大等角度发现河南省实体经济发展迎来新机遇。再次提出了河南省实体经济高质量发展的关注重点是产业空心化趋势、产业处于价值链中低端、科技创新体制尚待完善。最后提出河南省实体经济高质量发展对策。

第5章首先构建河南省经济发展动力指标体系，描述并分析河南省的动力因素，采用贡献率计算法建立河南省经济发展动力因素评价模型，并对影响河南省经济发展的动力因素进行阶段性排序。其次分阶段对河南经济发展动力因素进行具体评价与分析。最后对比分析了核心地位、重要地位以及一般地位的动力因素。研究发现，发展经济是每一个地方政府乃至国家的头等大事，要更好地发展经济，需要重视市场、教育、资源、资金、劳动力等各方面的因素，并提取各研究者提出的河南经济发展的动力影响因素。

第6章主要基于2012~2017年统计数据，对河南省制造业高质量发展动能展开研究，通过提出问题，述评相关文献，构建指标体系，采用灰色优势分析模型对创新动能展开分析。研究发现，河南省制造业发展存在过热投资使得产能过剩等问题；且河南省除单位GDP环保能力建设资金使用额外，R&D投入、R&D人员数、专利授权量、技术市场成交额比、地理标志商标数、出口复杂度、城镇化率与公共交通运营数比重之间的紧密程度均呈增长态势。

第7章通过利用灰色关联度模型，得出实体经济指标与虚拟经济指标灰色关联度，并实证研究河南省制造业与物流业、金融业三产业协同发展，研究发现河南省制造业与物流业、金融业三产业间的发展为平稳发展，河南省制造业与物流业、金融业的发展存在长期均衡的关系，但三产业的因果关系不明显；河南省各行业的协同度表现为强烈波动性，且协同程度相对较低，大部分处于0.5~0.8，少部分行业表现为良好的协同度，协同度具有较大的提升空间，因此河南省制造业各行业的协同发展需要进一步完善。

第8章通过构建河南省制造业高质量发展评价指标体系，从创新、经济、能源和环境四个方面入手，从四维角度展现制造业高质量发展的内涵，并将中国制造业分为八个区域，将各区域内代表性省份的数据放入河南省制造业高质量发展评价体系中进行灰色优势分析，寻找河南省制造业高质量发展的战略突破口，研究发现创新驱动视角下河南省制造业高质量发展的战略突破口应该放在研发人员折合全时当量合计、主营业务成本和新产品产值三个指标上，即加强制造业企业的创新能力，努力实施创新驱动发展战略。

第9章首先基于低碳经济背景下对河南省制造业优势产业选择展开实证分析，研究发现，依据因子分析的综合排名，食品制造业，农副食品加工业，烟草制品业，有色金属冶炼和压延加工业，酒、饮料和精制茶制造业，非金属矿物制品业和专用设备制造业是河南省制造业的优势产业。其次通过梳理河南省主导产业发展历程、选择标准与方法，对河南省制造业主导产业选择展开实证研究，研究发现河南省制造业主导产业缺失高科技主导产业，例如化学工业、医药制造业等，主要以传统工业为主导，指标设置标准（可持续发展、产业关联、比较优势、就业功能、技术进步）都是在前期，因此得出的主导产业含有导向标准，并未满足发展要求。

第10章首先主要分析了在中国国际经济大环境下河南省传统制造业的现状和问题，并筛选出五个影响制造业服务化的因素，分别为经济发展水平、劳动力素质、品牌高度、市场化水平和信息化程度，其次比较分析河南省相较于中部六省的不足和优势，构建模型分析每个因素对制造业服务化的影响程度，研究发现这五个因素对制造业服务化都有着积极的作用，因此，大力发展服务型制造业是促进中国经济快速发展的重要举措。

第11章从区位优势、文化优势、人力资本优势及农业优势四个角度提出了河南省区域创新驱动路径实现策略，提出“一带一路”倡议下河南省积极融入建设，推进产业转移和经济发展，发挥河南文化优势，加大劳动者教育投入，提高劳动者竞争力等优势。

感谢李秋香副教授、王红娜博士、张如云博士的参与和指导；感谢郭燕燕等研究生的参与。其中李秋香副教授撰写了第 1 章；郭燕燕同学撰写了第 2 章至第 3 章，共计 3.2 万字；周云同学撰写了第 4 章至第 5 章，共计 3.1 万字；杨丝雯同学撰写了第 6 章至第 7 章，共计 3.3 万字；王丹丹同学撰写了第 8 章至第 9 章，共计 3.2 万字；王红娜博士撰写了第 10 章至第 11 章。

目录 | CONTENTS

1 绪 论

1.1 研究背景 / 001

1.1.1 实体经济高质量发展是时代所趋 / 001

1.1.2 河南省实体经济需要高质量发展 / 002

1.2 问题提出 / 003

1.2.1 河南省实体经济发展薄弱 / 003

1.2.2 实体经济发展基础好——以制造业为例 / 006

1.2.3 国家政策扶持带来新机遇 / 007

1.2.4 研究河南省实体经济发展策略具有重大意义 / 008

2 基础理论与研究动态 / 010

2.1 实体经济 / 010

2.2 高质量发展研究梳理 / 012

2.2.1 高质量发展内涵 / 012

2.2.2 高质量发展的制约因素 / 013

2.2.3 高质量发展评价 / 014

2.2.4 高质量发展的宏观路径分析 / 015
2.3 协同发展研究梳理 / 017
2.3.1 协同学理论起源 / 017
2.3.2 协同学研究现状以及应用综述 / 018

3 河南省经济发展基础特征描述 / 021
3.1 河南省经济发展概况 / 021
3.1.1 河南省产业结构演进动态特征 / 023
3.1.2 河南省产业布局态势分析 / 024
3.2 河南省产业结构有序度测度 / 031
3.2.1 产业结构有序度测度 / 031
3.2.2 产业结构有序度模型 / 032
3.2.3 河南省产业结构有序度测度 / 033
3.2.4 河南省产业结构有序度的时间演变特征 / 037
3.3 河南省创新驱动路径设计 / 039
3.3.1 河南省整体创新驱动路径设计 / 039
3.3.2 河南省各地市创新驱动路径设计 / 040

4 河南省实体经济发展态势研究 / 043
4.1 河南省实体经济发展态势 / 044
4.1.1 河南省实体经济基础特征 / 044
4.1.2 河南省科研水平不断提高 / 047
4.1.3 企业在实体经济建设中地位逐步提升 / 049
4.2 河南省实体经济发展迎来新机遇 / 055
4.2.1 政策支持力度增加 / 055
4.2.2 产业结构升级有潜力 / 056

4.2.3 “一带一路”经济增长新契机 / 056
4.2.4 人口和资源优势仍在 / 057
4.2.5 消费潜力巨大 / 058
4.3 河南省实体经济高质量发展关注重点 / 059
4.3.1 产业空心化趋势 / 059
4.3.2 产业价值链处于中低端 / 063
4.3.3 科技创新体制尚待完善 / 067
4.4 河南省实体经济高质量发展对策 / 073
4.4.1 重视实体经济与虚拟经济的协同发展 / 073
4.4.2 重视实体经济与科技协同创新 / 073
4.4.3 提升实体经济企业生存环境质量 / 074
4.4.4 增加教育与科研事业的投入 / 074

5 河南经济发展动力因素分析 / 076
5.1 河南省经济发展动力因素 / 076
5.1.1 经济发展动力因素指标 / 076
5.1.2 河南省动力因素描述 / 078
5.2 评价方法 / 084
5.3 河南经济发展动力因素评价与分析 / 084
5.3.1 阶段 1：2017~2019 年 / 084
5.3.2 阶段 2：2014~2016 年 / 085
5.3.3 阶段 3：2011~2013 年 / 086
5.4 动力因素对比分析 / 086
5.4.1 核心地位的动力因素分析 / 087
5.4.2 重要地位的动力因素分析 / 087
5.4.3 一般地位的动力因素分析 / 088

6 河南省制造业高质量发展动能研究 / 089
6.1 问题提出 / 089
6.1.1 过热投资使得产能过剩 / 089
6.1.2 劳动密集型产业实现产出最大化 / 090
6.2 相关文献述评 / 090
6.2.1 经济发展因素影响制造业动能转换相关研究 / 090
6.2.2 技术创新因素影响制造业动能转换相关研究 / 091
6.2.3 文化教育因素影响制造业动能转换测度相关研究 / 092
6.3 构建指标体系 / 092
6.3.1 变量选取 / 092
6.3.2 构建指标体系 / 094
6.4 模型与计算 / 101
6.4.1 灰色优势分析模型 / 101
6.4.2 河南省灰色绝对关联和相对关联分析 / 103
6.4.3 创新动能分析 / 105

7 河南省实体经济协同发展策略研究 / 108
7.1 实体经济和虚拟经济协同发展 / 108
7.1.1 模型建立 / 108
7.1.2 灰色关联度分析 / 109
7.1.3 耦合模型 / 109
7.1.4 耦合度分析 / 112
7.2 河南省制造业与物流业、金融业三业协同发展研究 / 115
7.2.1 河南省制造业与物流业、金融业发展现状 / 116
7.2.2 河南省制造业与物流业、金融业的协同关系研究 / 119

7.2.3 河南省制造业与物流业、金融业的协同测度研究 / 126
7.2.4 实证研究 / 130
7.2.5 结论及政策建议 / 135

8 河南省制造业高质量发展策略研究 / 138
8.1 河南省制造业高质量发展的研究背景与内容 / 138
8.1.1 河南省制造业高质量发展的背景与挑战 / 138
8.1.2 制造业高质量发展指标体系研究 / 140
8.1.3 研究评述 / 141
8.2 河南省制造业高质量发展指标体系构建 / 142
8.2.1 河南省制造业高质量发展初级评价体系构建 / 142
8.2.2 灰色关联度分析 / 143
8.3 河南省制造业高质量发展突破口选择 / 148
8.3.1 评价系统设计与数据来源 / 148
8.3.2 计算与分析 / 151
8.3.3 结论 / 155
8.4 河南省制造业高质量发展建议 / 157
8.4.1 河南省制造业创新驱动发展建议 / 157
8.4.2 应对河南省制造业发展高成本的对策 / 159

9 河南省制造业高质量发展生产力布局研究 / 162
9.1 低碳经济背景下河南省制造业优势产业选择 / 162
9.1.1 引言 / 162
9.1.2 实证分析 / 166
9.1.3 选择与分析 / 172

9.2 河南省制造业主导产业选择研究 / 175
9.2.1 河南省主导产业发展历程 / 175
9.2.2 制造业主导产业选择的标准和方法 / 177
9.2.3 河南省制造业主导产业的选择实证研究 / 180
9.2.4 结论与建议 / 184

10 河南省服务型制造业发展策略研究 / 187
10.1 研究背景与问题提出 / 187
10.2 国内外研究综述 / 188
10.2.1 服务型制造概念 / 188
10.2.2 服务型制造的理论 / 189
10.2.3 制造业服务化 / 190
10.2.4 影响传统制造业向服务化转型的影响因素 / 190
10.2.5 服务型制造业的发展趋势 / 190
10.3 服务型制造业相较于传统制造业的发展优势 / 191
10.3.1 河南省传统制造业发展现状与问题分析 / 191
10.3.2 服务型制造业的特点以及发展进程 / 192
10.4 河南省服务型制造转型路径影响因素分析 / 194
10.4.1 传统制造业转型路径影响因素的理论分析 / 194
10.4.2 传统制造业转型路径影响因素的实证分析 / 195
10.4.3 结果分析 / 202
10.5 研究结论与发展策略 / 203
10.5.1 研究结论 / 203
10.5.2 发展策略 / 204

11 河南省实体经济高质量发展对策建议 / 205
11.1 基于区位优势的区域创新驱动路径实现策略 / 207
11.1.1 地理位置优势 / 207
11.1.2 “一带一路”倡议下河南省交通运输产业的发展机遇 / 207
11.2 基于文化优势的区域创新驱动路径实现策略 / 209
11.2.1 河南的文化优势 / 209
11.2.2 发挥河南文化优势 / 210
11.3 基于人力资本优势的区域创新驱动路径实现策略 / 211
11.3.1 加大劳动者教育投入 / 211
11.3.2 提高劳动力竞争力 / 212
11.4 基于农业优势的区域创新驱动路径实现策略 / 212

参考文献 / 214

>>>>>> 1

绪　论

1.1 研究背景

1.1.1 实体经济高质量发展是时代所趋

（1）实体经济是人类发展的基础。2008 年世界性金融危机爆发，虚拟经济繁荣发展背后的危机展现，世界各国都遭受了空前打击，有的实体企业甚至濒临破产。在此危机影响下，各国纷纷重新审视实体经济的重要性。现代经济学家普遍认为实体经济是人类社会赖以生存和发展的坚实基础，是社会物质财富的源泉，是国家繁荣昌盛的根基，也是社会和谐稳定的保障。实体经济对人类社会的意义不仅体现在其提供了人类最基本的衣食住行，而且关系到一个国家的政治、社会、民生等，对人类的预期生活会产生巨大影响。

（2）实体经济是国家高质量发展的基础。为应对经济危机，各国纷纷采取相应措施，以美国为例，2008 年经济危机使美国重拾凯恩斯主义，奥巴马出台了“再工业化”，这是实体经济恢复发展的关键举措。在实体经济高质量发展方面，美国采取重视制造业发展、发展新兴产业、提倡高科技发展、投资基础设施、改善工人待遇、优化商业环境等措施。美国的再工业化战略部分缓解了当时的经济失衡状况，增加了工作岗位，更为重要的是，它在带动若干新兴产业发展方面也取得了积极进展，为美国经济未来的可持续发展提供了某种可能性（宋国友，2013）。美国 2008～2019 年的 GDP 增长率由 2009 年的

-3.1%到2012年的2.2%，实现了三年的连续增长。

40多年的改革开放造就了中国经济高速发展，经济持续稳定健康发展，整体呈现跨越式、阶段式增长态势，使得中国社会生产力提高、居民生活质量提升、国家综合实力增强，这为中国经济的高质量发展打下了基础。但中国经济发展质量相对滞后于经济增长速度，由此制约了经济的健康发展。中国实体经济一方面表现为持续增长的高速度和遍及全球的“中国制造”；另一方面表现为产业资本“脱实就虚”和实体经济“空心化”趋势，这正是经济高质量发展的抑制因素。中国经济持续高速增长，曾得益于“资源红利”和“人口红利”，但这毕竟时效有限，唯有质量红利才可持久。因此，中国经济增长高速度向经济发展高质量的转变，取决于实体经济高质量（何玉长和潘超，2019）。

1.1.2 河南省实体经济需要高质量发展

（1）对河南省实体经济的研究具有必要性。张培刚（2005）认为，“从横断面来看，中国西部最为落后，中部较为先进，东部或东南部沿海地区最为先进，区域经济发展不能搞齐步走，但也不能差别过于悬殊，更不能让先进地区的经济发展损害落后地区的利益或阻碍落后地区的起飞进程，如果中部不能相应地及时崛起，全国经济的起飞和持续协调发展是不可能的，使劲的部位不对，使的劲越大，陷得越深”。基于对外开放及东南沿海地区优越的经济发展条件，沿海省份的经济发展要比中西部地区好，但在中部地区寻求自身发展的过程中，应当寻求适合自身的发展道路。作为中部崛起战略的关键省份，河南省的经济发展对中部六省的发展具有借鉴作用，恰逢全面建成小康社会和“十三五”规划收官之际，对河南省实体经济的研究有助于全面小康和“十三五”规划目标的顺利完成。对其自身而言，作为人口大省，河南省的经济发展关乎近10000万人的生活，与河南人口的就业问题、社会保障、医疗、教育等息息相关。对人口大省的经济研究对实现整体经济上台阶有重要作用。加之河南省正处在工业发展的中期阶段，此时的经济需要更好的发展机遇。对一个市场广阔但发展基础薄弱、问题重重大省的实体经济高质量发展问题进行研究，不仅对河南省自身的经济发展具有实际意义，也对中部地区及全国实体经济高质量发展具有借鉴意义。

（2）高质量发展是河南省实体经济发展的内在需要。在支持实体经济发展方面，2019 年河南省实施降成本 30 条措施，全年为企业减负 960 亿元以上；搭建专门面向中小微企业的省级金融服务平台，实现贷款发放 550.2 亿元；优化土地供应结构，盘活存量建设用地 21.6 万亩；工业生产稳定增长，一批重大制造业项目建成投产，全省规模以上工业增加值增长 7.8%左右；加快培育新兴产业，重点培育智能装备、智能传感器等十大新兴产业，中原鲲鹏生态创新中心、阿里巴巴和海康威视等企业区域总部相继落地，黄河牌鲲鹏服务器首批产品下线、郑州信息技术服务等 4 个产业集群入选首批国家战略性新兴产业集群发展工程；5G 网络在超高清视频、智慧医疗等领域开始应用；工业机器人、新能源汽车、锂离子电池等新产品产量快速增长；战略性新兴产业、高技术制造业增加值增速分别高于规模以上工业增速 5 个和 2 个百分点左右。整体来说，河南省近几年工业发展势头良好，各项指标呈现上升趋势。

但河南省实体经济也面临着重重考验。外部环境经济下行压力，长期积累的结构性、体制性矛盾相互交织，经济发展总体增速趋缓，困难和挑战增多。河南省经济发展自身固有弊端存在，实体经济发展结构不均衡、产业空心化、虚拟经济冲击、产业高科技含量低、行业收入差距大、处于产业链中低端水平、科技创新体制有待完善等阻碍了河南省经济的发展。

1.2 问题提出

1.2.1 河南省实体经济发展薄弱

（1）产业结构不尽合理。近年来河南省实体经济取得了显著成绩，2018 年河南省生产总值以 4.8 万亿元挤进全国前五，但是发展过程中产业结构依然存在着许多不合理的地方。河南省是一个以农业为主的省份，第一产业发展历史悠久，1949 年前，河南省经济衰退，现代产业空白。第二产业的发展非常薄弱，问题重重。第三产业一直以来处于低水平发展期，以基础服务业为主，附加值低，城乡发展差距大，第三产业还有很大的发展探索空间。河南省的第一产业产值占生产总值比重由 1978 年的 39.8%降低到 2018 年的 9%，第二产业产值占比经过40年波动增长到47.3%，而第三产业占比由17.5%增长到43.3%。

河南省推动经济发展短期内可从产业结构高级化方向入手，优先促进第三产业发展，通过提升现代高端服务业的质量，来提升产业结构高级化程度。长期内，河南省继续调整三次产业结构，不仅要夯实第一产业基础，发挥农业优势，更要注重工业与服务业的质量，推动三次产业在更高生产水平上协调经济发展，促进河南省经济增长（黄晓航，2020）。

（2）发展质量相对较低。河南省的实体经济在发展过程中有许多薄弱之处。

1）长期以来的粗放式发展经营模式制约着经济的高质量发展。河南省重工业大多为高污染、高能耗型企业，粗放式生产，缺乏精工细作，造成资源利用率低下，环境污染严重。在经济转型的背景下，对协调、绿色的发展理念的倡导，必然要求高污染、高能耗产业逐步减产关停。与此同时，河南省一些城市也开始面临能源枯竭的问题，改变经济发展方式，寻找拉动经济增长的新突破口刻不容缓。

2）河南省实体产业的现代化程度不高，生产过程的科技含量低，有竞争力的现代化大企业少，在发展水平上并没有突出的优势。就2019年发布的中国500强企业中，河南省仅有9家企业上榜，并且只有3家的营业收入超过了1000亿元，与2018年的10家对比减少了1家，整体实力较为落后，详见图1-1。近五年来河南省企业进入中国500强的比率一直在2%左右，占比不大。相较于北京、广东、山东等，在高技术水平发展上竞争能力弱。这不仅表现在工业生产上，河南省的农业现代化、机械化水平低，农业科技含量不高，农业生产以传统农业发展为主。农业发展存在土地资源约束趋紧、农业抗灾减灾能力低、农业结构性矛盾突出、农业结构调整资金投入不足、农业技术集成配套不够、农业服务体系不完善等问题（李进平，2015）。工业上，科技创新能力弱是普遍存在的现象，缺乏自主创新品牌。

3）就河南省实体企业的发展情况来说，2018年全省规模以上工业增加值比2017年增长7.2%。但在规模以上工业中，国有控股增长较快，其他企业如集体企业、民营企业等增长能力有待提高。加上生产资料的价格上涨超过制成品价格上涨，企业盈利压力加大，以2018年为例，工业生产者出厂价格的涨幅为3.6%，工业生产者购进价格的涨幅为4.0%。另外，当前用工成本、企业融资成本加大，非制度性交易成本压缩，企业自身盈利空间不大，实体企业

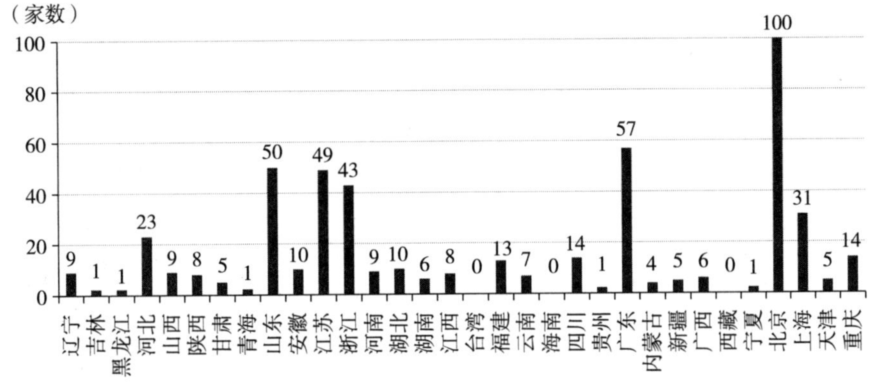

图 1-1 2019 年中国 500 强企业分布地区情况

盈利较难。在产品生产上，供需错位现象仍然不在少数，部分企业不以市场为导向，生产的产品与市场需求脱节，既造成产品的滞销又造成资源浪费。再者，随着人民生活质量的提高，人们对产品的需求延伸到售后领域，河南省大多数实体企业对售后服务上关注度不够，对市场需求了解不够。种种迹象表明，河南省改变实体经济具有很大发展空间，高质量发展能为河南省改变实体经济现状提供有效解决方案。

（3）受虚拟经济挤压严重。近年来虚拟经济发展势头强劲。第一类是虚拟度最低的金融资产，这类金融资产主要包括一些有价证券；第二类则是虚拟度相对较高的再虚拟的金融资产，主要包括一些基本的衍生产品；第三类是虚拟度最高的多重虚拟资产，这类金融资产虚拟度最高，风险也相对更高，主要包括指数期权等。近年来，房地产作为一种兼有实体经济和虚拟经济双重特性的经济活动，其虚拟性主要是土地的资本化定价方式，房地产作为投资品的功能越来越显著，房地产金融也开始大力发展（宋翔，2014）。就 2018 年来说，河南省房地产开发投资 7015.47 亿元，金融业和房地产业固定投资增长速度比 2017 年分别增长了 73.8%和 3.8%，2018 年河南省金融业城镇单位就业人员达 28.19 万人。虚拟经济以其收益快、周期短、流动性强、回报率高等特点吸引越来越多的人投入虚拟经济产业，金融业的资金流动及从业人口增加，使虚拟经济抢占了大量的资金和劳动力等生产资料，实体经济的份额被挤压。总体来说，河南省近年来虚拟经济处于高速增长态势，见图 1-2。近 10 年来，河南省虚拟经济产值及其占 GDP 的比重呈现出前所未有的上升，如果不加以控制，未来将会有更多资金流向虚拟经济，造成资本的大规模转移，这将会给实体经济的健康发展造成极大阻碍。

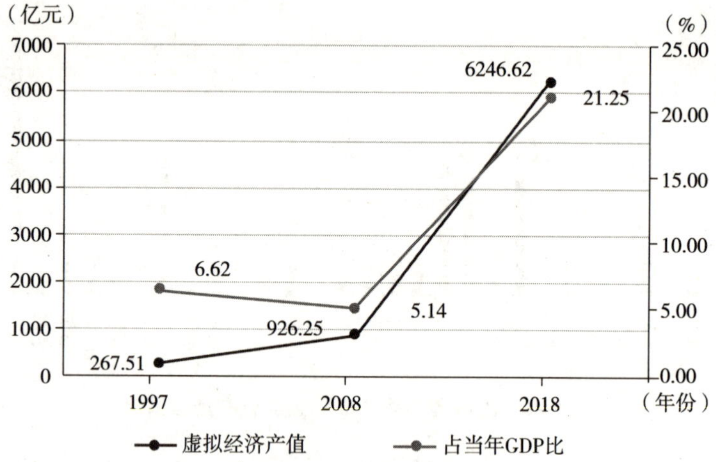

图 1-2 河南省虚拟经济测算

1. 2. 2 实体经济发展基础好——以制造业为例

经过 40 多年的改革开放，河南省实体经济发展十分迅速，取得了十分辉煌的成绩，生产总值保持在全国第 5 位，河南省的经济地位发生了历史性的变化。

以制造业为例，2017 年以来河南省制造业生产总值突破 2 万亿元，并保持持续增长状态。截至 2018 年，河南省制造业企业由 1949 年的 2646 家增长至 2018 年的 22041 家（规模以上工业企业），规模以上工业企业主营业务收入达 50172. 34 亿元，各项经济指标均实现扩张。制造业在体量扩大的同时也在向深度发展，其发展水平也在不断提高。制造业生产产品种类丰富，产品的档次和质量在不断提高，不仅在国内市场处于优势地位，而且积极开拓国际市场，提升国际市场占有率，出口产品种类和数量也在不断提高。2018 年，全省发展制造业技术企业产品出口交货值为 4396. 81 亿元，全省手机生产企业的出口交货值为 2900 亿元，电子元件产品出口 325 亿元。出口产品从初级加工、低附加值向高技术、高附加值发展，在全球形成了一批具有一定国际竞争力的企业。制造业发展的科技含量也在不断加深，装备制造、机械、化工和纺织等制造业部门建立起一批具有现代工艺水平和技术装备的企业，制造业的核心竞争力有了稳定的发展与提高。就环境条件来看，河南省发展潜力巨大，目前河南省仍是承接产业转移的热点地区，外来投资为河南省制造业带来发展所需的资金、技术、管理经验等，为河南省实体经济的发展投入了源源不断的活水。2018 年河南省地级行政区进行平均生产实际需要利用外资 10.19 亿美元，郑州市位居首位达 42.1 亿美元。一些先天优势仍然在发展中发挥着巨大效用。广阔的土地资源、相对廉价的劳动力、庞大的消费市场、丰富的资源优势、便利的交通等仍然是实体经济发展的重要支柱。

1.2.3 国家政策扶持带来新机遇

为促进河南省实体经济发展，2019 年河南省政府专门出台了 30 条政策支持企业降成本，详见表 1-1。

表 1-1 河南省实体经济减负政策

企业减税降费方面	·将制造业等行业现行 16%的税率降至 13%，将交通运输业、建筑业等行业现行 10%的税率降至 9%，主要行业税负明显降低； ·保持 6%的税率不变，通过采取对生产、生活性服务业增加税收抵扣等配套措施； ·大幅放宽可享受企业所得税优惠的小型微利企业标准，对小型微利企业年应纳税实行阶梯缴费。对主要包括小微企业、个体工商户和其他个人的小规模纳税人，将增值税起征点由月销售额 3 万元提高到 10 万元，实施期限暂定三年
降低融资成本方面	·建立健全“敢贷、愿贷、能贷”长效机制。督促银行业金融机构落实小微企业贷款的“两增两控”目标，确保单户授信总额 1000 万元以下（含）小微企业贷款同比增速不低于各项贷款同比增速，贷款户数不低于上年同期水平； ·新发放公司类贷款中，民营企业贷款比重进一步提高。同时，2019 年起，将普惠金融定向降准小型和微型企业贷款考核标准由“单户授信小于 500 万元”调整为“单户授信小于 1000 万元”； ·实施民营企业信用融资倍增计划，创新推广“信豫融”应用服务项目；落实民企债券融资支持计划，扩大优质企业债、专项企业债券发行规模
降低企业制度性成本方面	·要降低企业用能、用地、物流等成本。具体包括：河南一般工商业平均电价再降低 10%，允许制造业企业的工业物业产权按幢、层等固定界限为基本单元分割，用于引进相关产业链合作伙伴的产业项目

续表

降低企业物流成本方面	·河南将继续实施高速公路货车分时段差异化收费政策。在首次实行差异化收费政策的基础上，延长优惠时段两个小时，扩大优惠范围，由原来仅持有河南省 ETC 非现金支付卡的货车享受 9 折优惠，扩大到持有全国各地 ETC 非现金支付卡的货车均享受 9 折优惠
其他方面	·河南支持企业数字化转型，推动 1 万家工业企业、带动 3 万家中小企业上云，帮助企业降低信息化建设成本和门槛； ·继续实施机器人示范应用倍增工程，推动企业规模化示范应用 1 万台机器人（数控机床）；开展省级智能制造试点示范，培育 100 个省级智能车间、50 个省级智能工厂，提升企业研发、生产、管理和服务智能化水平； ·建设 10 个省级智能化示范园区，推动企业生产运营、园区运行管理和公共服务智能化升级

随着对外扩大开放的步伐加快、新丝绸之路的发展，依托优越的地理位置，河南省必然成为丝绸之路沿线的重点省份，这为河南省实现区域开放性发展提供了极为有利的政策机遇。这将有力地带动河南省一批新兴产业的蓬勃发展，区域交通、物流集散、人员、资金的往来加快，为实体经济的外向性发展带来新的生机。2013 年，国家批准河南省郑州航空港综合实验区成为我国首个航空港经济综合实验区，这将通过郑州航空港连接全球全国的客货运物流，将郑州定位成国际性的大都市发展，都为河南省实体经济发展带来新机遇。

1.2.4 研究河南省实体经济发展策略具有重大意义

习近平总书记强调“推动经济高质量发展，要更加重视发展实体经济”。实体经济是一切社会生产的来源，是人类生存和发展的必要要求，2008 年世界性经济危机的爆发，给脱实向虚的全球经济敲了警钟，没有实体经济作为支撑，经济就如同没有地基的房子，根基不稳，经济就不可避免地具有脆弱性。为筑牢实体经济的根基，各国纷纷提出了“再工业化”和“再制造业化”，欧洲、韩国和日本等地区和国家重新制定了产业调整的战略规划，大力扶持实体经济，如何加快推进经济结构转型升级、顺应时代的发展要求、提高实体经济的发展速度和质量、在未来经济发展中占据制高点和精准发力，是当前区域经济发展面临的核心课题。

近年来中国实体经济遭遇工业产能过剩、生产成本偏高、需求疲软、企业利润受挤压等多重因素的影响，“脱实向虚”的苗头初显。河南省实体经济或多或少存在上述现象，在此背景下探索新时代河南振兴实体经济的道路、重点及对策，为河南省实体经济高质量发展提供理论上的支持，具有强大的现实意义。

2

基础理论与研究动态

2.1 实体经济

随着制造业的崛起，中国已经成为一个世界性实体经济大国。无论是处理实体经济与虚拟经济的复杂关系，还是将振兴实体经济作为供给侧结构性改革的主攻方向，本质上都是基于当前“大而不强”实体经济的现实困境。步入制造 2.0 时代，经济结构的重大问题就是实体经济结构失衡，推进以创新为核心要义的供给侧结构性改革，是化解实体经济结构性供需失衡、虚拟和实体经济双向失衡，是高质量发展背景下经济实现动能转换的必然要求（黄群慧，2017)。“实体经济”在经济战略和政策领域被经常使用，但理论层面不够清晰，需要对概念内涵、涵盖主要产业、对应的虚拟经济及其产业予以梳理。

2010 年《辞海》中出现“实体经济”一词，国内学者根据《辞海》对“实体经济”条目进行解释，在一些文章中给出类似的定义。“实体经济”作为一个专业术语和具有政策含义的概念具有鲜明的时代烙印，是指物质资料生产、销售以及直接为此提供劳务所形成的经济活动。在西方经济学中实体经济(Real Economy）范畴源自实际变量，美联储定义的实体经济是指除去房产市场和金融市场之外的部分。

实体经济主要是指能够为人们创造实际效用、满足人们物质消费和劳务消费需求的生产部门的经济活动，包括物质生产部门与非物质生产部门，是创造实际财富的经济活动。不仅制造业是实体经济，能够直接满足人们消费需求和生产需求的服务业也是实体经济。它既包括物质产品又包括精神产品，既能够给人们提供物质产品消费，又能为生产、生活提供服务，其主要构成部分包括农业、工业、交通运输业、商业、建筑业、邮电通信业等产业部门，也包括教育、文化、知识、信息、艺术、体育等精神产品的生产和服务部门，为人类“吃、穿、住、行、乐”提供产品、提供服务、提供场所、提供享受的经济都是实体经济（曾康霖，2018）。从美国经济数据构成来看，包括制造业、进出口以及零售销售等在内的部分被美联储笼统地概括为“实体经济”。综上所述，一切物质生产部门和用来直接满足生产和消费的服务部门的经济活动都属于实体经济。

“虚拟经济”一词是从马克思的虚拟资本延伸而来的，在国外的类似提法有“Fictitious Economy”“Virtual Economy”等。虚拟经济是经济发展到一定阶段的产物，与实体经济相对应，以金融系统为依托，通过对虚拟资产的持有和交易活动实现价值增值的经济运行形态。田国强认为，从狭义来看虚拟经济既以实体经济为依托，又游离于实体经济之外。第一种定义是虚拟经济涵盖整个金融体系，是以金融体系为依托的各种金融工具及其交易的总和。第二种定义是虚拟经济并非涵盖整个金融体系的全部交易活动，而是信用制度下金融活动与实体经济偏离的那一部分。第三种定义是虚拟经济是基于现代网络技术开展的经济活动，如网上商店、网上银行等网络经济。近 20 年来，尽管虚拟经济定义差异较大，但将金融、房地产服务业和职业服务业纳入虚拟经济的范围则是绝大多数虚拟经济研究者的一个共识。“虚拟经济”提出的意义在于它不限于金融业，而是以金融业为主，包括房地产、大宗商品、收藏业、无形资产等众多定价复杂、容纳泡沫持续存在的各种经济活动和各类投机活动。金融房地产服务是货币、金融杠杆以及重复交易和资产价格等创造财富最为集中的行业。“虚拟经济”的概念有利于区别人类赖以生存的实体经济与其附属的虚拟经济之间的主从关系。

发展实体经济是解决“产业空心化”问题的关键举措，是适应国内外经济形势新变化的必然要求，有利于解决中国面临的工业化、城镇化和建设创新型国家等重大问题。郑湘明（2013）认为必须采取有效措施夯实实体经济的发展基础，黄群慧（2017）提出了一个关于实体经济分类的分层框架，马燕坤和陈耀（2018）认为优化实体经济空间格局，要多渠道降低实体企业的经营成本，坚定不移地推进供给侧结构性改革。周维富（2018）研究了深化基于实体经济的金融创新策略。刘志彪（2018）强调发展实体经济，一定要把制造业搞好，当前特别要抓好创新驱动，掌握和运用好关键技术。陈建和龚晓莺（2018）认为促进实体经济和虚拟经济协调发展要借助互联网技术，推动形成以“互联网+”模式促进实体经济与虚拟经济协同联动发展。

2.2 高质量发展研究梳理

进入高质量发展阶段是新时代我国经济发展的基本特征。我国经济已由高速增长阶段转向高质量发展阶段，这是党中央对新时代我国经济发展特征的重大判断。然而，高质量发展的内涵是什么？推动高质量发展的制约因素有哪些？如何推动高质量发展路径？高质量发展评价体系如何设计？

基于中国知网（CNKI）数据库，梳理2018年至2020年1月1日各领域学者对高质量发展的1498篇CSSCI研究成果，从研究热点方面运用VOSviewer图谱量化软件分析高质量发展研究的演进，挖掘研究的热点问题构建知识图谱，对高质量发展研究的关键词热点进行可视化分析，以期对推进高质量发展的研究提供理论参考。

2.2.1 高质量发展内涵

清楚高质量发展的内涵至关重要，这关系到推动高质量发展的路径和方法，否则可能引起发展路径的偏差。党的十九大报告提出高质量发展是生产要素投入少、资源配置效率高、资源环境成本低、经济社会效益好的发展。刘鹤（2019）指出，高质量发展的主要内涵就是从总量扩张向结构优化转变，就是从“有没有”向“好不好”转变。徐忠（2018）认为经济要实现高质量发展并在国际竞争中处于有利地位，最关键的是资本和人才，但这要靠制度保障。宋国恺（2018）认为高质量发展不仅具有经济学属性，而且具有社会学属性，推动高质量社会建设，有利于促进经济社会协调发展，更好地解决人民日益增长的美好生活需要和不平衡不充分的发展之间的矛盾，更好地实现人民对美好生活的向往。李松龄（2019）认为高质量的供给、高质量的需求、高质量的要素配置、高质量的投入产出、高质量的收入分配和高质量的经济循环等构成高质量发展的具体内涵。魏杰（2018）认为高质量发展是高效率增长，是有效供给性增长，是中高端结构增长，是绿色、可持续、和谐增长，是经济增长速度与质量的协调，是短期利益与长期利益的平衡。以上对不同主体关于高质量发展内涵的解释进行了介绍，其中有政府高层以及政府智囊对高质量发展的官方或非官方阐释，也有学者与记者依据政府政策报告对于高质量发展的解读。高质量发展是一个看似简单却不易把握的概念，其本质性特征具有多维性和丰富性（金碚，2018），并可以进一步从系统平衡观、经济发展观、民生指向观三个视角来更好地理解高质量的内涵。系统平衡观视角认为高质量发展是让创新成为第一动力、协调成为内生特点、绿色成为普遍形态、开放成为必由之路、共享成为根本目的的发展，着重解决经济社会环境发展中突出的不平衡、不充分问题。经济发展观视角认为高质量发展涉及发展过程、方式、动力、效果的全面提升，要求转变增长方式、切换增长动力、提升发展效率、分享发展成果（史丹，2018）。民生指向观视角认为质量高低对人民美好生活满足程度的影响最为直接，能否提高中国制造、中国服务、中国建造的供给质量，直接决定了中国经济质量优势能否形成，决定了中国经济能否实现从高速增长转向高质量发展，进而能够带来居民整体福利水平上升或者成果分配的改善，乃至更广范围的民生需求（制造强国战略项目组，2015）。从高速度到高质量的发展转型过程使得经济运行更有效率、产业结构更加合理、企业提供的产品和服务具有更高品质，最终实现经济发展更可持续、生态环境更加绿色、社会分配更加公平。如今社会主要矛盾发生深刻变化，在这种情况下如何推动经济发展成为一个新的历史课题，而高质量发展就是针对这一课题的理论创新和解决方案。

2.2.2 高质量发展的制约因素

我国经济迈入高质量发展阶段，发展的不平衡、不充分集中体现为需求、供给、城乡和区域等方面的结构性问题。需求结构不够协调、不够均衡的现象仍比较突出，产业结构偏低端、不配套、不协调等问题比较严重，城乡差距和贫困问题依然严重，二元分化突出（杜秦川，2019）。潘素昆（2018）认为实现高质量发展依然受生产要素成本持续上升、经济结构不合理、经济增长动力不足三大因素制约。袁晓玲（2019）认为中国经济高质量发展主要受经济发展方式、经济结构、资源效率、创新、生态环境、城市化与人力资本七个方面的因素影响。

为突破高质量发展不平衡不充分问题的制约提供科学的路径选择，应紧密结合我国经济发展实际，沿着“培育高端要素—构建协同机制—优化发展环境—促进四个协同”的思路，着力破解产业体系存在的突出矛盾和制约因素。应加强高端要素培育，提升要素供给质量；破解制度性障碍，构建高效的协同发展机制；深化改革攻坚，激发实体经济和要素发展活力；优化营商环境，营造包容创新的生态；促进高水平对外开放，提升全球化资源配置能力（盛朝迅，2019）。温涛（2019）认为推动西部地区高质量发展是解决经济发展不平衡不充分问题的科学选择，是促进新时代中国特色社会主义市场经济健康发展的必然要求。王耀（2018）研究了在当前城镇化发展水平不高且存在资源利用率低、环境污染高、人口城镇化滞后等问题的情况下是否还需要高质量发展的问题。

2.2.3 高质量发展评价

构建科学的评价体系，对高质量发展展开评价，有助于及时洞悉实体经济发展过程中的不足和潜在问题，对推动实现高质量发展具有很强的理论意义和现实价值，目前已有不少学者从高质量评价指标体系和经济高质量发展测度等方面展开研究。

评价指标体系构建。相对于高速度发展，高质量发展的评价是多维且复杂的（刘志彪，2018）。目前，学术界针对高质量发展评价指标体系主要从“五大发展理念”和“人民美好生活需要与不平衡不充分发展”两个视角来构建。其一，基于五大发展理念。现有研究多从创新、协调、绿色、开放、共享五个维度出发，选用不同指标来构建综合评价指标体系。方大春（2019）研究发现，当前中国经济高质量发展的五个维度都呈现上升趋势，但创新与开放对经济高质量发展的贡献相对最高，协调、绿色与共享的贡献相对偏低。李梦欣（2019）研究这五个维度的发展速度，发现创新发展水平与速度均领先于其他维度。易昌良（2016）也做了相关研究，但由于研究对象、样本和方法的不同，针对五大维度对经济高质量发展的贡献率和速度尚未形成一致看法。其二，基于人民美好生活需要与不平衡不充分发展视角。随着研究的深入，人民美好生活需求也被纳入经济高质量发展评价体系，解决发展中的不平衡不充分、满足人民日益增长的美好生活需要是经济高质量发展的核心目标。师博（2018）提出可以从发展的基本面、发展的社会成果、发展的生态成果三个维度来描述经济高质量发展。潘建成（2017）认为，经济高质量发展可以着重从创新及经济增长新动能、效率、产品质量、社会资源的充分利用四个维度来评判。任保平（2018）也认为，除了经济指标外，还应当将生态环境、城市基建、医疗保健、教育养老等纳入经济高质量发展评价。综合来看，目前有关经济高质量发展评价指标体系构建的研究尚处于初步阶段，如何有效、准确地构建评价指标体系，仍是一个极具争议的热点问题，其争论焦点主要集中在评价视角和指标代表性两个方面。上述研究更多是从整体性和宏观层面进行评价，反映中观产业和微观企业层面高质量发展的研究却相对较少。

针对中国经济高质量发展测度的研究主要集中在省际和区域两个层面。从省际层面看，中国地域广阔，由于区位条件、资源禀赋和政策偏向等原因，不同省域的经济发展情况各不相同，因此剖析不同省域经济发展质量的变化趋势、空间分布和综合水平对促进高质量发展具有重要意义。师博（2018）构建了包含经济增长基本面和社会成果两个维度的经济高质量发展评价模型，采用均等权重赋值法，对我国 1992～2016 年省际经济高质量发展进行了测度。从区域层面看，区域间经济差距大、产业结构不协调、基本公共服务不均等是制约中国区域经济高质量发展的主要因素。王志博（2019）采用熵值法测度了全国 31 个省域的经济发展质量，并根据结果将全国的高质量发展水平分为四大区域。由于每种评价方法的侧重点不同，测量结果有一定的差异，因此，选用合适的评价方法是经济高质量发展测度的关键，这就要求研究者根据具体问题和评价方法的特点做出选择。高质量发展是中国经济社会发展到一定阶段的产物，关系到经济社会的转型和深刻变革，从理论到实践都在这个命题下缓慢前行。

通过梳理相关文献可以发现，这些研究为后续更深入更全面地研究高质量发展做了开拓性的工作，具有较好的启迪作用，在当前如何把握河南省实体经济发展和高质量发展战略相互交叉融合更需要借鉴前人研究。总体来看，高质量发展的研究尚处在起步阶段，有关高质量发展的深度理论研究并不多，关于高质量发展评价的研究也较少，但是随着高质量发展实践的不断加强，相关研究也会相应增加，为政府制定发展目标提供更好的参考。本书围绕河南省积极探索富有地域特色的高质量发展新路径，以期推进河南省实体经济协同发展。

2.2.4 高质量发展的宏观路径分析

党的十九大以来，以习近平同志为核心的党中央直面我国经济发展的深层次矛盾和问题，提出创新、协调、绿色、开放、共享的新发展理念。《人民日报》社论指出，经济高质量发展就是能够很好满足人民日益增长的美好生活需要的发展，是体现新发展理念的发展，是创新成为第一动力、协调成为内生特点、绿色成为普遍形态、开放成为必由之路、共享成为根本目的的发展。新发展理念是国家政府高层提出的推动高质量发展的宏观路径，只有贯彻新发展理念才能增强发展动力、推动高质量发展。

在创新驱动方面，创新驱动是系统性工程，因为科学研究、试验开发、推广应用等阶段均需创新，创新形式亦表现出多样性。不仅涵盖知识创造阶段的原始创新与知识创新和创新知识孵化阶段的协同创新、集成创新和基础应用研究，而且涵盖推广应用阶段的商业模式创新、市场创新、引进消化吸收再创新以及体制机制创新（张银银，2015）。在呈现增长速度换挡期、结构调整阵痛期、前期刺激政策消化期“三期叠加”和资本积累速度下降、人口红利消失、“干中学”技术进步效应递减“三重冲击”的背景下，中国经济发展的动力正陆续由要素驱动、投资驱动过渡为创新驱动（魏江，2015；陶晓丽，2017）。

在协调驱动方面，区域协调发展是高质量发展的重要组成部分，也是一个庞大复杂的系统工程。区域协调发展需要处理好公平与效率、合作与竞争、开放与保护、政府与市场等方面的关系（韦伟，2018），区域协调发展程度与水平会对整体经济体系的高质量发展产生重要影响。形成高质量的区域协调发展新格局可以从“基、点、线、面、体”五个方面着手：基——坚持以五大新发展理念为区域发展的基础原则；点——努力提高单个城市和区域的发展效率和水平；线——充分利用交通线路促进相关区域间的分工与发展水平；面——加快城市群、都市圈等不同类型的区域合作速度；体——理顺央地关系，赋予地方更多的发展自主权（蔡之兵，2018）。

在绿色驱动方面，绿色发展强调人类经济社会活动和生态环境之间的平衡协调，是高质量发展的核心要义之一。当前经济增长与环境发展不协调已成为制约中国经济转向高质量发展的重要因素（袁晓玲，2018）。实现高质量绿色发展需要在发展规划、科技创新、结构转型、治理体系完善等方面探索具体路径（金乐琴，2018）。绿色创新因兼顾“绿色”与“创新”两大发展理念，成为中国经济高质量发展的中坚力量。一方面，以创新驱动旧动能向新动能转换是当前乃至未来相当长一段时间内我国经济发展稳中求进的重要推手，是经济高质量发展的重要一环；另一方面，以资源节约和环境友好为主要特征的绿色发展是缓解以往粗放型增长模式所造成的环境污染问题的有效手段，更是经济高质量发展的应有之义（彭文斌，2019）。

在开放驱动方面，将开放推进重点由政策提供转为制度创新和能力建设，以更高水平的对外开放推动高质量发展。面对建设现代经济体系、构建人类命运共同体的时代重任，只有发展更高层次的开放型经济，才能主动把握世界经济格局嬗变所蕴含的有利机遇（杨丹辉，2018）。这需要在经济高质量发展过程中进一步扩大开放，做好“三个转变”：打造研发平台，从单纯地引进技术向引进研发能力转变；寻求合作共赢，从引进外资为主向对外投资转变；扩大人文交流，从学习先进技术向借鉴先进微观经济制度安排转变（姚树洁，2019）。

在共享驱动方面，为推动共享经济迈向高质量发展，政府应从转变思路、深化改革、加强规范三方面入手，进一步推动共享经济高质量发展（李强治，2018）。任保平（2018）肯定了中国特色社会主义新时代背景下，树立并践行共享的发展理念，对于丰富中国特色社会主义政治经济学内涵具有理论及实践意义。闫柳君（2018）对经济高质量发展战略中的共享理念进行探析，认为共享理念指明了我国社会主义发展的目的性和指向性，体现了社会主义对人主体性的关注，也体现了中国共产党全心全意为人民服务的根本宗旨。

2.3　协同发展研究梳理

2.3.1　协同学理论起源

德国物理学家赫尔曼·哈肯 1986 年通过物理学中热力学的基本特征，结合数学之间的联系建立了协同学，根据热力学第一定律和第二定律，结合熵变方程（DS≥0），在系统的平衡状态下建立了某种特征性协同联系，通过这种协同之间的联系得出关于生命理论现象的理论处理，得出如何处理多个开放系统在时间、空间或功能间的相互协调关系。基于在光学和统计学的研究过程中逐渐形成的基本理念，针对热力学和熵变方程内容做出进一步研究，利用熵变方程和热力学第二定律形成了基本的协同学思想体系及模型，然后研究序参量的自身有序度，探究此系统是否处于平稳状态，通过统计热力学或统计力学研究了微观过程和宏观视觉状态之间的联系。在演变过程中，先对平稳开放系统进行了研究，通过熵变方程确定开放系统自身的熵值，之后通过 Lyapunov 函数建立了在非平衡状态下的协同发展，促使协同学的研究范围具有更广泛的特性。

2.3.2 协同学研究现状以及应用综述

（1）研究现状。协同学是赫尔曼·哈肯于 1969 年提出的新学科，于 1971 年撰写相关论文并陆续发表，1972 年将论文整理成论文集，并在国际会议上发表论文集《协同学》，由此创立了协同学。哈肯首次提出的协同学基于稳定开放的系统情况下各个子系统之间的相互关系趋于稳定。国外学者 Lamprecht 和 Zotin（2001）将其从热力学中转移到了大自然的现象中，探讨大自然发展的奥秘。Stank T. P.（2000）提出协同学能够解决两个及以上子系统的有限资源分配问题。Weichen Zhong（2019）等采用哈肯模型对 2001~2016 年京津冀地区的经济增长和能源消耗两个子系统的协同演化进行研究。

（2）协同学理论应用研究。郭皓月（2019）等基于哈肯模型并结合大数据建立了 EBDS 协同演化模型，得出当前协同水平处于相对低的状态。林黎（2018）对重庆市的产学研创新协同进行了探讨，得出两个子系统产学研协同度呈现上升态势，但还有提升空间的结论。王会金（2018）对政府审计与协同治理进行了探讨，得出两个子系统能够构成自组织的系统，具有时间、空间或有序结构。张兴（2017）从评价主体、指标、方法和应用四个维度展开财政支出与绩效协同发展的研究，并对职业教育的协同发展进行评价。王得新（2016）对京津冀地区协同发展问题进行了研究，得出系统控制参量以及序参量的影响作用。

（3）制造业与物流业协同关系综述。Robert Lieb 和 John Miller（2002）在对世界 500 强企业的调查中认为，第三方物流参与企业生产活动有利于节省成本，增加企业的核心竞争力。于丽静（2019）等运用博弈演化模型对制造企业与物流企业的协同创新进行分析，从企业、政府、利益三个角度给出相关建议。吴占坤（2018）等认为制造业与物流业关联度高，两者的协同发展能够有效促进共同发展，有必要进一步加强两业的协同发展。王珍珍（2017）对贵州省制造业与物流业的协同发展进行了测算，得出贵州省物流业的发展正依附于制造业发展，其协同程度为过度发展。李学兰（2017）等对陕西省物流业与制造业绿色低碳协同发展做出分析，指出其协同表现为“M”形变化趋势且处于不稳定状态。张骥（2018）构建了物流业和制造业的新经济地理理论模型，通过对协同效应分析，认为需重视物流业的发展。弓宪文（2016）基于复杂协同度测算发展研究，指出两产业的协同发展从时间上呈现失调现象和处于低水平协调，但总体呈现上升趋势和区域不平衡的情况。李根（2016）从产业视角下得出，目前经济条件、基础设施和行业分布等因素制约了物流业的发展，从而导致产业结构失衡。范荣华（2016）指出当前现代服务业快速发展，必须打破产业间的边界，进行深度融合，解决我国发展不平衡的问题，推动市场经济稳定可持续的发展。张长森（2014）在研究物流业与制造业的关联程度中得出，浙江省制造业与物流业关联程度较强，但制造业并不是推动物流业发展的首要因素，两者之间存在发展不平衡的问题。

（4）制造业与金融业协同关系综述。Zhang（2019）等从研发资金集聚角度对中国制造业与金融业的协同发展进行研究，得出金融业为民营企业提供研发资金，但对制造业的发展具有负相关效应。张杰（2018）指出，目前中国金融业正制约着经济结构和经济转型，金融业与我国制造业的转型升级发展存在不匹配现象，应优先发展金融业与制造业的转型升级所匹配的金融体系。李鹏飞等（2017）指出目前中国制造业的发展遇到瓶颈，金融业等虚拟经济发展速度过快导致实体经济发生“挤出效应”。刘佳宁（2016）指出在经济全面深化改革中，金融能够有效促进制造业规模、结构和效率的提升。修国义和许童童（2016）从政策、商业、资本市场、风险投资四个角度出发，探讨了金融业与装备制造业在政府、市场、行业和企业等方面的发展建议。徐玲（2016）基于面板数据，认为相关服务业的效率可能出现负相关现象，在特定的城市会产生去工业化效应。赵明亮（2015）认为新常态下的经济发展主要依赖于产业间的协调发展，当前需要充分发挥协调带动作用形成平稳高效的发展。

（5）制造业与生产性服务业协同关系综述。王青（2019）等从生产性服务业对装备制造业的影响效率进行分析，指出需实行差异化发展，从而能更好推动装备制造业的发展。沈华夏和殷凤（2019）测算了不同国家的制造业与生产性服务业的不平衡问题，指出中国制造业溢出效应相比生产性服务业溢出过高，其发展处于极端位置。高月媚（2018）对东北老基地制造业与生产性服务业的联动发展做了测算，指出东北老工业基地协同发展水平较低，应构建联动监督反馈制度促进协调发展。唐晓华等（2018）对辽宁省制造业与生产性服务业的协同发展进行测算，通过比较分析后得出，辽宁省生产性服务业发展滞后于制造业发展。袁平红（2017）在对中国流通业与制造业的协同发展的研究中指出，两产业在发展中具有协同共生、互利共生的发展状况。巩宏丽（2018）通过空间面板数据对协同效应进行分析，指出两业具有明显的空间溢出效应。高寿华等（2018）对长江经济带的协同集聚进行了分析，得出目前长江经济带呈现东北高、中部隆起、西南低的空间趋势，存在明显的空间溢出效应，市场、创新以及基础设施具有正向影响。李宁（2018）等基于多维度、多层面论证了制造业与生产业之间存在产业壁垒，需要消除产业间的壁垒，进行深度融合的协同发展。

3

河南省经济发展基础特征描述

3.1 河南省经济发展概况

河南省作为中国中部地区的大省，经济地位不言而喻，随着中国经济发展方式的转变，传统的经济发展方式显然已经不符合现在的要求。要想确保经济发展具有良好的前景，就必须具有合理的标准和合理的产业结构体系，最终取得良好的经济发展。河南省的经济发展自1949年以来就保持着平稳、健康的增长速度，2010年河南省各市、各县人均GDP与2018年人均GDP对比，1978~2018年GDP增长趋势和河南省三次产业推进比重详见图3-1、图3-2、图3-3及表3-1。

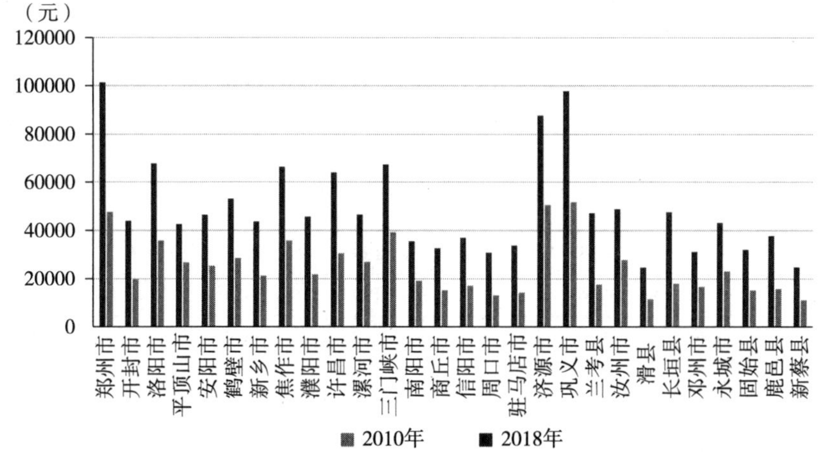

图3-1 2010年和2018年河南省各市、各县人均GDP

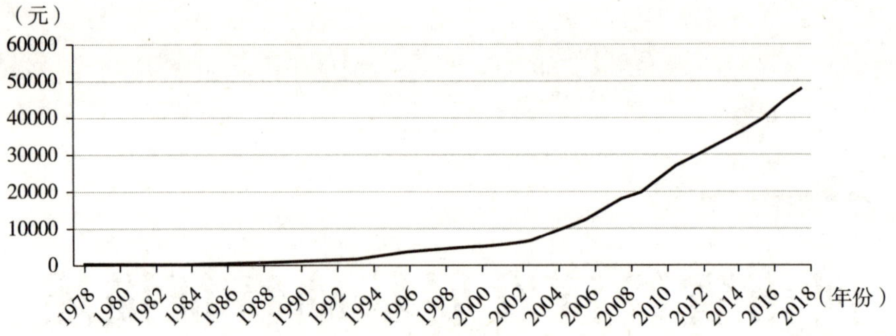

图 3-2　1978~2018 年河南省 GDP 增长趋势

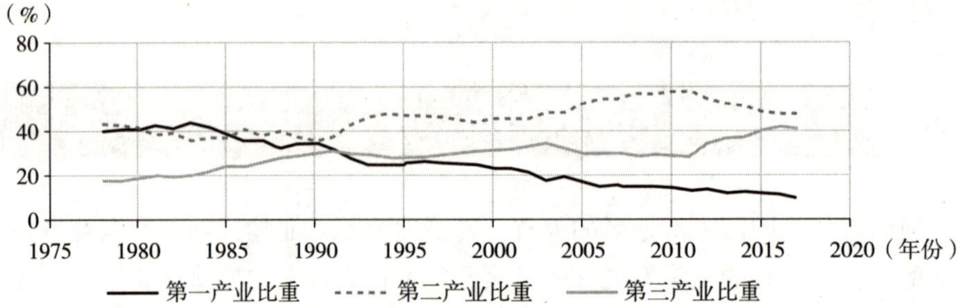

图 3-3　河南省三次产业演进

表 3-1　河南省三次产业结构比重演进轨迹　　单位：%

年份	第一产业比重	第二产业比重	第三产业比重	年份	第一产业比重	第二产业比重	第三产业比重
1978	39.8	42.6	17.6	1990	34.9	35.5	29.6
1979	40.7	42.3	17.0	1991	32.0	37.1	30.9
1980	40.7	41.2	18.1	1992	27.7	42.6	29.7
1981	42.5	38.3	19.2	1993	24.7	46.0	29.3
1982	41.1	39.0	19.9	1994	24.6	47.8	27.6
1983	43.7	35.5	20.8	1995	25.5	46.7	27.8
1984	42.0	36.8	21.2	1996	25.8	46.2	28.0
1985	38.4	37.6	24.0	1997	24.9	46.1	29.0
1986	35.6	40.2	24.2	1998	24.9	45.0	30.1
1987	36.1	37.8	26.1	1999	24.9	43.8	31.3
1988	32.1	40.0	27.9	2000	23.0	45.4	31.6
1989	34.1	37.3	28.6	2001	22.3	45.4	32.3

续表

年份	第一产业比重	第二产业比重	第三产业比重	年份	第一产业比重	第二产业比重	第三产业比重
2002	21.3	45.9	32.8	2011	12.9	58.3	28.2
2003	17.5	48.2	34.3	2012	12.4	53.9	33.7
2004	19.3	48.9	31.8	2013	12.2	52.3	36.5
2005	17.9	52.1	30.0	2014	11.8	51.3	36.9
2006	15.5	54.4	30.1	2015	11.3	48.7	40.0
2007	14.8	55.2	30.0	2016	10.6	47.6	41.8
2008	14.8	56.9	28.3	2017	9.6	47.7	42.7
2009	14.2	56.5	29.3	2018	8.9	45.9	45.2
2010	14.2	57.7	28.1				

由图3-3、表3-1可知，河南省的三次产业结构需要得到优化，经济总量虽然每年呈现增长态势，但是产业结构的不合理始终是困扰河南经济发展的一大难题。1980~1985年，第一产业的比重高于第二产业、第三产业比重，与当时国内现实情况和工业基础有关，1985~1990年，第二产业开始居于首位，第三产业比重上升，第一产业比重下降。1990年后，基本保持着第二产业比重最高的态势，第三产业比重波动上升，第一产业比重持续下降。按照2017年人均GDP核算，河南省已进入中等和中高等收入水平行列，产业结构需要进行调整，使产业结构与经济总量合理健康增长。

3.1.1 河南省产业结构演进动态特征

根据产业结构偏离度模型，计算得到河南省产业结构偏离度见表3-2。

表3-2 河南省产业结构偏离度

年份	P1	P2	P3	P	年份	P1	P2	P3	P
1978	40.78	32.05	8.73	81.57	1982	39.32	28.99	10.33	78.64
1979	41.65	32.21	9.45	83.31	1983	35.29	25.13	10.16	70.58
1980	40.49	30.82	9.67	80.98	1984	35.05	25.56	9.48	70.09
1981	38.78	28.10	10.68	77.55	1985	34.64	22.74	11.90	69.28

续表

年份	P1	P2	P3	P	年份	P1	P2	P3	P
1986	35.94	24.41	11.53	71.88	2003	42.69	28.63	14.06	85.38
1987	32.54	21.51	11.03	65.08	2004	38.79	28.46	10.33	77.58
1988	35.52	23.17	12.35	71.04	2005	37.54	30.01	7.53	75.08
1989	34.86	20.59	14.27	69.72	2006	37.83	30.78	7.05	75.66
1990	34.43	19.08	15.36	68.87	2007	35.78	29.44	6.34	71.56
1991	37.28	20.76	16.53	74.57	2008	33.99	30.10	3.89	67.99
1992	40.51	25.89	14.63	81.03	2009	32.28	28.35	3.93	64.56
1993	41.44	27.64	13.80	82.87	2010	40.50	14.20	15.50	70.20
1994	39.81	28.38	11.44	79.62	2011	39.40	14.80	24.60	78.80
1995	36.91	26.10	10.81	73.82	2012	37.30	18.80	18.50	74.60
1996	35.05	24.90	10.15	70.09	2013	35.80	21.90	13.90	71.60
1997	34.98	25.30	9.35	69.32	2014	36.60	21.00	15.60	73.20
1998	34.04	25.76	8.28	68.08	2015	34.60	22.80	11.80	69.20
1999	38.60	26.27	12.33	77.20	2016	34.20	23.10	11.10	68.40
2000	40.96	27.87	13.10	81.93	2017	27.60	16.30	11.30	55.20
2001	40.74	27.32	13.42	81.48	2018	26.50	15.30	11.20	53.00
2002	40.24	27.10	13.13	80.47					

通过表 3-2 可知，河南省各产业的劳动生产率依旧低下，综合 1978~2018 年的产业偏离度，可以得出其总体趋势是在向着更高的生产效率发展，说明河南省在不断优化产业结构。对比三大产业的数据，第三产业的生产率最高，第二产业次之，第一产业的劳动生产率较为低下。第一产业生产率低主要是因为农村人口基数大、劳动方式投入与产出不成比例。河南省第二产业还没有进入集约化生产模式，第三产业的门槛低，从业人员基本都可以实现高效生产。因此，产业结构的偏离程度偏低，优化产业结构，对生产方式进行改进，是发展经济的重要环节。

3.1.2 河南省产业布局态势分析

（1）郑州市。据统计研究，郑州市的主导产业有：汽车、装备制造、煤电铝、食品、新材料、电子信息等。郑州市自古便是贯通南北的枢纽之地，是全国 12 个最高等级国际性综合交通枢纽之一，交通便利，物流业发展迅速。2019 年交通运输业各种运输方式完成货物周转量 927.8 亿吨公里、完成旅客周转量 379.8 亿人公里。郑州市新郑国际机场全年完成货邮吞吐量 52.2 万吨、旅客吞吐量 2912.9 万人次。2019 年郑欧班列全年共开行 1000 班（638 班去程，362 班回程），进出口货值 33.7 亿美元，2020 年计划开行 1100 班。除此之外，郑州市还是河南省重要的重工业基地，在汽车制造、电子产业方面发展良好。2019 年郑州市汽车制造 60.7 万辆，比 2018 年增长 3%；新能源汽车 5.4 万辆，增长 38.3%。2019 年河南省汽车总产量为 60.92 万辆，郑州市占比达到了 99%以上。2019 年郑州市生产移动通信手持机（手机）21369.6 万台，占全省（21744.06 万台）98%以上。2019 年郑州市主要工业制成品产量：铝材 435.2 万吨，钢材 162 万吨，水泥 1437.9 万吨，电力电缆 38.8 万千米，耐火材料制品 485.8 万吨，速冻食品 117.1 万吨，服装 0.2 亿件，卷烟 1541.1 亿支。2019 年郑州市全年粮食总产量 149.7 万吨。

（2）开封市。据统计研究，开封市的主导产业有：食品加工、纺织、化工、机械制造等。开封市工业基础完备，汽车及零部件、装备、化工、新材料、食品、纺织服装、光伏、木业、生物医药、电子信息等产业集群已初具规模，2019 年奇瑞汽车成为开封市首个年产值突破百亿元的企业，新创建省级智能车间 5 个；农产品资源丰富，是全国小麦、花生、棉花的重要产区，西瓜、花生产量居河南之首，大蒜产量居全国第二。2018 年全市粮食产量 301.13 万吨，棉花产量 1.76 万吨，油料产量 48.78 万吨，蔬菜及食用菌产量 768.19 万吨，猪牛羊禽肉总产量 40.58 万吨。2019 年开封市市级重点农业产业化龙头企业年销售收入达 236 亿元；开封市交通优越，近年来地铁、高铁建设更是成果丰硕。郑开城际铁路连接郑州地铁，郑徐高铁通车运营，开封正式迈入“高铁时代”，机西高速二期、商登高速建成通车，开封的交通优势更加凸显。

（3）洛阳市。据统计研究，洛阳市的主导产业有：装备制造及新能源汽车等。洛阳市作为河南省重要的重工业基地，拥有许多大型重工业企业。2018 年洛阳市生产十种有色金属 113.2 万吨，生产原油 620.8 万吨，钢材 37.3 万吨。有色金属冶炼和压延加工业增加值比上年提高 15.6%，石油煤炭及其他燃料加工业增长 4.5%，电力热力生产和供应业增长 8.9%；近年来，洛阳市大力发展高技术产业，推动传统重工业产业转型升级，取得了显著成果。2018 年高成长性制造业和高新技术产业，对洛阳市规模以上工业增长的贡献率分别达到 39.1%和 48.6%，洛阳石化、中信重工、一拖集团等 9 家企业主营业务收入超百亿元，形成了装备制造、新材料、机器人及智能制造3个千亿级产业集群。六大产业园建设提速发力，洛阳石化炼油扩能改造、格力智能制造、银隆新能源汽车等一批事关长远的重大项目加快实施。麦斯克电子智能制造项目入选全国试点，中信重工入选国家级服务型制造企业，15家企业入选省级智能工厂（车间），双瑞万基钛业等3家企业和龙鼎铝业分别入选国家级、省级绿色工厂。

（4）平顶山市。据统计研究，平顶山市的主导产业有：电器机械、化工能源、装备制造等。平顶山市是河南重要的能源和重工业基地。现有亚洲最大的尼龙化工产品生产基地，2018年平顶山市化学纤维的产量为12.7万吨。因其含有大量煤矿资源，平顶山在炼焦煤、动力煤生产方面有着巨大优势，2018年共产出原煤3304.1万吨。同时平顶山市还拥有河南最大的水泥企业，2018年生产水泥929.8万吨。高技术产业也有了一定发展，2019年新增国家高新技术企业7家、省级工程技术研究中心7家，组建市级产业技术创新联盟6个，智能隔离断路器等一批关键技术取得突破性进展，平煤神马集团高纯度硅烷生产技术打破国外技术垄断。

（5）安阳市。据统计研究，安阳市的主导产业有：冶金建材、装备制造、煤化工、食品医药等。钢铁工业和煤焦化工业是安阳的工业支柱，2018年炼焦业主营业务收入158.7亿元，焦炭产值达919.32万吨，增长20.9%；粗钢和钢材的产量分别为1433.1万吨和1501万吨；同时安阳市还是中国重要的航空制造基地，拥有轻型飞机及其零部件、航模和其他飞行装备制造等通用航空产业，2018年装备制造业主营业务收入为137.8亿元。2019年钢铁精深加工、装备制造、汽车零部件等5个主营业务收入超百亿元的特色产业集群纳入省产业集群培育工程，集聚区工业总产值1442亿元，占全市比重为44.4%。

（6）鹤壁市。据统计研究，鹤壁市的主导产业有：绿色食品、清洁能源与新材料、汽车零部件与电子电器、金属镁、现代家居等。鹤壁市煤炭资源丰富，已探明煤炭储量为17.4亿吨，近年来，鹤壁市不断优化传统污染较大的煤炭产业，使其向绿色工业靠拢的同时不断发展清洁能源与新材料产业以保护环境，2018年原煤产量547.07万吨，2020年将推进煤基新能源新材料基地建设，建成投产鹤淇电厂和可降解塑料等5个精细化工项目，积极推进煤化一体化项目；同时鹤壁市是全球金属镁的重要生产基地，2018年鹤壁市成立了镁交易中心，创新了交易模式，促进镁产品的流通，锻造镁合金实现产业化，已出口至欧美市场，2018年出口未锻造的镁0.09亿元。鹤壁市2018年五大主导产业完成增加值增长 6.9%。其中，清洁能源与新材料增长 2.6%；绿色食品增长 4.7%；汽车零部件与电子电器增长 20.1%；金属镁深加工下降 14.8%；现代家居增长 34.7%。

（7）新乡市。据统计研究，新乡市的主导产业有：制冷、生物与新医药、电池及新型电池材料、特色装备制造、煤化工、汽车及零部件等。新乡市的电池产业，重金属化工及机械制造是其支柱产业，以电池产业最为突出，电池产业在新乡市已有半个多世纪的发展，使新乡市成为中国著名的“中国电池工业之都”，2014 年获批国家唯一的新能源材料及电池材料战略性新兴产业区域集聚发展试点。在电池产业的推动下，新乡市产生了 200 余家与电池及电池材料相关的企业，形成了一条完整的产业链条，围绕整合提升电池及电动车产业、北斗系列产品开发应用等，2018 年与富士康集团、中兵集团等知名企业对接取得积极成果，新签约产业集群项目 41 个。2018 年新乡工业发展势头良好，制造业增长 8.2%，电力、热力、燃气及水的生产和供应业增长 12.5%，采矿业增加值下降 0.2%，产品销售率 98.5%。工业产品化纤产量 13390.63 吨，水泥产量 2081.95 吨，居全省前列。

（8）焦作市。据统计研究，焦作市的主导产业有：能源、机械、冶金、建材工业等。焦作市矿产资源品种众多，储量大，质量好，已探明矿产有 40 余种。2018 年焦作市原煤产量 319.45 万吨，发电量达 218.51 亿千瓦时。然而，煤炭开采和洗选业利润下降 27.6%；有色金属冶炼及压延加工业利润下降 128.8%，焦作市是全国首批资源枯竭型城市之一，除了转型别无出路。因此，焦作市近年来不断发展绿色工业，以期持续发展。2018 年焦作市主要工业产品产量中，汽车配件增长 31.9%，铝材增长 19.4%，水泥增长 17.9%，烧碱增长 0.7%，氧化铝增长 0.5%，原煤产量下降 2.0%，发电量下降 3.0%，鞣制毛皮下降 4.2%，电解铝下降 7.3%，轮胎外胎下降 8.8%。煤炭开采和洗选业利润下降 27.6%；化学原料及化学制品制造业利润增长 9.6%；农副食品加工业利润增长 36.1%；橡胶制品业利润增长 14.6%；非金属矿物制品业利润增长 21.6%；有色金属冶炼及压延加工业利润下降 128.8%；通用设备制造业利润增长 20.9%；电力、热力的生产和供应业利润增长 161.4%。

（9）濮阳市。据统计研究，濮阳市的主导产业有：能源化工、装备制造、现代家居等。濮阳市是河南省重要的原油生产基地，经过多年的发展和积累，逐渐形成了体系完备而且门类齐全的化工产业体系。能源化工已成为濮阳工业的重要支柱。2018 年，冶金、建材、化学、轻纺、能源等传统支柱产业增长

3.2%，对全市规模以上工业增长的贡献率为44.2%。电子信息、装备制造、汽车及零部件、食品、现代家居、服装服饰等高成长性制造业比上年下降3.9%。高技术产业增长11.8%。化学原料和化学制品制造业、非金属矿物制品业、黑色金属冶炼和压延加工业、有色金属冶炼和压延加工业、电力热力生产和供应业等高载能行业增长2.2%。2018年生产化学农药24000吨，产量为全省第一。2018年全市共完成建筑业总产值288.79亿元。

（10）许昌市。据统计研究，许昌市的主导产业有：机电电力装备、新材料、食品加工、纺织、能源电力等。许昌市正在建设以智能制造为主流、工业互联网广泛覆盖的制造业发展结构，发展智能化工业，建设网络经济强市和先进制造业强市，抢抓5G产业发展机遇，2018年网络与交换技术国家重点实验室（北邮）许昌基地揭牌成立，全国首个5G泛在小镇项目正式启动，成功举办"中国·许昌5G泛在峰会"。近几年高新技术产业占规模以上工业增加值的比重越来越高，2018年许昌市高技术产业增加值较2017年同比增长1.4%，占到规模以上工业增加值的3.6%。襄城县硅材料产业园二期、远东传动轴专用车智能化生产线等79个项目开工建设，开普检测公共服务平台等36个项目竣工投产。2018年化学原料和化学制品制造业增长161.3%，黑色金属冶炼和压延加工业增长71.2%，文教、工美、体育和娱乐用品制造业增长69.3%。

（11）漯河市。据统计研究，漯河市的主导产业有：食品加工、化学原料及化学制品制造业、造纸业等。漯河市大力发展轻工业、医药加工和食品加工业，参与工业废弃物资源化利用等环保项目，大力发展绿色工业。分门类看，2018年漯河市制造业增长8.0%，电力、热力、燃气及水的生产和供应业增长12.7%。全年规模以上食品加工业增加值增长11.5%，占规模以上工业的49.4%；化学原料及化学制品制造业增长20.4%，占规模以上工业的10.4%；装备制造业增长1.6%，占规模以上工业的12.4%；战略性新兴产业增长19.0%，占规模以上工业的6.4%；高技术产业增长21.5%，占规模以上工业的8.1%。2018年工业制成品产量：饮料酒生产达20967千升，速冻米面食品18430吨，熟肉制品4454吨。生产机制纸及纸板7634万吨，塑料制品47.14万吨，水泥75.02万吨，平板玻璃66.72万重量箱，化学农药（原药）971吨，年发电量30.76亿千瓦时。

（12）三门峡市。据统计研究，三门峡市的主导产业有：能源工业、铝业、煤化、有色金属等。三门峡市拥有特色煤炭产业，地跨多个省（区），号称"百里煤城、千里矿区、万里煤海、豫西煤仓"。2018年全年产出原煤

1094.44 吨，发电量达 207.84 亿千瓦时，煤炭开采和洗选业主营业务收入均较 2017 年同比增长了 8.2%。三门峡市还是我国的“黄金之都”，黄金储量达 1000 吨，连续 32 年产量全国第二。2018 年全市规模以上工业企业主营业务收入比 2017 年增长 5.7%，利润总额增长 27.7%。主营业务收入超百亿元的行业及其增速分别为：有色金属冶炼和压延加工业主营业务收入下降 1.0%；煤炭开采和洗选业主营业务收入增长 8.2%；有色金属矿采选业主营业务收入增长 13.7%；非金属矿物制品业主营业务收入增长 14.9%；电力、热力生产和供应业主营业务收入增长 8.7%。2019 年特色农业效益提升。粮食总产达 6 亿公斤，果品总产 22 亿公斤，稳居全省首位；烟叶面积和收购量居全省第一；肉类总产 11 万吨，增幅连续三年居全省首位。规模以上农业龙头企业 196 家，规模农业示范园区 122 家。

（13）南阳市。据统计研究，南阳市的主导产业有：装备制造及汽车零部件等。南阳市装备制造和高科技产业不断发展，形成了以电子信息、装备制造、汽车及零部件、食品、现代家居、服装服饰为支柱的工业产业。2018 年全市电子信息、装备制造、汽车及零部件、食品、现代家居、服装服饰等制造业较 2017 年同比增长 6.4%，高成长性产业的增加值占到全市工业增加值的 43.3%。分门类看，2018 年南阳市非金属矿物制品业增长 2.3%，化学原料和化学制品制造业增长 3.3%，汽车制造业增长 4.7%，烟草制品业增长 5.5%，医药制造业增长 5.9%，纺织业增长 6.5%，农副食品加工业增长 7.6%，电气机械和器材制造业增长 10.0%，通用设备制造业增长 44.1%。2018 年主要工业制成品产量：布匹产量为 33250 万米，为全省第五。生产服装 1144.72 万件，饮料酒 97891 千升，生铁 237.35 万吨，粗钢 269.67 万吨，钢材 225.86 万吨。

（14）商丘市。据统计研究，商丘市的主导产业有：能源、冶金和建材、机械制造、农副产品加工等。商丘市地理位置优越，是全国 66 个区域级流通节点之一，交通物流发达，高等级公路网密度位居全省第一，2018 年快递业务量完成 1.2 亿件，业务收入 8 亿元，均居全省第 3 位。商丘工业支柱产业有煤炭、轻纺、酿造、食品、医药等产业。除此之外，商丘柘城也是著名的钻石生产地，生产的超硬材料微粉产量和出口量占全国市场份额的 70%和 50%。2018 年农业实施以“四优四化”为主要内容的“1112”工程，建成高标准农田 521.4 万亩，粮食总产突破 140 亿斤，发展优质花生 158.6 万亩、优质水果 83 万亩、蔬菜 252 万亩，新增“三品一标”特色农产品 152 个、国家农产品地理标志 4 个，创建国家级农业标准化示范区 5 个，居全省第 1 位。农副食品加工业的增加值比 2017 年提高了 14.2%，食品制造业增长 8.2%；纺织服装、服饰业较 2017 年增长了 6.7%。2018 年，皮革、皮毛、羽毛及其制品和制鞋业均较 2017 年同比增长了 12.9%；医药制造业增长 6.2%。工业制成品生产原煤 1299.73 万吨，化学农药 25608 吨。

（15）信阳市。据统计研究，信阳市的主导产业有：特色农产品、纺织服装、现代家居等。信阳市是注射剂和化学原料药生产基地，也是目前国内最大的小容量注射液生产经营地之一，其茶食品加工行业发展较好。2018 年生产化学纤维 195091 吨，为全省之首。创建国家级绿色工厂 1 家、省级智能工厂 2 家、省级智能车间 6 家。新建高标准粮田 57.3 万亩，优质水稻面积稳定在 600 万亩以上，新发展弱筋小麦 61.1 万亩、稻渔综合种养 32.16 万亩、再生稻 5.4 万亩、油茶 3.9 万亩。“信阳毛尖”入选首届中国农民丰收节全国 100 个农产品品牌，“南湾鱼”获中国驰名商标。新增省级农业产业化联合体 19 个、农业标准化生产示范基地 6 个。信阳现有茶园面积 210.8 万亩，年茶叶总产量超 6 万吨，年总产值达 105 亿元，成为信阳经济支柱产业。

（16）周口市。据统计研究，周口市的主导产业有：医药化工、电子信息、纺织服装、家具建材、食品加工及装备制造等。周口市形成以食品加工、纺织服装、医药化工为支柱，装备制造、电缆电气、新型建材为引领的工业体系。分产业看，2018 年，六大支柱产业增长 8%，其中食品产业增长 7.8%、纺织服装产业增长 11.2%、医药化工产业增长 4.0%、装备制造产业增长 8.5%、电子信息产业增长 30.3%、家具建材产业增长 5.6%。主要工业制成品产量为：化学纤维 9512 吨，纱 60.74 万吨，布 56089 万米，服装 29474.34 万件，饮料酒 687718 千升，液体乳 32616 吨，熟肉制品 27200 吨，速冻米面食品 109463 吨，机制纸及纸板 6.28 万吨，塑料制品 97.4 万吨，农用化肥（折纯量）10.16 万吨，化学农药（原药）25608 吨，人造板 63.44 万立方米，水泥 166 万吨，平板玻璃 24.49 万重量箱。

（17）驻马店市。据统计研究，驻马店市的主导产业有：化工、汽配及农业等。能源煤化工行业，医药行业，建材行业，农副产品及食品加工业，装备制造行业等六大产业成为驻马店市工业支柱产业，其中又以农副产品及食品加工业最为突出。2018 年全市规模以上工业中，农副食品加工业增长 10.7%，皮革、毛皮、羽毛及其制品和制鞋业增长 16.1%，食品制造业增长 18.5%，化学原料和化学制品制造业增长 0.4%，计算机、通信和其他电子设备制造业增长 33.9%，电力、热力生产和供应业增长 26.4%。

（18）济源市。据统计研究，济源市的主导产业有：能源化工、装备制造等。济源市以小钢铁、小冶炼等起家，虽然小，工业板块在城乡经济发展中却鼎立一方天地。依托丰富的矿产资源、电力资源，济源市大力发展钢铁、煤炭等矿产加工和相关的煤化、盐化以及各种特种装备制造工业。2018 年济源市高技术产业、战略性新兴产业增加值占规模以上工业增加值比重分别达 12.3%、27.9%。产业优势明显，中国制造业企业 500 强中，河南省有 14 家，其中济源市 4 家。2018 年规模以上工业 33 个大类中，增加值居前 10 位的行业为：有色金属冶炼及压延加工业 60.9 亿元，黑色金属冶炼及压延加工业 33.5 亿元，计算机、通信和其他电子设备制造业 28.1 亿元，电力、热力生产和供应业 25.9 亿元，石油、煤炭及其他燃料加工业 17.3 亿元，化学原料及化学制品制造业 15.6 亿元，电气机械和器材制造业 10.3 亿元，酒、饮料和精制茶制造业 9.7 亿元，废弃资源综合利用业 7.7 亿元，非金属矿物制品业 5.1 亿元。主要工业产品产量中，商品混凝土 30.3 万立方米，盐酸 12.2 万吨，烧碱 39.3 万吨，锻件 4.1 万吨，生铁 375.0 万吨，粗钢 385.1 万吨，钢材 373.5 万吨，电解铅 101.4 万吨。

3.2 河南省产业结构有序度测度

产业结构是经济资源配置的结果反映，合理的产业结构对经济增长起促进作用，反之将阻碍经济发展。诸多学者采取了投入产出方法、区域产业结构均衡度和集中度对某一地区进行产业结构有序度测度。

3.2.1 产业结构有序度测度

运用有序度测度模型，借助 Matlab 软件测算出河南省及 18 地市产业结构有序度，绘制产业结构有序度图表。

定义 1：X 年世界收入水平标准为U_i（i=1，2，3，4，5），其中，U_1代表低收入国家平均水平，U_2代表中低收入国家平均水平，U_3代表中等收入国家平均水平，U_4代表中高收入国家平均水平，U_5代表高收入国家平均水平。设某年某地的收入为N，存在$N \in [U_i, U_{i+1}]$，则有$\alpha = \frac{U_{i+1}-N}{U_{i+1}-U_i}$，且$\alpha \in (0, 1]$，则称α为该地的目标产业结构加权系数。

定义2：设U_i对应的产业结构为P_i（i=1，2，3），U_{i+1}对应的产业结构为Q_i（i=1，2，3），则目标产业结构计算公式为：

第一产业目标值：$V_1 = \alpha \times P_1 + (1-\alpha) \times Q_1$

第二产业目标值：$V_2 = \alpha \times P_2 + (1-\alpha) \times Q_2$

第三产业目标值：$V_3 = \alpha \times P_3 + (1-\alpha) \times Q_3$

3.2.2 产业结构有序度模型

设$X_i = (x_i(1), x_i(2), \cdots, x_i(n))$为产业结构向量，令$x_i^0(k) = x_i(k) - x_i(1)$，k=1，2，…，n，称$X_i^0 = (x_i^0(1), x_i^0(2), \cdots, x_i^0(n))$为$X_i$的始点零化像。

设$X_0 = (x_0(1), x_0(2), \cdots, x_0(n))$为产业结构调整的目标向量，其始点零化像记为$X_0^0 = (x_0^0(1), x_0^0(2), \cdots, x_0^0(n))$，令：

$$|s_0| = \sum_{k=2}^{n-1} |x_0^0(k)| + \frac{1}{2}|x_0^0(n)| \tag{3-1}$$

$$|s_i| = \sum_{k=2}^{n-1} |x_i^0(k)| + \frac{1}{2}|x_i^0(n)| \tag{3-2}$$

$$|s_i - s_0| = \sum_{k=2}^{n-1} |x_i^0(k) - x_0^0(k)| + \frac{1}{2}|x_i^0(n) - x_0^0(n)| \tag{3-3}$$

设$|s_0|$、$|s_i|$、$|s_i-s_0|$分别如式（3-1）、式（3-2）、式（3-3）所示，令：

$$\varepsilon_{0i} = \frac{1 + |s_0| + |s_i|}{1 + |s_0| + |s_i| + |s_0 - s_i|} \tag{3-4}$$

称ε_{0i}为产业结构向量X_i的有序度，当产业结构向量X_i与目标结构向量X_0完全重合时，$|s_i-s_0|$为0，产业结构向量X_i的有序度ε_{0i}取最大值1。也就是说，一个地区的产业结构有序度越接近1，其结构趋于合理化的趋势越明显。

3.2.3 河南省产业结构有序度测度

按照世界标准对 GDP 进行分类处理，建立目标产业结构，计算区间为2006~2017 年，时间跨度较大，因此，为了更准确地测算产业结构有序度，需要进行分段计算和分析。

表 3-3 1999 年和 2013 年人均 GDP 与产业结构的国际比较

世界收入水平标准	1999 年人均 GDP（美元）	第一产业	第二产业	第三产业	世界收入水平标准	2013 年人均 GDP（美元）	第一产业	第二产业	第三产业
世界平均	5057	4	33	63	世界平均	10513	3.1	26.7	70.2
低收入国家平均	442	27	30	43	低收入国家平均	677	27.4	23.5	49.1
中低收入国家平均	1230	15	40	45	中低收入国家平均	4209	10.1	35.0	54.9
中等收入国家平均	2058	10	35	55	中等收入国家平均	4809	9.9	35.1	55.0
中高收入国家水平	5092	7	32	61	中高收入国家平均	7747	7.7	36.7	55.6
高收入国家平均	26560	2	31	67	高收入国家平均	38623	1.4	24.5	74.1

（1）2013~2017 年产业结构有序度测度。根据河南省 2017 年国民经济与社会发展统计公报，河南省 2017 年人均 GDP 为 41730 元，2017 年的人民币对美元汇率为 6.7518，折算后为 6180.57 美元，根据 2013 年人均 GDP 与对应产业结构的标准对比表，可知，$6180.57 \in [4809, 7747]$，由此可知加权系数为：$\frac{7747-6180.57}{7747-4809}=0.5332$。因此，参照表 3-3 中 2013 年世界收入标准，计算河南省 2017 年三次产业目标产业结构为 8.87∶35.85∶55.28。依据上述方法，计算河南省各市的加权系数和产业结构有序度，详见表 3-4、表 3-5。

表 3-4　2017 年河南省 18 地市目标产业结构及加权系数

城市	2017 年人均 GDP（美元）	目标产业结构			加权系数
		第一产业	第二产业	第三产业	
郑州市	13795. 28	6. 47	34. 31	59. 22	0. 94
济源市	12392. 40	6. 75	34. 86	58. 38	0. 88
焦作市	9765. 69	7. 29	35. 90	56. 81	0. 17
三门峡市	9562. 93	7. 33	35. 98	56. 69	0. 56
洛阳市	9443. 26	7. 35	36. 03	56. 62	0. 64
许昌市	8904. 29	7. 46	36. 24	56. 29	0. 45
鹤壁市	7475. 34	7. 90	36. 55	55. 54	0. 81
濮阳市	6606. 24	8. 55	36. 08	55. 37	0. 17
安阳市	6546. 55	8. 60	36. 05	55. 35	0. 77
漯河市	6529. 96	8. 61	36. 04	55. 35	0. 41
开封市	6298. 32	8. 78	35. 91	55. 30	0. 53
平顶山市	5782. 69	9. 17	35. 63	55. 20	0. 16
新乡市	5748. 84	9. 20	35. 61	55. 19	0. 85
信阳市	5113. 90	9. 67	35. 27	55. 06	0. 23
南阳市	4973. 04	9. 78	35. 19	55. 03	0. 05
驻马店市	4823. 16	9. 89	35. 11	55. 00	0. 60
商丘市	4505. 91	10. 00	35. 05	54. 95	0. 42
周口市	4240. 35	10. 09	35. 01	54. 91	0. 95

表 3-5　2013~2017 年河南省及各市产业结构有序度

年份	2013	2014	2015	2016	2017
河南省	0. 9782	0. 9846	0. 9850	0. 9800	0. 9595
郑州市	0. 8712	0. 8810	0. 8850	0. 8900	0. 8889
开封市	0. 8110	0. 8439	0. 8478	0. 8714	0. 8979
洛阳市	0. 9321	0. 9321	0. 9347	0. 9343	0. 9247
平顶山市	0. 9253	0. 9232	0. 9399	0. 9430	0. 9257
安阳市	0. 9682	0. 9169	0. 9277	0. 9339	0. 9502
鹤壁市	0. 8968	0. 8953	0. 9004	0. 8953	0. 8886
新乡市	0. 9553	0. 9537	0. 9668	0. 9608	0. 9456

续表

年份	2013	2014	2015	2016	2017
焦作市	0.8926	0.8906	0.9072	0.9776	0.9589
濮阳市	0.9481	0.9370	0.9659	0.9589	0.9516
许昌市	0.9140	0.9093	0.9205	0.9118	0.8969
漯河市	0.9318	0.9184	0.9233	0.9236	0.9167
三门峡市	0.9011	0.9173	0.9441	0.9475	0.9362
南阳市	0.8697	0.9008	0.8845	0.8966	0.8720
商丘市	0.8050	0.7993	0.8103	0.8321	0.8790
信阳市	0.6819	0.7183	0.7275	0.7715	0.7946
周口市	0.7681	0.8141	0.8141	0.8460	0.8816
驻马店市	0.7216	0.7667	0.7822	0.8092	0.8465
济源市	0.8467	0.8471	0.8621	0.8660	0.8532

（2）2006~2012 年产业结构有序度测度。河南省 2010 年人均 GDP 为 2998 美元，依据表 3-3 中 1999 年世界收入标准，故可将加权系数取为 $\alpha=\frac{5092-2998}{5092-2058}=0.69$，由此可得河南省 2012 年的目标产业结构为 9.07∶34.76∶56.86。依据定义 1 和定义 2 计算加权系数，如表 3-6 所示。依据产业结构有序度模型计算 2006~2012 年河南省及下属 18 地市的产业结构有序度，如表 3-7 所示。

表 3-6　2010 年河南省 18 地市目标产业结构及加权系数

城市	2010 年人均 GDP（美元）	目标产业结构			加权系数
		第一产业	第二产业	第三产业	
郑州市	6475.98	6.70	31.94	61.36	0.94
开封市	2426.20	9.64	35.52	55.72	0.88
洛阳市	4563.68	7.51	32.68	59.98	0.17
平顶山市	3379.35	8.68	34.24	57.64	0.56
安阳市	3159.29	8.92	34.56	57.16	0.64
鹤壁市	3714.49	8.35	33.80	58.30	0.45
新乡市	2634.26	9.43	35.24	56.14	0.81

续表

城市	2010年人均GDP（美元）	目标产业结构			加权系数
		第一产业	第二产业	第三产业	
焦作市	4590.92	7.51	32.68	59.98	0.17
濮阳市	2760.61	9.31	35.08	56.38	0.77
许昌市	3839.97	8.23	33.64	58.54	0.41
漯河市	3481.25	8.59	34.12	57.82	0.53
三门峡市	4624.74	7.46	32.62	60.08	0.15
南阳市	2488.57	9.55	35.40	55.90	0.85
商丘市	1871.01	11.15	36.92	52.70	0.23
信阳市	2017.56	10.25	36.20	54.50	0.05
周口市	1559.15	13.00	38.40	49.00	0.60
驻马店市	1714.20	12.10	37.68	50.80	0.42
济源市	6175.84	6.75	31.95	61.30	0.95

表3-7　2006~2012年河南省及各市产业结构有序度

年份	2006	2007	2008	2009	2010	2011	2012
河南省	0.9612	0.9592	0.9977	0.9989	0.9915	0.9650	0.9668
郑州市	0.8811	0.8773	0.8702	0.8707	0.8654	0.8558	0.8577
开封市	0.6604	0.6791	0.7889	0.7985	0.7514	0.7995	0.8045
洛阳市	0.9258	0.9206	0.9077	0.9074	0.9033	0.8655	0.8956
平顶山市	0.9216	0.9178	0.8924	0.8908	0.8796	0.8788	0.9043
安阳市	0.9904	0.9805	0.9641	0.9951	0.9397	0.9231	0.9476
鹤壁市	0.9767	0.9968	0.9345	0.9233	0.9042	0.8963	0.8902
新乡市	0.9712	0.9782	0.9932	0.9663	0.9690	0.9434	0.9511
焦作市	0.9005	0.8909	0.8831	0.8800	0.8808	0.8753	0.8789
濮阳市	0.9652	0.9661	0.9403	0.9508	0.9419	0.9368	0.9451
许昌市	0.9868	0.9790	0.9395	0.9234	0.9118	0.9002	0.8986
漯河市	0.9852	0.9823	0.9530	0.9310	0.9256	0.9182	0.9165
三门峡市	0.9026	0.8873	0.8870	0.8852	0.8780	0.8760	0.8766
南阳市	0.7735	0.7867	0.8515	0.8520	0.8622	0.9082	0.9189

续表

年份	2006	2007	2008	2009	2010	2011	2012
商丘市	0. 5707	0. 6052	0. 6940	0. 7173	0. 7290	0. 7848	0. 8045
信阳市	0. 6462	0. 6662	0. 6837	0. 7347	0. 6935	0. 7079	0. 6765
周口市	0. 5524	0. 5803	0. 6293	0. 6691	0. 6549	0. 7175	0. 7528
驻马店市	0. 5622	0. 5919	0. 6766	0. 7179	0. 6805	0. 7108	0. 7135
济源市	0. 8630	0. 8601	0. 8473	0. 8415	0. 8348	0. 8319	0. 8321

3. 2. 4　河南省产业结构有序度的时间演变特征

（1）2013~2017 年的产业结构有序度演变特征。2013~2017 年，河南省整体的产业结构在向着优化的方向前进，第一产业比重在逐渐降低，第二产业的比重在绝大多数的地市中均占据大部分比重，但和之前相比已有较大下降，第二产业、第三产业一降一升，产业结构的比重偏向明显，发展势头较好。但是在较大的经济下行压力下，各地的有序度测算结果表现各不相同。2013~2017 年，大多数地市均呈现出增加趋势，产业结构有序度基本保持在 0. 8~0. 9 以上，部分地市虽有波动，但是总体态势良好。

郑州市、开封市、焦作市、鹤壁市等产业结构有序度基本在 0. 8~0. 9，产业结构有序度变化的主要原因是产业结构调整的结果，第一产业、第二产业的比重逐年降低，第三产业比重升高，随着时间的变化，有序度呈现出增加趋势，说明这些地区的产业结构正处于优化的过程之中。其余地市大多数在 0. 9 以上，说明其产业结构与目标产业结构的差距进一步缩小，产业结构合理化程度在不断增加，区域经济正在向着比较合理的方向发展。

周口市、信阳市、商丘市、驻马店市等的产业结构有序度测度结果依旧处于较低的水平，主要是因为这些地区的经济发展水平低，第一产业的产值占总体的产值比重较大，第二产业比重长期保持在高水平，第三产业发展动力不足，导致产业结构与目标产业结构偏差大，详见图 3-4。

（2）2006~2012 年河南省产业结构有序度演变特征。2006~2012 年，河南省产业结构的有序度呈现上升的趋势，基本符合产业结构调整的整体方向，产业结构变化在向着预定的目标发展，经济发展态势呈现良好的趋势。开封市、商丘市、信阳市、周口市、驻马店市五个地市的产业结构有序度基本都在

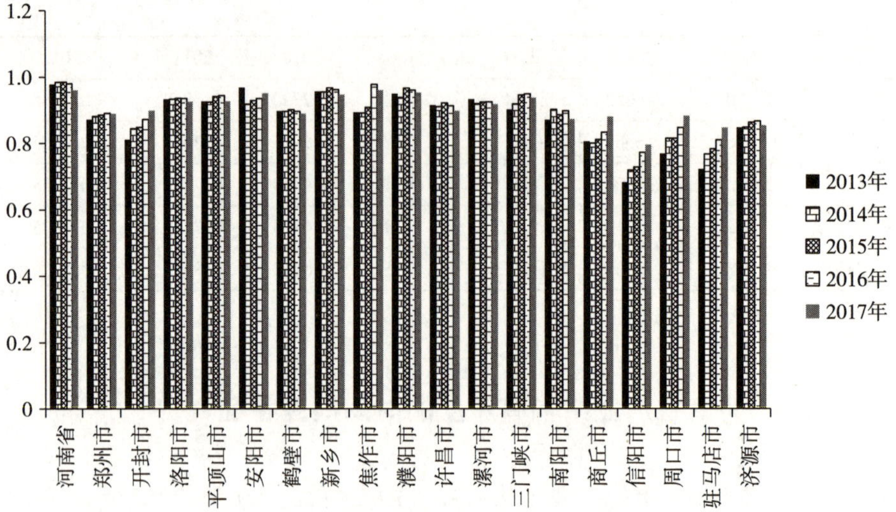

图 3-4　2013~2017 年河南省及各市产业结构有序度

0.6~0.7，说明当前的产业结构与目标产业结构不太吻合，产业结构的优化之路也很漫长，调整产业结构，优化三次产业比重，是这些地区的当务之急。尽管有地区产业结构有序度达到了 0.9 甚至更高，但这仅是与目标产业结构的比较结果，当经济总量达到更高的水平时，产业结构依旧会发生变化。此种变化不仅与有序度的变化有关，也受产业结构优化调整的影响，详见图 3-5。

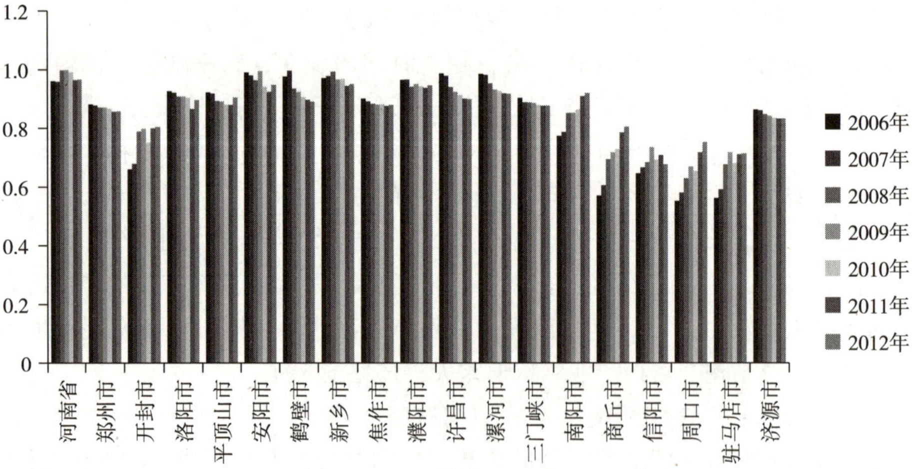

图 3-5　2006~2012 年河南省及各市产业结构有序度

3.3 河南省创新驱动路径设计

依据上述计算，测算出河南省区域及各地市产业结构有序度来判断产业结构合理化程度。依据产业结构有序度计算结果，分别从河南省宏观层面及各地市层面进行创新驱动路径设计。

3.3.1 河南省整体创新驱动路径设计

（1）现有产业结构存在的不足。依据2017年河南省人均GDP数据，第二产业产值比重较高，工业现代化水平偏低，第三产业产值低，大部分地区尚未得到充分发展。目标产业结构中的第一产业比重在7%~10%，但河南省的第一产业结构2006年为15.5%，至2017年第一产业比重仍未低于10%，且现代化水平低，基础薄弱，这是形成与目标产业结构差距的重要原因。第二产业的目标结构比例为34%~36%，而现阶段的工业化产业产值占据了各个地市的近50%的比例，鹤壁第二产业产值比重一度达到60%~70%。资源环境受限需要转变发展方式，应优化第二产业，对优势产业进行保留，对劣势产业及时修正调整。第二产业的目标结构比例为50%左右，郑州市、开封市、洛阳市、平顶山市、焦作市、新乡市等地第三产业发展态势良好，均达到40%以上；鹤壁市、濮阳市等地的第三产业产值基本处于20%~30%，产业产值低，附加值低，发展水平不高，大力发展第三产业，以第三产业反哺第一产业，真正做到产业结构的优化合理。

（2）创新驱动路径设计。结合创新驱动的背景与河南省产业结构现状，河南省创新驱动背景下的产业结构调整应充分结合地区实际，因地制宜进行产业结构调整，使产业结构适应经济发展形势，促进经济发展。河南省作为农业大省，与目标产业结构相比，第一产业的比重较高，但第一产业产值是依靠土地规模以及基础农业收入所得，现代化程度较低，且附加值较低。因此，要将农业大省转变为农业强省，延长第一产业的产业链，充分发挥地区优势，对第一产业的产品进行深加工，培育优良品种，增加产品的附加值，结合地区实际发展特色农业、观光农业。同时，借鉴国外先进经验，提升第一产业的机械化程度，转变传统的一家一户式的分散经营状态，鼓励创新经营模式，发挥集体经营的优势，并鼓励产权转变，发展新农业。2006~2017年第二产业的产值比重经历了先升后降的发展模式，2006~2012年，第二产业产值逐步升高，主要是经济快速发展的结果；2013~2017年第二产业比重逐渐降低，在经济下行压力与资源环境的约束下，产业结构出现波动。作为资源依赖性产业，在资源日趋紧张的情况下，需要进行内部结构的优化升级。对于高能耗、高污染、低产出的企业，要逐步进行淘汰；对于传统优势企业要进行升级改造，降低能耗，提高产出，提升资源的利用率。大力发展高技术产业，提升高技术产业比重，并推动劳动密集型产业向技术密集型产业发展。近年来第三产业产值得到了充分发展，河南地处中原，交通便利，随着以郑州为代表的“新一线城市”的崛起，地处中原的地理优势不断得到发挥，发展第三产业，要充分结合实际，对于第三产业发展环境良好的地区要挖掘其附加价值，提升产业间的关联度；对于欠发达地区，在保证产业结构合理的前提下，适度发展第三产业，进而推动第一产业、第二产业发展。食品工业、有色金属工业、化学工业、汽车及零配件工业、装备制造业、纺织服装业六大优势产业发展迅速。自1993年以来，已有近百家企业成功上市，以双汇、宇通为代表的河南省制造业企业发挥了重要作用，因此，上述优势产业应继续保持良好发展态势，强化制造业对经济发展的拉动作用。

3.3.2 河南省各地市创新驱动路径设计

（1）河南省各地市产业结构存在的问题。根据2017年人均GDP以及目标产业结构，可以将河南省内下辖18个地市分为以下三类，第一类是以郑州市、济源市等为代表的地区，GDP在8000美元以上的城市，属经济发达地区；第二类是以鹤壁市、安阳市为代表的地区，GDP在6000~8000美元的中等发达区域；第三类是以商丘市、周口市等地为代表的经济欠发达区域，此类地区的工业基础薄弱，需要加强和其他地区的交流，充分结合其他地区的优势，促进经济健康发展。

经济发达地区产业结构有序度较高且经济实力较强，但第二产业的比重依旧处于较高水平，目标产业结构中的第二产业比重大致处于34%~35%，而实际产业结构中第二产业比重处于45%以上，第二产业主导的产业格局依旧没有被打破，第三产业的比重除郑州市、焦作市达到40%以上外，其余地区均为30%左右，第三产业未能充分发展，经济结构转型升级还需进一步探索。

中等发达地区第一产业比重基本在15%~17%，第二产业比重在55%~69%，第三产业比重在20%~30%，第一产业、第二产业比重较高，第三产业发展缓慢是中等发达地区的主要特征。传统能源依赖型产业集中和基础农业现代化水平低是造成该类型区域产业结构现状的主要原因。

欠发达地区第一产业比重基本在20%以上，第二产业比重在40%~50%，第三产业比重在30%~40%。该地区整体经济水平偏低，农业比重高，人口众多，农业现代化水平低，第二产业基础弱于经济中等发达地区，且规模在逐渐缩减，经济发展内生动力不足。第三产业虽有发展，但缺乏深度，且与其他产业关联度不高。

（2）河南省各地市创新驱动路径设计。以郑州市为代表的发达地区的产业结构有序度较高，且经济发展形势较为良好，经济实力较厚，以这些主导城市布局生产力，充分发挥主导城市的带动与辐射作用，带动其他地市的发展。以食品制造为代表的双汇、装备制造为代表的宇通等企业都需要发挥自身优势，延长产业链，拉动经济增长。

鹤壁市、安阳市等中等发达地区第二产业比重较高，能源依赖型产业占主导，同时农业比重也较高。针对此类地区应加强第二产业内部产业结构调整，加速产业结构优化升级，对污染高、能耗高、产出低的企业进行综合整理，提升资源利用率。对于传统农业要提升农业现代化水平，延长产业链，通过对农产品进行深加工、培育优良品种等方式，提升第一产业的深度和广度。

以商丘市为代表的城市经济基础相对薄弱，农业产业产值比重较大。针对此类城市，要充分调整资源配置，对于产业结构布局进行重新定位，因地制宜，建立特色的农业发展项目，提升区域农业现代化水平。对于工业产值比重较高的地区要调整资源配置，对耗能高、污染大、产值低的企业进行整合，提升资源利用率。适度发展第三产业，转变经济发展方式，优化产业结构的总体布局。

河南省整体的产业结构基本在优化的过程之中，大部分地市的人均 GDP 已经进入中等及以上收入水平，但是产业结构的优化过程是艰苦而漫长的，产业结构需要依据实际情况不断调整。上述经济发展水平较高的地市可以继续优化自身的产业结构，并结合地域优势，发展自身实力，拉动区域经济增长，最终实现全省经济的良好发展。

本次产业结构有序度测度仅对 2006~2012 年和 2013~2017 年产业结构进行分阶段测度，未能将政府政策、宏观经济环境等影响因素考虑在内，因此在创新驱动路径的选择方面还需进一步研讨。同时，对于实际创新驱动路径选择还需参考其他模型进行设计，得出相关理论，以期促进经济健康发展。

4

河南省实体经济发展态势研究

在经济发展进入高质量发展阶段的大背景下，河南省实体经济呈现出经济快速增长、产业结构不断优化、虚拟经济与实体经济协同发展的良好局面。在政策支持、产业结构升级潜力巨大、“一带一路”、人口与资源优势等良好发展机遇下，针对河南省实体经济存在着产业空心化、制造业科技水平不足、处于产业链中低端水平、科技创新体制有待完善等突出问题，提出虚拟经济与实体经济协同发展、实体经济与科技协同创新、提升实体经济企业的社会生存能力、加强教育与科学事业的投入等对策，以期为河南省实体经济高质量发展提供建议。党的十九大报告指出，我国经济已由高速增长阶段转向高质量发展阶段，正处在转变发展方式、优化经济结构、转换增长动力的攻坚期。2017 年中央经济工作会议指出，我国经济发展已进入新时代，基本特征就是我国经济已由高速增长阶段转向高质量发展阶段（孟卫军，2018）。所谓高质量发展是以创新、协调的新发展理念为战略引领，以增进人民福祉为出发点和落脚点，以供给侧结构性改革为主线，重构我国在产业、产品、企业和要素 4 个层面的供给体系，实现与需求相匹配，以创新要素驱动生产为手段，实现全要素生产率提升的发展方式。目前，我国依靠传统要素驱动、投入大量资源和消耗环境的经济发展方式已经难以为继（裴小兵、裴志杰，2017）。我国工业发展存在的主要问题有：关键领域的技术创新能力不足，基础研究投入不足；要素成本上升，企业盈利能力下降；产能过剩问题严重，经济下行风险加大；增长方式相对粗放，质量和效率亟待提高。河南省是我国人口大省、产粮大省，是中原的重要组成部分，作为推动国民经济增长的支柱，实体经济的高质量发展一直备受关注。改革开放以来，河南省的实体经济取得了显著的成果，规模不断扩大，结构不断优化，实体经济运行向着合理化和高级化方向逐步迈进。

4.1 河南省实体经济发展态势

4.1.1 河南省实体经济基础特征

(1) 实体经济总量规模持续增长。河南省近年来的实体经济得到迅猛发展，总量规模不断增长。从1997年的不足0.5万亿元，到2005年的突破万亿元大关，再到2017年的39821.43亿元，实体经济增速迅猛，呈现跨越式的增长。

同时，实体经济占GDP的比重呈现出先增再降的趋势。1997~2007年实体经济占GDP的比重始终维持在93%以上且不断增长，最高达到95.4%。2008年以后，受全球性金融危机影响，实体经济发展受阻，在此阶段，实体经济占GDP比重虽有下滑，但基本维持在90%~95%。2016年，这一比重首次下降至89%。随着国家发展总体战略的变化，结合自身形势，河南省积极进行产业结构优化道路的探索，及时调整产业结构，到2017年实体经济占GDP比重降至89.38%。虽然实体经济的比重有所下降，但是河南省实体经济的总量规模在持续扩张，其在GDP中的占比依旧处于较高的水平，如表4-1所示。

表4-1 1997~2016年河南省实体经济的规模演变

年份	实体经济总量	实体经济占GDP的比重（%）	年份	实体经济总量	实体经济占GDP的比重（%）
1997	3773.58	93.38	2004	8146.53	95.24
1998	4019.89	93.31	2005	10107.49	95.47
1999	4214.54	93.28	2006	11794.37	95.40
2000	4744.39	93.89	2007	14262.71	95.01
2001	5199.15	93.97	2008	17092.28	94.86
2002	5677.40	94.07	2009	18357.56	94.24
2003	6485.01	94.43	2010	21621.45	93.63

续表

年份	实体经济总量	实体经济占 GDP 的比重（%）	年份	实体经济总量	实体经济占 GDP 的比重（%）
2011	25075.83	93.11	2014	31887.28	91.27
2012	27545.01	93.06	2015	33354.01	90.14
2013	29421.35	91.40	2016	36325.17	89.75

数据来源：根据河南省统计局、国家统计局河南调查总队历年《河南统计年鉴》计算而得。

（2）实体经济产业结构不断优化、效益日渐提升。河南省实体经济三次产业的发展速度和质量都取得了成就，产值在不断增长，增速迅猛，产业结构不断优化。河南省实体经济三次产业结构变迁见表 4-2。从产值来看，1997~2017 年第一产业、第二产业、第三产业的产值分别从 1997 年的 1008.55 亿元、1861.28 亿元、903.75 亿元增加到 2017 年的 4139.29 亿元、21105.52 亿元、19308.02 亿元。

表 4-2 1997~2016 年河南省实体经济三次产业结构变迁

年份	产值（亿元）			比重（%）		
	第一产业	第二产业	第三产业	第一产业	第二产业	第三产业
1997	1008.55	1861.28	903.75	26.73	49.32	23.95
1998	1071.39	1937.83	1010.67	26.65	48.21	25.14
1999	1123.14	1981.07	1110.33	26.65	47.01	26.35
2000	1161.58	2294.15	1288.66	24.48	48.36	27.16
2001	1234.34	2510.45	1454.36	23.74	48.29	27.97
2002	1288.36	2768.75	1620.29	22.69	48.77	28.54
2003	1198.70	3310.14	1976.17	18.48	51.04	30.47
2004	1649.29	4182.10	2315.14	20.25	51.34	28.42
2005	1892.01	5514.14	2701.34	18.72	54.55	26.73
2006	1916.74	6724.61	3153.02	16.25	57.02	26.73
2007	2217.66	8282.83	3762.22	15.55	58.07	26.38
2008	2658.78	10259.99	4173.51	15.56	60.03	24.42
2009	2769.05	11010.50	4578.01	15.08	59.98	24.94
2010	3258.09	13226.38	5136.98	15.07	61.17	23.76
2011	3512.24	15427.08	6136.52	14.01	61.52	24.47

续表

年份	产值（亿元）			比重（%）		
	第一产业	第二产业	第三产业	第一产业	第二产业	第三产业
2012	3769.54	16672.20	7103.27	13.69	60.53	25.79
2013	3972.70	16742.90	8705.75	13.50	56.91	29.59
2014	4160.01	17816.56	9910.71	13.05	55.87	31.08
2015	4209.56	17917.37	11227.08	12.62	53.72	33.66
2016	4286.21	19275.82	12763.14	11.80	53.06	35.14

从河南省实体经济的产业结构来看，1997 年三次产业比重为 26.73%、49.32%、23.95%，2017 年实体经济三次产业结构演化为 10.39%、53.00 %、36.60%。第一产业比重在不断调整产业结构的过程中出现下降，第二产业比重变化逐渐放缓并且出现比例下降情况，第三产业在经历增长后出现下降，下降后再增长的波动增长趋势，保持波动增长趋势，实体经济产业整体结构在不断优化。经测算，河南省实体经济三次产业合理化程度维持在 0.95 以上，其高级化程度在 2011 年后持续稳步上升。自创新驱动发展战略提出以来，河南省深入贯彻落实创新驱动发展战略，着力提升自主创新能力，加快转变经济发展方式，如表 4-3 所示，自 1978 年以来，实体经济的效益和水平日渐提升，三次产业向高生产效率发展，同时也表明实体经济在调整中发展态势良好。

表 4-3　1978~2016 年河南省产业结构偏离度

年份	P1	P2	P3	P	年份	P1	P2	P3	P
1978	40.78	32.05	8.73	81.57	1988	35.52	23.17	12.35	71.04
1979	41.65	32.21	9.45	83.31	1989	34.86	20.59	14.27	69.72
1980	40.49	30.82	9.67	80.98	1990	34.43	19.08	15.36	68.87
1981	38.78	28.10	10.68	77.55	1991	37.28	20.76	16.53	74.57
1982	39.32	28.99	10.33	78.64	1992	40.51	25.89	14.63	81.03
1983	35.29	25.13	10.16	70.58	1993	41.44	27.64	13.80	82.87
1984	35.05	25.56	9.48	70.09	1994	39.81	28.38	11.44	79.62
1985	34.64	22.74	11.90	69.28	1995	36.91	26.10	10.81	73.82
1986	35.94	24.41	11.53	71.88	1996	35.05	24.90	10.15	70.09
1987	32.54	21.51	11.03	65.08	1997	35.45	25.12	10.33	70.91

续表

年份	P1	P2	P3	P	年份	P1	P2	P3	P
1998	34.04	25.76	8.28	68.08	2008	33.99	30.10	3.89	67.99
1999	38.60	26.27	12.33	77.20	2009	32.28	28.35	3.93	64.56
2000	40.96	27.87	13.10	81.93	2010	40.50	14.20	15.50	70.20
2001	40.74	27.32	13.42	81.48	2011	39.40	14.80	24.60	78.80
2002	40.24	27.10	13.13	80.47	2012	37.30	18.80	18.50	74.60
2003	42.69	28.63	14.06	85.38	2013	35.80	21.90	13.90	71.60
2004	38.79	28.46	10.33	77.58	2014	36.60	21.00	15.61	73.21
2005	37.54	30.01	7.53	75.08	2015	34.61	22.81	11.81	69.21
2006	37.83	30.78	7.05	75.66	2016	34.21	23.11	11.11	68.41
2007	35.78	29.44	6.34	71.56					

依据产业结构偏离度模型的计算结果可知，第一产业的劳动生产率较为低下，第二产业次之，第三产业最高。第一产业生产率低主要是因为农村人口基数大。第二产业是因为河南省工业结构还没有进入到集约化生产模式。第三产业的门槛低，从业人员基本都可以实现高效生产，由此造成产业结构的偏离程度偏低。综合1978~2016年的产业结构偏离度，可以看出其总体趋势向更高的生产效率发展，说明其产业结构的持续优化，在不断调整之中实体经济发展的总体趋势良好。

（3）实体经济与虚拟经济协同发展。发达国家的经验表明，在受到国际金融危机冲击时，发达经济体中的多数商业银行和投资银行纷纷陷入困境（苏治等，2017）。国家对于经济的宏观调控，使得中国的金融体系整体稳健，在实体经济的健康发展中发挥了不可替代的作用。河南省当前的经济形势是实体经济在经济结构中占据着主体地位，虚拟经济的发展处于初级阶段，过度发达的虚拟经济及其带来的弊病尚未出现。

4.1.2 河南省科研水平不断提高

（1）技术创新能力稳健提升。近年来，随着国家创新驱动发展战略的提出，加大科研经费投入和提升技术创新水平成为一条必经之路。河南省积极响应创新驱动发展战略，加大对科研的支持和投入，科技创新能力增加，努力使科技创新成为经济增长点，助推中原经济发展。由2018年河南省统计数据可知，研究与实验发展的指标如R&D活动的机构数增加至3112个，R&D人员接近25万人，全省的R&D人员全时当量从2000年的34629人年增加到2017年的183265人年，R&D的投入强度不断增大，技术创新的能力也在稳步提升，R&D的投入在促进经济发展的过程中发挥了关键的作用，详见图4-1、图4-2。

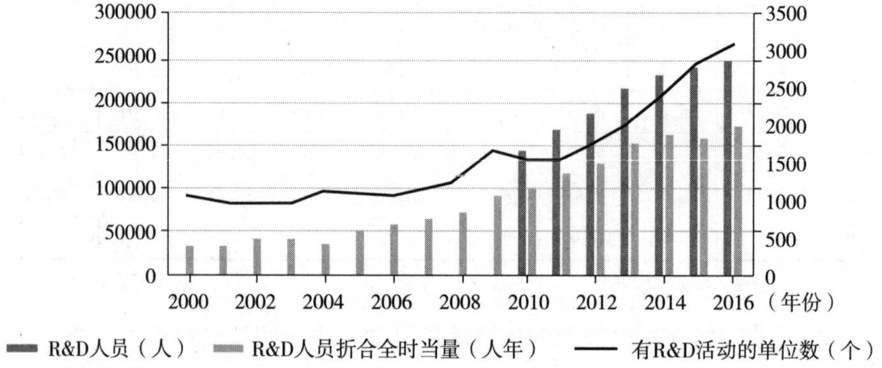

图4-1　河南省R&D人员及单位活动情况

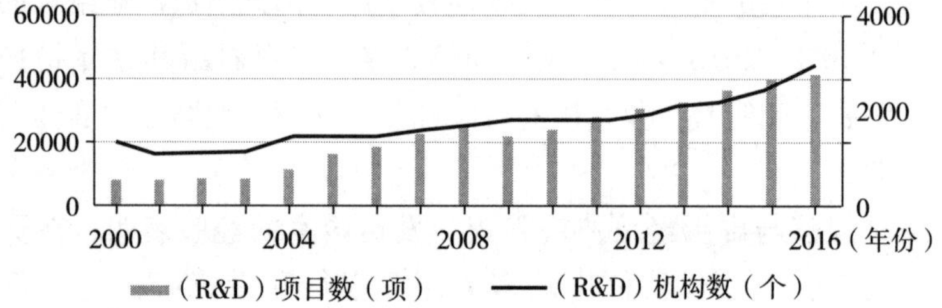

图4-2　河南省R&D项目数及有R&D机构数

（2）创新水平显著增强。根据1997~2016年国内三种专利的申请量数据，可以发现河南省专利申请的总数在不断提升，同时，实用型专利数的申请数量在飞速增长，截至2017年，河南省三种国内专利申请总数为119243项，国内发明专利申请受理量为35625项，国内实用新型专利申请受理量为66803项，国内外观设计专利申请受理量为16812项。由此可见，河南省的创新步伐日益加快，科技与应用的结合越来越紧密，科研质量有了较大提升，详见图4-3。

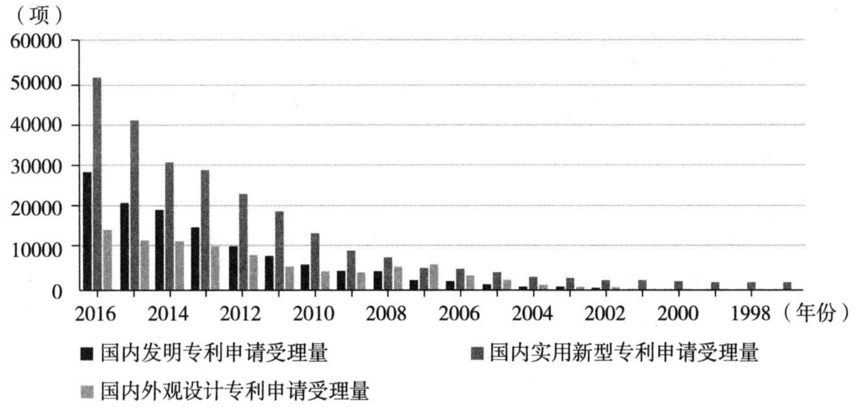

图 4-3　河南省国内三种专利申请受理量统计

4.1.3　企业在实体经济建设中地位逐步提升

（1）企业的实力明显增强。河南省食品工业、有色金属工业、化学工业、汽车及零配件工业、装备制造业和纺织服装业六大优势产业发展迅速。目前，已有近百家企业成功上市，同时，进出口贸易总额保持在较高的水平，同国际的交流进一步加强，“走出去”取得了显著成果。

1）河南上市公司不断涌现。2019 年河南省成功上市了建龙微纳、天迈科技两家公司。12 月 4 日，建龙微纳宣告正式上市。这标志着国内首家分子筛科创板企业上市，河南科创板市场“破零”。建龙微纳也成为中部六省首家、全国第 60 家科创板上市公司。2019 年 12 月 19 日，天迈科技终于迎来历史性的一刻，正式成为创业板当中的一员。天迈科技也是郑州市第 30 家、河南省第 81 家 A 股上市公司。此外，加上 2019 年 6 月从外迁来的棕榈股份和 ST 宏盛，河南新增 4 家 A 股上市公司；如果再加上鑫苑物业、向中国际 2 家港股公司，2019 年河南新增上市公司数量则达到 6 家。这些不断涌现的上市后备新军，为河南资本市场注入了源源不断的活力。

2）河南资本力量稳步扩张。2019 年 6 月 19 日，随着和郑州市郑东新区管委会以及相关金融机构在郑州签下合作协议，棕榈生态城镇发展股份有限公司首次亮相河南，宣告公司注册地从广东中山市迁址郑州。同月，ST 宏盛的公司名称由“西安宏盛科技发展股份有限公司”变更为“郑州德恒宏盛科技发展股份有限公司”，注册地迁至河南省郑州市。河南资本“走出去”的步伐明显加快了，ST 猛狮、金冠股份、鸿博股份、GQY 视讯、汇通能源、数知科技等均有河南资本的身影。

3）河南多家上市公司股价上涨。牧原股份市值高歌猛进。根据 Wind 数据显示，2019 年牧原股份的股价从年初的 29 元左右一路上涨，在 2019 年 4 月下旬突破 70 元大关，涨幅超过 200%，随后牧原股份的股价经过数次盘整之后，在 2019 年 9 月下旬再次启动行情，短短一个月内，牧原股份突破 100 元大关。借此，牧原市值首次突破 2000 亿元。除了牧原股份，2019 年豫股股价跨过 100 元大关的还有安图生物。

4）河南多家上市公司回归主业。由于环境宽松，多家上市公司不断通过外延式收购扩张势力，扩张门类，由于跨界范围大，出现连续亏损的情况。2019 年，较为突出的林州重机通过转让股权等方式将其旗下的 8 家子公司分别出售，提出了“推进公司战略聚焦，集中优势资源提升公司的盈利能力，提高公司市场竞争力和可持续发展能力”的企业思想。包括华英农业、一拖股份在内的多家河南上市公司也在不断通过减负的方式回归主业。

（2）河南省上市公司面临挑战。

1）河南省上市公司少而不强的特点仍然存在。作为一个 GDP 排名前 5 的经济大省，河南省上市公司数量的排名却在 10 名以外。截至 2019 年底，河南省拥有 85 家上市公司；浙江省有上市公司 423 家，是河南省的 5 倍多；四川省上市公司数量为 118 家，安徽省有上市公司 103 家，湖北省有上市公司 96 家，均多于河南省。在这种情况下，2019 年河南省原有上市公司的数量仍然有所减少。

2）河南多家上市公司出现危机。ST 辅仁药业作为一家主营中成药生产与销售业务的上市公司，曾是医药行业风光无限的“白马股”，但 2019 年 7 月被曝造假，资金冻结。2018 年下半年，雏鹰农牧已然陷入危机，财务舞弊、信用评级下调、经营活动现金流大幅下降、现金周转较为紧张、对外担保风险等接踵而至，2019 年 10 月 16 日雏鹰农牧被深交所摘牌，9 年的资本市场生涯正式落下帷幕。同一天，ST 莲花破产重整，实控人变更。ST 海马汽车经卖房保壳到押宝新能源，形势仍未改善。作为河南省第二大肉类屠宰加工企业的众品深陷百亿债务，破产重组。让本来就“少而不强”的河南上市公司阵营战战兢兢。

3）17 只股票年末呈现跌幅。从全年涨跌幅看，河南省 81 家 A 股上市公司，17 家河南上市公司 2019 年股价下跌，跌幅最大的为森源电气，全年跌 60.33%，ST 辅仁次之，全年跌 54.07%，其次是设研院，全年跌 27.92%。早在 2018 年，以河南农开、中原资产、河南资产为代表的多家金融机构已经为支持雏鹰农牧、科迪乳业、众品食业、豫金刚石、中孚实业、辅仁药业、民生药业等民营企业缓解流动性困难，然而仍是颓势难挽。

（3）2019 年河南省上市公司主营业务及收入数据比较。河南省上市公司 2019 年主营收入排名前五的依次为安阳钢铁、宇通客车、双汇发展、牧原股份、平高电气，其主营收入均已超百万元，主营业务分别为黑色金属行业、工业、肉制品业、养殖业、煤炭采选业。排在最后三名的依次为三晖电气、天迈科技、瑞贝卡，其主营收入均在 15000 万元以下，主营业务分别为电能表标准与校验装置产品系列、智能调度系统、工艺发条，详见表 4-4。

表 4-4　2019 年河南省上市公司情况

公司名称	主营业务	主营收入（万元）	公司名称	主营业务	主营收入（万元）
三晖电气	电能表标准与校验装置产品系列	3101.58	新野纺织	纱线	181454.11
天迈科技	智能调度系统	13799.38	汉威科技	物联网行业	181948.05
瑞贝卡	工艺发条	14492.29	安图生物	体外诊治	186504.62
新天科技	智能水表及系统	16230.27	翔锐制药	制造业	203968.00
北玻股份	玻璃钢化设备	22251.15	神火股份	煤炭	231701.45
森源电气	高压成套设备	26989.91	中光学	光学仪器制造	258350.10
科迪乳业	常温乳制品	29539.49	华兰生物	血液制品	264382.53
恒星科技	镀锌钢绞线	30676.64	银鸽投资	机制纸	273413.25
中原传媒	出版业务	60012.64	明泰铝业	工业	321719.47
中原内配	气缸套	71872.77	郑州煤电	煤炭	382520.44
远东传动	整轴	74363.49	神马股份	化纤织造	386725.72
城发环境	高速公路行业	83320.73	焦作万方	电解铝及铝产品	476118.38
华英农业	冻鸭产品	9284.59	新乡化纤	化纤行业	480415.25
中原证券	经纪业务	93739.30	中粮资本	保险业务	515651.00
大有能源	煤炭贸易及其他	100709.00	风神股份	橡胶和塑料制品	582917.81
智度股份	互联网媒体业务	101177.30	郑州银行	公司银行业务	583156.19

续表

公司名称	主营业务	主营收入（万元）	公司名称	主营业务	主营收入（万元）
棕榈股份	园林工程	102695.94	平高电气	输变电设备制造业	875191.94
三全食品	汤圆	111899.55	平煤股份	煤炭采选业	1780482.75
安彩高科	天然气、管道运输	12669.62	牧原股份	养殖业	1962703.75
中原高速	交通运输业	13294.08	双汇发展	肉制品业	2516306.75
洛阳玻璃	新材料	133735.38	宇通客车	工业	2791354.75
好想你	坚果类	145147.94	安阳钢铁	黑色金属行业	3257324.50
中信重工	重型装备板块	161800.00			

通过对以上河南省部分上市公司主营业务及收入的分析可知，河南省上市公司主要在重工业、煤炭、食品类等方面较为突出。表 4-5 展示了 2019 年进入中国 500 强榜单的河南省上市公司及位次。

表 4-5　2019 年上榜中国 500 强的河南省上市公司及位次

企业名称	2019 年位次	上年位次
万州国际	66	55
瑞茂通	240	198
安阳钢铁	267	271
宇通客车	275	222
郑煤机	327	未上榜
洛阳钼业	328	306
平煤股份	417	354
豫光金铅	427	417
神火股份	440	389
中原银行	488	未上榜

1）重工业类公司：表 4-4 所列重工业类公司中，安阳钢铁主营业务为黑色金属行业，对应收入最高。2019 年财富中文网发布的最新的《财富》中国 500 强排行榜中，河南有 10 家企业上榜，其中安阳钢铁位居第 267 位，相比 2018 年提高了 4 个位次；重点钢企 2019 年利润同比下滑 37%，而 5 家已发布

业绩预告的上市钢企净利润同比下滑60%左右。究其原因是铁矿石价格大幅上涨，煤炭、废钢等原燃料价格高位波动，钢材产量及价格同比下降等，因此盈利水平同比下降。

2）煤炭类公司：所列煤炭类公司中，平煤股份主营业务为煤炭采选业，对应收入最高。该公司主营业务为煤炭开采、煤炭洗选加工和煤炭销售。公司位于中国中部，区位优势明显，铁路、公路运输便利。公司是国内品种最全的炼焦煤和电煤生产基地，是中南地区最大的炼焦煤生产基地。2019年平煤股份仍在中国500强榜单内，位于第417位，相比2018年提高了63个位次。

在全国范围内，中国煤炭资源空间分布呈西多东少、北多南少的特点，内蒙古自治区、山西省、陕西省、新疆维吾尔自治区、贵州省是我国煤炭产量前五大省份，2019年内蒙古自治区原煤产量达103523.7万吨，占全国原煤总产量的28%；山西省原煤产量达97109.4万吨，占比26%；陕西省原煤产量为63412.4万吨，占比17%，而河南原煤产量并非名列前茅。2019年全国原煤产量TOP10区域见图4-4。

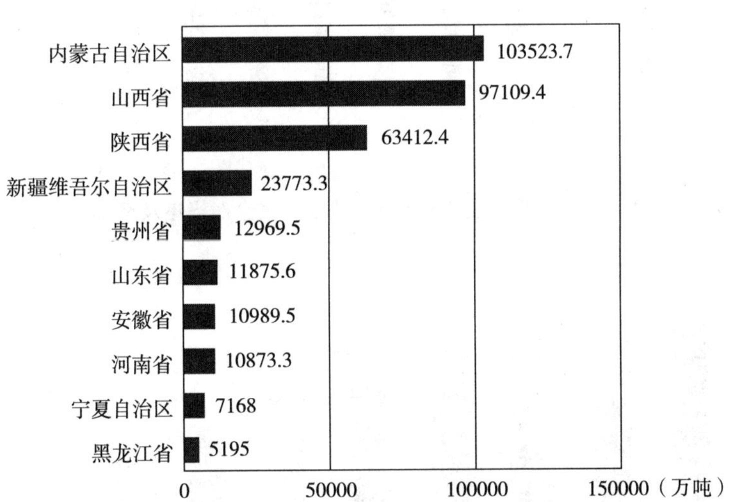

图4-4 2019年全国原煤产量TOP10区域

3）食品类公司：所列食品类公司中，双汇发展主营业务为肉制品业，对应收入最高。2020年3月，双汇发展发布年报显示，2019年双汇发展实现营业收入603亿元，同比增长23.43%；实现净利润54.38亿元，同比增长10.7%。报告期内，双汇发展完成了对其母公司双汇集团的吸收合并。2019年全球经济形势复杂多变，中国经济不仅面临下行压力，还面对中美贸易摩擦、非洲猪瘟疫情、肉类价格通胀等多重压力和挑战，2019 年其在坚持调结构、调价格、创新经营下实现了较好的经营结果。

（4）企业在创新中的作用日益凸显。对比近年来的企业 R&D 数据，发现规模以上企业的 R&D 研究中，规模以上工业企业 R&D 人员全时当量从 2004 年的 25197 人年增长到 2017 年的 123619 人年；规模以上工业企业 R&D 经费从 2004 年的 274981 万元增长到 2017 年的 4722542 万元；规模以上工业企业 R&D 项目数从 2004 年的 2403 项增加到 2017 年的 18266 项，参与 R&D 人员达 17 万多人。企业的 R&D 数量和质量都在不断提升，科研投入不断增加，创新的质量和速度相比之前有了较大提升，详见图 4-5、图 4-6。

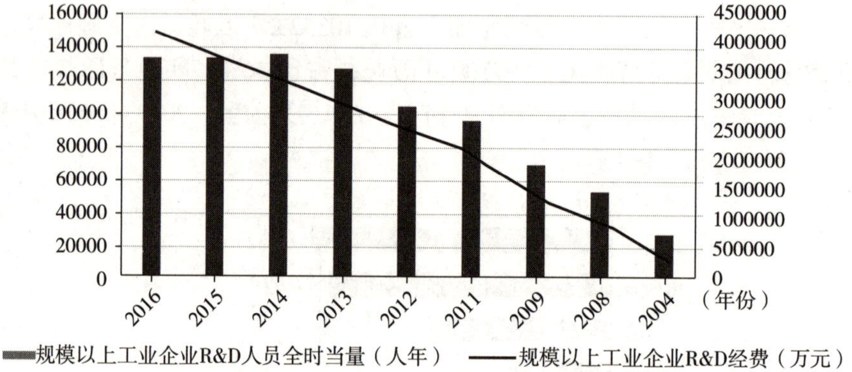

图 4-5 规模以上工业企业 R&D 人员全时当量及经费

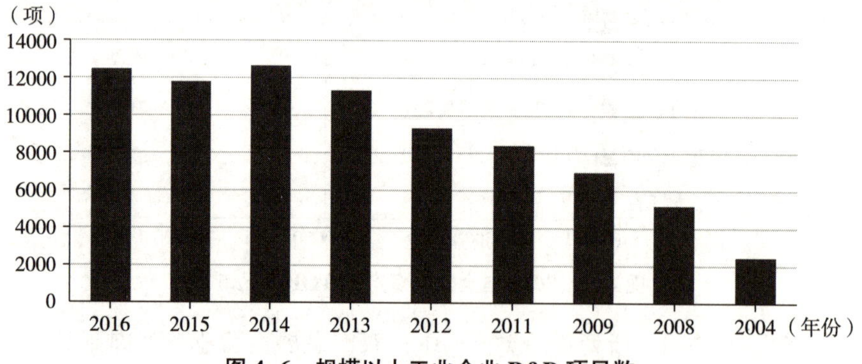

图 4-6 规模以上工业企业 R&D 项目数

4.2 河南省实体经济发展迎来新机遇

“一带一路”倡议是我国对外开放政策的重大创新，也是我国经济实现转型升级的重大机遇。2017 年中国经济运行总体稳中向好，经济增长质量明显改善，结构有所优化，脱虚向实取得成效，大企业发展质量有相当大的改善。一定程度上反映了供给侧结构性改革红利的释放，反映了新时代大企业发展动力变革、效率变革、质量变革的根本要求。根据国际国内形势，从河南省历史文化、区位交通、产业合作、平台建设以及人文方面进行综合考察，河南省应发挥优势，抢抓机遇，紧紧围绕“道路联通”构建以郑州为中心的现代化综合交通枢纽，围绕转变发展方式，加强对外开放平台建设；围绕产城融合，打造内陆开放型经济高地；围绕深化改革，申建中国（河南）自由贸易试验区；围绕服务便利化，建立健全联动发展体制机制，综合施策，加快构建河南省融入“一带一路”倡议的支撑点，为支持中原崛起、河南振兴做出贡献。

4.2.1 政策支持力度增加

我国为实现经济的高质量发展，实施创新驱动发展战略。政府在加强河南省实体经济发展的过程中扮演着重要角色，为积极应对经济下行的严峻形势，有针对性地解决好企业融资难、融资贵等突出问题提供政策支持。河南银监局于 2016 年正式印发《河南银行业支持实体经济发展的二十条措施的通知》（简称《二十条》），从加大有效信贷投放、发展普惠金融、推进精准扶贫、降低企业负担等方面提出明确要求和具体措施。

近年来，为进一步改善河南省投资环境，有序承接东部沿海和国际产业转移，政策的支持效应日益凸显。《国务院关于中西部地区承接产业转移的指导意见》（简称《指导意见》）从财税、金融、产业与投资、土地、商贸、科教文化六个方面明确了若干支持政策。在财税政策方面，强调对中西部符合条件的国家级经济技术开发区和高新技术开发区公共基础设施项目贷款实施财政贴息；在产业和投资政策方面，提出要修订产业结构调整指导目录和政府核准投资项目目录；在土地政策方面，强调要优先安排产业园区建设用地指标，探索工业用地弹性出让和年租制度；在商贸政策方面，提出支持在河南省设立与经济发展水平相适应的海关特殊监管区域或保税监管场所，培育和建设一批加工贸易梯度转移重点承接地；在科教政策方面，明确加大对产业园区技术创新体系建设、知识产权运用以及自主知识产权产业化的支持力度等。

4.2.2 产业结构升级有潜力

随着信息技术的快速发展，产业结构升级和新兴产业的发展日益明显。新材料、新能源等战略性新兴产业，应结合自身实际适时发展，获得新的经济增长点，为经济的可持续发展注入动力（王云平，2017）。国家根据现实情况，提出了“高质量发展”的理念（张杰和宋志刚，2016）。习近平总书记强调，推动经济高质量发展，要把重点放在推动产业结构转型升级上，把实体经济做实做优。近年来，河南省一直致力于推进产业结构调整，但产业结构整体偏重的状况仍然没有得到根本改变。2017 年，高耗能工业增加值占比仍高达 32.7%，高出全国 2.6 个百分点，而高技术产业占比只有 8.2%，低于全国 4.5 个百分点。产业高端化是指依靠科技进步和创新，实现产业高技术含量、产品高附加值和市场高占有率（王晓玲等，2017）。河南省要尽快实现发展方式转变和产业结构转型，准确把握现阶段产业发展特征，以供给侧结构性改革为主线，把提升供给体系质量和效率作为中心任务，着力在先进制造业、现代服务业、现代农业和网络经济四个方面强化技术创新、模式创新、产品创新、制度创新、管理创新，加快推进产业高端化，切实从高速增长转到高质量发展上来。

4.2.3 “一带一路”经济增长新契机

中央提出“一带一路”倡议是中国对外开放政策的重大创新，也是中国经济实现转型升级的重大机遇。国际欧亚科学学院院士毛汉英认为，丝绸之路经济带的建设为河南省实施东进西出的双向开放战略提供了极为有用的历史机遇，河南省实现跨域式发展大有希望。丝绸之路经济带最主要的通道是新亚欧大陆桥，而河南省正处于新亚欧大陆桥的咽喉位置，有快捷的交通方式（高铁以及航空），这意味着河南省发展的机遇也越来越多。郑欧国际班列已在新亚欧大陆桥上运行，其客户货源地也已覆盖珠三角、长三角、环渤海等经济圈基础货源地，集货半径超 1500 千米，辐射范围达 2000 千米。郑州市位于新亚欧大陆桥的主线上，其地理位置独特，这一优势能够使河南省形成大规模的物流，使得河南省的工业产品可以远销海外，进而成为丝绸之路经济带上的物贸集资地。因此，丝绸之路经济带为河南省工业的发展带来了外向型经济的新契机。

4.2.4　人口和资源优势仍在

尽管我国的人口老龄化趋势不断加深，人口红利带来的劳动力成本优势逐渐削弱，欧美发达国家也在不断进行制造业的转移，但是，我国的技术水平在不断提高，一大批高端制造业的企业在中国投资设厂。与其他省份相比，河南省的人口优势很明显，巨大的人口基数、数量庞大的劳动力是巩固产业链关键地位的重要基础。根据《河南统计年鉴 2017》，河南省 GDP 已经突破 4 万亿元大关，人均 GDP 为 42575 元，常住人口超 9000 万人，作为传统的农业大省和人口大省，突出特征是人口对于基本生活资料的巨大需求，而且随着人均 GDP 的增长，消费水平和消费结构也将发生很大改变。

在“中国制造”向“中国智造”转变的过程中，高素质的劳动力发挥着重要的作用。教育是培养人才的重要渠道，重视教育才能为经济建设提供大量人才，为科技创造提供不竭动力。近年来，河南省不断加大教育的投入力度。教育经费逐年增长，详见图 4-7，成果显而易见，各级各类学校每十万人口的学生在校数量都在逐步增加，人才培养的基础质量在不断提高。据统计，我国劳动者的人均受教育年限从 1982 年的 4.6 年增长到 2009 年的 9.5 年。现阶段的义务教育普及至初中，人均受教育年限将进一步提升。截至 2017 年，河南省共有普通高校 134 所，在校生 200.47 万人，高等教育水平进一步提升，人才培养的质量也在不断提升，详见图 4-7 和图 4-8。

在资源方面，河南省地层齐全、地质构造复杂、成矿条件优越，蕴藏着丰富的矿产资源，是我国矿产资源大省之一。现已发现各类矿产 141 种，已开发利用的就有 92 种，其中矿产资源 6 种，金属矿产 23 种，非金属矿产 61 种，水气矿产 2 种，煤、铝、石油、天然气等储量较大。河南省还是重要的能源基地，石油保有储量居全国第 8 位、煤炭居第 10 位、天然气居第 11 位。河南省共有 1500 多条河流，水资源和水能资源潜力巨大，同时拥有各类大中型水电站，已开发的水电装机容量约为 233.11 万千瓦，开发程度居全国第二。

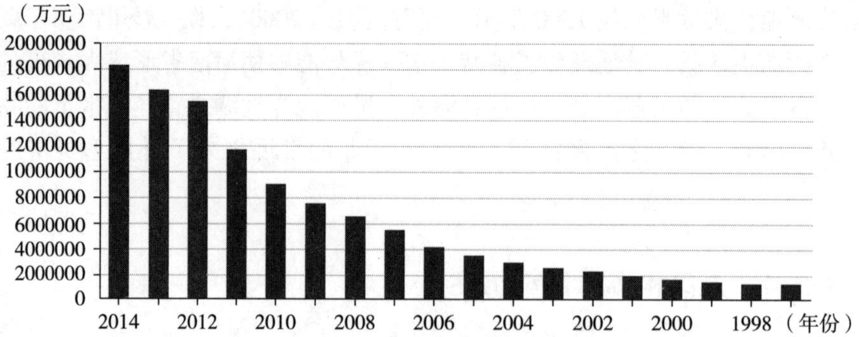

图 4-7 河南省教育经费投入情况

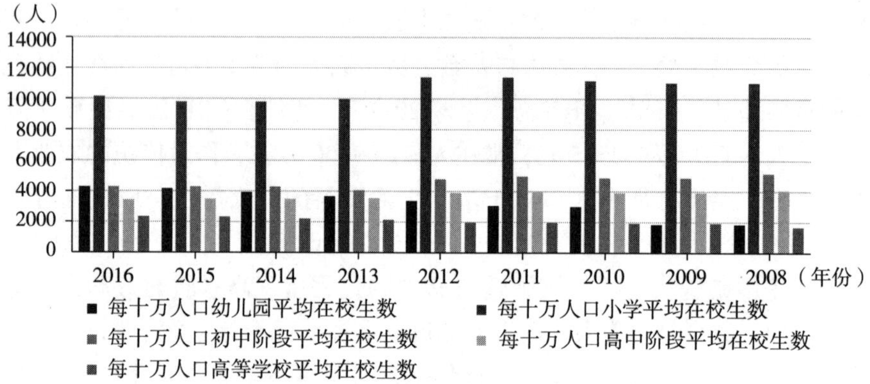

图 4-8 每十万人口各级各类学校平均在校生人数

4.2.5 消费潜力巨大

目前，中国的经济发展方式正处于转变经济发展方式的关键时期，信息化、工业化和城镇现代化正在加紧融合。在这样的前提下，河南省的消费潜力无疑是巨大的。河南省人口众多，具有消费增长的人员基础；地处中原，交通便捷，无论是公路还是铁路、航空，经济发展的交通便利因素不可或缺。国内的经济交流，国际货物进出口贸易，都会经过河南。随着人均收入的提高，居民的消费结构也在不断升级。据《河南统计年鉴 2018》显示，河南省的 GDP 为 44552.83 亿元，人均 GDP 46674 元，全省人口超过 1 亿人，常住人口超 9000 万人，作为传统的农业大省和人口大省，突出优势就是人口对于基本生活资料的巨大需求，消费潜力巨大。随着人均收入的提高，居民的消费结构也在不断升级。2002 年，城镇居民可支配收入为 6245.4 元，人均食品支出为 1517.0 元，占比 24.28%；2012 年，城镇居民的人均可支配收入为 20442.6 元，人均食品支出 4607.5 元，占比 22.53%。居民的消费结构升级势必带来经济增长点的进一步变化。2005 年河南省的人口城镇化率为 30%，2018 年人口城镇化率为 50.16%，城镇化步伐不断加快，居民的生活水平也在不断提高，消费的内生动力对于拉动消费需求起着重要的作用。

综上所述，河南省实体经济发展的机遇主要表现为：①广阔的消费市场和巨大的消费潜力。近年来河南省实体经济发展迅猛，同时，人口的城镇化水平也在不断提升。河南处于中国的中间地带，同四方交流方便，交通便利，消费的动力强劲。②“一带一路”的发展机遇。作为“一带一路”的重要地带，河南在进出口贸易方面的机遇明显，通过进出口贸易可以拉动经济增长，最终促进实体经济的进步。③转变经济发展方式的良好机遇。随着东部地区的产业转移，以及可持续发展战略的贯彻，推进产业结构的转型升级是当下的主旋律，对于经济的发展，要改变过去的粗放模式，走集约化的道路。因此，在承接产业转移和转型升级的过程中，要抓住机遇，优化产业结构。

4.3 河南省实体经济高质量发展关注重点

4.3.1 产业空心化趋势

（1）发展基础比较薄弱。入围中国企业 500 强的企业数量不够多，规模不够大，水平不够高。反映出河南省大企业与国内其他大企业的差距。这就要求河南省广大企业面对国际、国内经济环境变化的挑战，面对日新月异、如火如荼的新技术革命，面对你追我赶、不进则退的竞争态势，积极应对，正确处理改革与发展、质量与速度、进与退、创新与继承的关系，切实转变发展理念，深入推进改革创新，广泛参与国内外的竞争与合作，以企业的高质量发展推动经济社会的高质量发展。

尽管近年来的经济建设成果斐然，经济在消费、投资、出口的拉动下快速扩张，经济总量已经突破 4 万亿元大关，人均 GDP 也已达到国际中等收入水平。但是，河南省实体经济发展依旧存在着产业结构不合理的问题，长期以来的粗放式发展道路制约着经济的发展。随着资源环境约束日益加剧，经济发展的瓶颈问题越来越突出。水污染、空气质量下降、农业污染等问题十分突出。连续数年的雾霾、过度使用农药化肥等造成的污染都是实体经济的发展面临的挑战。

河南省实体经济不够合理的主要表现为：第一产业的基础设施建设薄弱（比重过低），农业的现代化水平低，发展的可持续性差，尤其是生态农业的比例太低，这与农业大省的地位不相符合；第二产业大而不强，大多数企业处于产业链的低端环节，缺乏自主知识产权和核心技术，关键环节受制于人，不利于产业进步；第三产业比重始终处于较低的水平，多为与生活紧密相关的基础性服务业，产业的附加值不高。通过对比世界500强制造业的运营情况可以发现，中国企业的创新投入远低于外国。创新投入不足势必会带来内生动力不足，使企业难以在长期竞争中获得竞争优势，最终得到发展，详见表4-6。

表4-6　2018年世界500强制造业运营情况对比分析

公司名称	收入（百万美元）	利润（百万美元）	国家	净利率（%）	创新投入比例（%）
华为投资控股有限公司	89311.40	7020.80	中国	7.80	13.5120
波音	93400	10278	德国	0.11	7.0786
三星电子	211940	36575	韩国	17.26	6.6785
大众公司	260028	13107	德国	5.04	6.1228
西门子	96653.5	11062.75	德国	0.11	6.0916
福特汽车公司	156776	7602	美国	4.85	5.1437
本田汽车	138646	9561	日本	6.90	4.7287
丰田汽车公司	265172	22510	日本	8.49	3.6606
铃木汽车	33912	1947	日本	5.74	3.6388
美的集团股份有限公司	35794	2557	中国	7.14	3.4813
青岛海尔	23563	1025	中国	4.35	2.8551
中国石油	341578	7813.78	中国	0.02	0.7983
鸿海精密工业股份有限公司	154699	4560	中国	2.95	0.7519
鞍钢集团公司	27792	61	中国	0.22	0.7206
上海汽车集团股份有限公司	128819	5091	中国	3.95	0.3419

续表

公司名称	收入（百万美元）	利润（百万美元）	国家	净利率（%）	创新投入比例（%）
首钢集团	27489	1	中国	0.00	0.0773

（2）行业利润失衡。近年来宏观经济增速放缓，实体经济增长出现疲软状态，但房地产、金融业等虚拟经济产业的发展规模却迅速膨胀，行业利润也保持着强劲的增长趋势。正是因为虚拟经济的利润大、投资少，企业向虚拟经济的逐利更加明显。对比2018年中国服务业500强和中国制造业500强可以明显发现其中的问题。以宇通客车（600066）和郑州银行（002936）2017年报的数据为例，二者的主营业务收入分别为332.2195亿元和101.9434亿元，而宇通客车的主营业务利润达85.5767亿元，郑州银行达101.1516亿元，宇通客车的净利润为31.29219亿元，郑州银行为42.8002亿元。宇通客车主营业务利润为郑州银行的84.6%，宇通客车净利润为郑州银行净利润的73.11%。制造业的营业收入虽高，但净利润却和虚拟经济差距巨大。制造业的利润空间狭小，且在与银行业等虚拟经济产业相比中劣势明显，行业利润失衡现象明显。

（3）虚拟经济乘虚而入。同实体经济的“物生钱”的发展方式相比，虚拟经济的“钱生钱”显得更加具有吸引力，虚拟经济的部门回报率高，对资本具有较强的吸引力。虚拟经济的总量在不断提升，占GDP的比例也在逐渐上升，虚拟经济的份额不多，但是利润增长的大部分来自虚拟经济。实体经济发展不够乐观的前提下，虚拟经济可能会有较大的发展。据河南省虚拟经济规模演变测算，1997年虚拟经济的产值仅为267.51亿元，占当年GDP的6.62%；到2008年，虚拟经济的产值为926.25亿元，占当年GDP的5.14%；到2018年，虚拟经济的产值为6246.62亿元，占当年GDP的21.25%。如表4-7和图4-9所示，1997~2016年，虚拟经济占GDP的比重不断增加，已经超过10%，如果不加以控制，虚拟经济势必会造成资本大规模转移，阻碍经济健康发展。

表4-7　河南省虚拟经济规模演变

年份	虚拟经济总量（亿元）	虚拟经济占GDP比重（%）
1997	267.51	6.62
1998	288.35	6.69

续表

年份	虚拟经济总量（亿元）	虚拟经济占 GDP 比重（%）
1999	303. 40	6. 72
2000	308. 60	6. 11
2001	333. 86	6. 03
2002	358. 08	5. 93
2003	382. 69	5. 57
2004	407. 26	4. 76
2005	479. 93	4. 53
2006	568. 42	4. 60
2007	749. 75	4. 99
2008	926. 25	5. 14
2009	1122. 90	5. 76
2010	1470. 91	6. 37
2011	1855. 20	6. 89
2012	2054. 30	6. 94
2013	2769. 95	8. 60
2014	3050. 96	8. 73
2015	3648. 15	9. 86
2016	4146. 62	10. 25

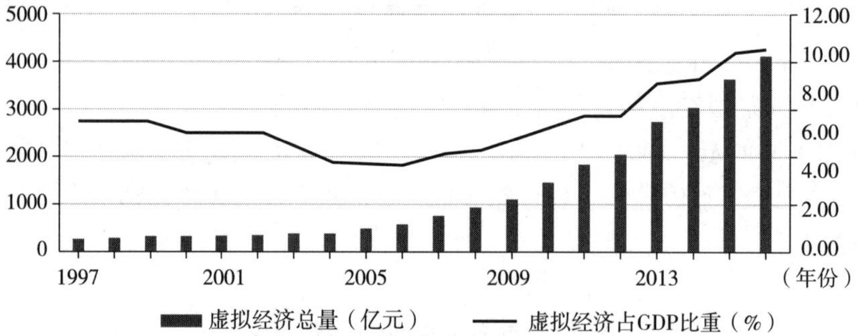

图 4-9 河南省虚拟经济规模演变

4.3.2　产业价值链处于中低端

尽管我国的制造业已经走出国门，但制造的产品仍然处于产业链的中低端环节，在“微笑曲线”中，处于“劳动最多，收益最少”。河南省的六大优势产业（食品工业、有色金属工业、化学工业、汽车及零配件工业、装备制造业、纺织服装业）均缺乏知名的国际品牌，企业的总体效益不高。

（1）技术水平低，R&D 投入少。目前，全国的整体趋势依旧尚未形成以企业为研发主体的氛围，河南省也是如此。在创新的队伍中，企业 R&D 投入占企业主营业务收入的比例远远低于发达国家的一般水平。除此之外，创新投入的结构比例也不够合理，基础研究和应用研究的 R&D 投入比重严重偏低，企业对于项目的投入急于收取回报，周期短，经费不足。见图 4-10，对比中部六省的数据，可以看到和其他地区的差距，规模以上企业的 R&D 投入虽逐年增长，但与第一名的湖北省相比仍然有着较大差距，对于产业创新的投入仍需加强。河南省的规模以上企业的 R&D 项目和经费需要加大投入，对于 R&D 既需要数量更需要质量。

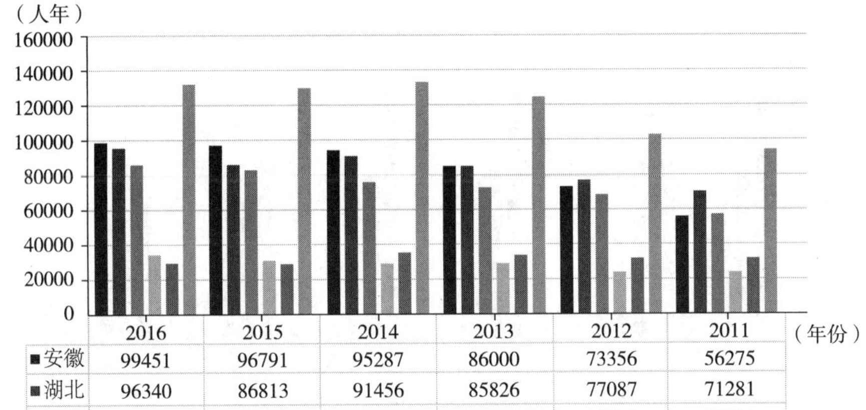

	2016	2015	2014	2013	2012	2011
■安徽	99451	96791	95287	86000	73356	56275
■湖北	96340	86813	91456	85826	77087	71281
■湖南	86440	83821	77428	73558	69784	57478
■江西	34924	31321	28803	29519	23877	23969
■山西	29450	28927	35775	34024	31542	32476
■河南	132731	131051	134256	125091	102846	93833

图 4-10　中部六省规模以上企业 R&D 人员全时当量数对比

同时，如图 4-11 所示，虽然规模以上企业的 R&D 投入在增长，但是增速和质量均不如湖北等地增势平稳。规模以上企业 R&D 项目数处在波动中，对比其他省份，河南省的增长缺乏稳定性，企业的 R&D 情况不佳。主要是由于企业本身逐利性的存在以及相关政策支持不到位。

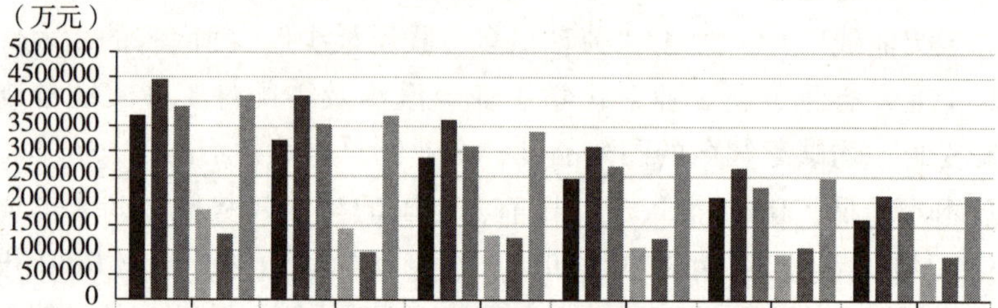

（年份）	2016	2015	2014	2013	2012	2011
■安徽	3709224	3221422	2847303	2477246	2089814	1628304
■湖北	4459622	4072726	3629506	3117987	2633099	2107553
■湖南	3929647	3525450	3100446	2703987	2290877	1817773
■江西	1797561	1474968	1284642	1106443	925985	769834
■山西	976283	1008950	1247027	1237698	1069590	895891
■河南	4096962	3688252	3372310	2953410	2489651	2137236

图 4-11　中部六省规模以上企业 R&D 投入情况

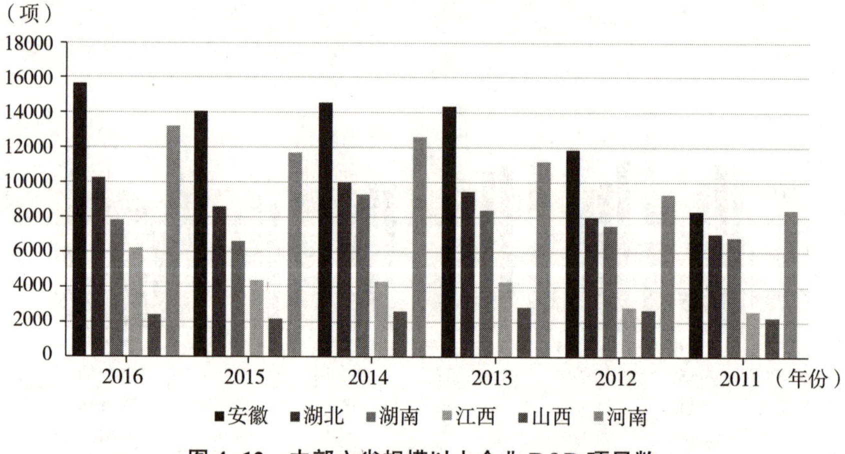

图 4-12　中部六省规模以上企业 R&D 项目数

根据 2018 年中国城市和产业创新能力报告数据，河南省的创新指数为 122.9，排名第 15 位。其中，北京市的创新指数为 1061.31，排名第 1 位，河南省的创新指数为北京市的 11.58%。除此之外，创新投入的结构比例也不够合理，基础研究和应用研究的 R&D 投入比重严重偏低。中国的创新驱动战略提出要鼓励和支持实体经济的转型升级，研发机构的作用便不言而喻，但是省内的企业 R&D 机构数量少，规模小，总体的创新水平不高，这同创新驱动的战略不相适应，见图 4-12。

如图 4-13 和图 4-14 所示，河南省的 R&D 投入远远低于其他省份，同发达省份 10 年以前的水平相差不大。对比河南省与上海市、江苏省等地的 R&D 投入与 GDP 的省际间比重可以发现，河南省的 R&D 投入比重远低于发达地区，且增速比上海市等地区缓慢，R&D 投入不足，对于省内的创新有很大影响。同时，R&D 人员占总人口的比重也和其他区域有较大差距，作为人口大省，河南省的 R&D 人员数量和质量都需要提升。根据《河南省统计年鉴 2017》可知，全省对于基础和应用研究的 R&D 人员全时当量分别为 3%和 6%，企业的基础和应用研究 R&D 人员全时当量分别为 0.02%和 1.9%。对比中部六省的数据，河南省规模以上企业的 R&D 经费投入虽在逐年增长，到 2017 年已经达到 4722542 万元，超过了安徽、湖北等省份，但对于产业创新的投入仍需加强，尤其要加大对规模以上企业 R&D 项目的投入力度。2017 年河南省 R&D 项目数为 15973 项，而同期第一名为安徽省，R&D 项目数为 20010 项。由此可见，河南省亟须加大对基础和应用研究的投入支持力度，激发科技人员的创新活力，从而提高全省的创新水平。

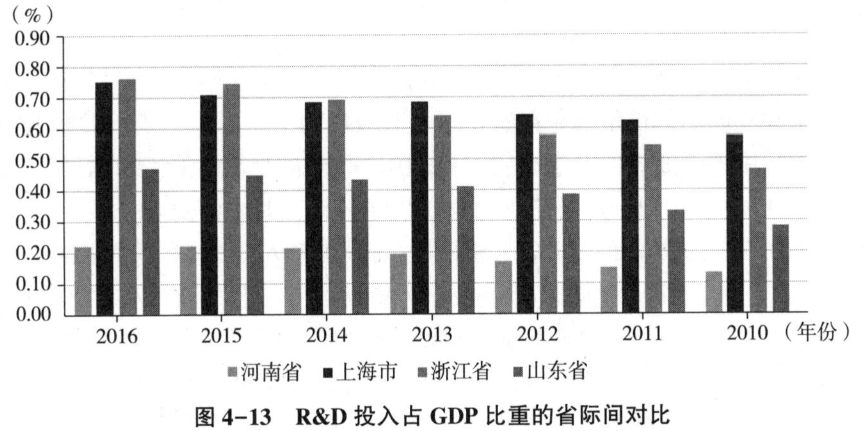

图 4-13　R&D 投入占 GDP 比重的省际间对比

（2）自主品牌竞争力弱，成长环境不佳。实体经济的发展离不开品牌的建设。河南省在全国享有盛名的品牌，主要集中在劳动密集型产业和行业垄断性的企业。随着人口红利的消失，用工成本正逐步上升，品牌建设的环境进一步恶化。再加上近年来各种信任危机的出现，对于品牌的建设和维护很是不

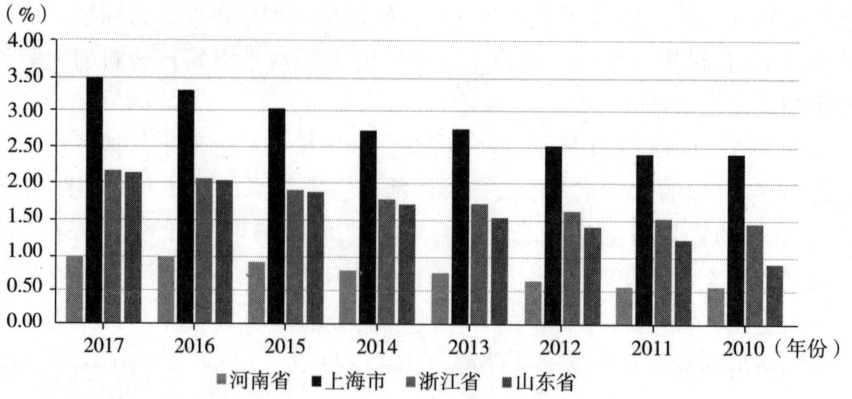

图 4-14　R&D 人员占该省总人口的比重的省际间对比

利。食品制造、能源化工等产业对资源的依赖性很强，且附加值均不高，一旦资源供给不足，势必会导致产能下降、优势地位丧失等问题。而且，河南省目前缺乏一大批优势性企业，入选中国 500 强的企业很少，进军世界 500 强的目标短时间内基本无法实现。如何创造出可以在世界享誉的国际知名品牌，是当下发展的一大问题。

河南省的上市企业总量尚未超过 100 家，其中还不乏文化产业等非制造业产业，企业的发展时间普遍较短，而且品牌的建设起步也比较晚。长期以来，中国的实体经济处于“微笑曲线”底部，获利最低的是加工、组装、制造环节。绝大多数利润被设计环节和销售环节带走，虽参与国际大品牌的部分过程，却未建立起品牌价值。苹果、三星等只设厂加工，而非研发。根据中国企业联合会、中国企业家协会联合发布的 2018 中国企业 500 强、2018 中国制造业企业 500 强及 2018 中国服务业企业 500 强名单，其中河南省企业（详见表 4-8）有 10 家入围 2018 中国企业 500 强；有 14 家入围 2018 中国制造业企业 500 强；有 5 家入围 2018 中国服务业企业 500 强。入围中国企业 500 强的企业数量不多，仅占 500 强的 2%；规模不大，10 家入围企业中仅有 3 家的位次在 200 位之内，7 家在 350 位之后，10 家企业的营业收入总额仅占 500 强的 0.99%；质量不高，10 家入围企业的净利润总额仅占 500 强的 0.38%，资产总额仅占 0.29%，所有者权益仅占 500 强的 0.42%。总体情况说明需要加强对企业的建设，以期发挥更大的效益。

表 4-8 2018 中国 500 强河南省企业入围情况

序号	企业名称	营业收入	位次	上年位次
1	河南能源化工集团有限公司	16017486	114	129
2	万洲国际有限公司	15121714	120	117
3	中国平煤神马能源化工集团有限责任公司	12734413	132	131
4	天瑞集团股份有限公司	4361911	356	406
5	河南森源集团有限公司	4236265	369	471
6	安阳钢铁集团有限责任公司	4034777	386	381
7	河南豫光金铅集团有限责任公司	3638914	440	490
8	河南豫联能源集团有限责任公司	3626436	442	444
9	郑州宇通集团有限公司	3563402	446	379
10	万基控股集团有限公司	3421979	463	新进

（3）领军人才缺乏，行业创新疲软。人才是发展实体经济的基础，高层次创新型人才是促进实体经济进一步发展的关键。但是，河南省当前的科研人员数量和质量同其他发达省份相比有较大的差距。在“双一流建设”中，仅郑州大学入选全国一流大学建设高校，临床医学、材料科学与工程、化学入选一流建设学科；河南大学入选全国一流学科建设高校，生物学入选一流建设学科。根据《河南统计年鉴 2017》数据，在全省范围内，R&D 活动人员不足 25 万人，占常住人口的比例为 0.23%。在上述的 R&D 人员中，博士学历的占 3.52%，硕士学历占 11.7%，研究生及以上学历的 R&D 人员严重不足，本科学历占 43.88%，R&D 人员中缺乏高学历人才作为支撑推动技术进步。另外，对比上海、江苏、浙江等发达省份，河南省的技术领军人才缺乏，行业创新动力疲软。

4.3.3 科技创新体制尚待完善

（1）科技资源配置不合理。到 2017 年，河南省的 R&D 人员超过 26 万人，其中，博士学历的研究人员占研究人员总数的 3.82%，硕士学历的研究人员占研究人员总数的 12.18%。R&D 人员折合全时当量为 162504 人年，其中，基础研究仅为 4577 人年，占比 2.81%。同样，R&D 经费内部支出中，基础研究仅占 2.18%，多数经费支出在应用研究中，详见图 4-15、图 4-16。由此可见，河南省的科技资源配置不合理，高学历人才缺乏，阻碍着河南省科学技术研究的进一步发展，如果不能加以破解，将会制约河南省技术创新的发展水平，必将限制河南省企业的核心竞争力进一步提升。

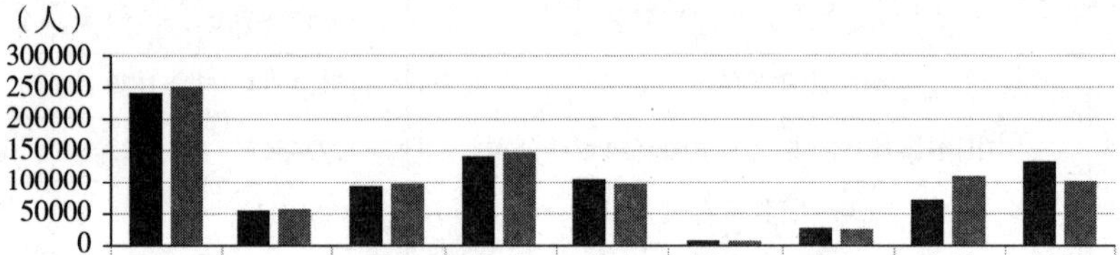

	总人数	女性	研究人员	全时人员	非全时人员	博士毕业	硕士毕业	本科毕业	其他学历
■2015年	241171	58657	95660	136824	104347	7771	28266	73291	131843
■2016年	249876	60479	98639	149205	100671	8792	29240	109637	102207

图 4-15　河南省 R&D 人员分类对比情况

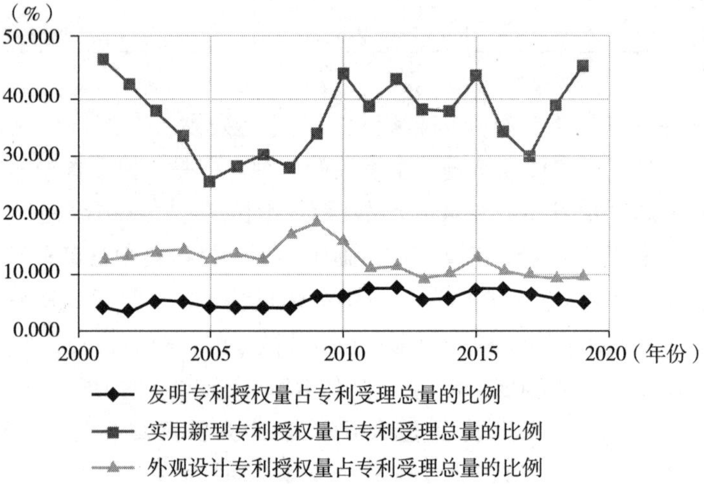

图 4-16　河南省国内三种专利申请授权量占申请受理量的比例

（2）科技成果的转化率低。由于企业的逐利性，对于 R&D 投入急于见到回报，R&D 投入的不确定性较多，很多的企业宁可采取国外的先进技术，也不愿自主创新。因此造成了专利数量少、质量低的不良情况。对比中部六省的数据，可以发现，河南省规模以上企业的专利发明数量和质量与其他地区都有着不小的差距，对于发明创新应给予鼓励，才能将地区的工业真正拉动起来。《中国科技统计年鉴 2017》显示，河南省研究与开发机构科技产出的专利申请数为 1359 件，发明专利数为 1076 件，有效专利 2325 件，但专利转让及授权数为 3 件，明显低于其他省份。依据河南省及其他 24 省专利转让及授权数与有效专利数计算得出科技成果转化率，见图 4-17。河南省科技成果转化率与其他省份相比较低。规模以上企业 R&D 情况在中部六省中不占优势，同其他省份的差距较大，发明专利数与申请数都不多。企业在科技进步和创新的过程中发挥的作用不可轻视，对于企业的研发项目，应给予支持，而对于企业的 R&D 投入，河南省的总量虽然较安徽、江西等地高些，但是因为人口众多，人均科技经费较低，应加强 R&D 投入，提升 R&D 的质量与水平，详见图 4-18、图 4-19 和图 4-20。

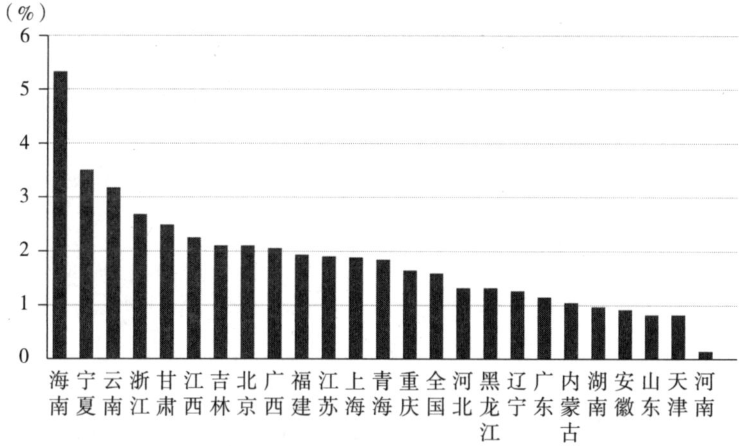

图 4-17　部分省科技成果转化率

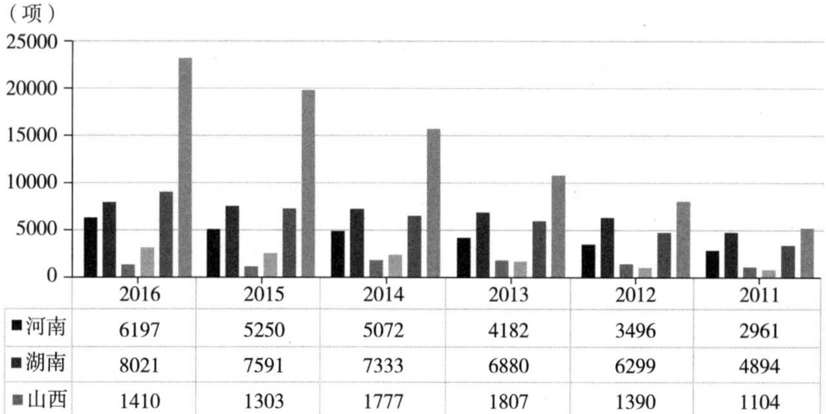

	2016	2015	2014	2013	2012	2011
■河南	6197	5250	5072	4182	3496	2961
■湖南	8021	7591	7333	6880	6299	4894
■山西	1410	1303	1777	1807	1390	1104
■江西	3290	2522	2516	1669	1135	874
■湖北	9227	7227	6471	6119	4789	3469
■安徽	23322	19967	15701	10866	8147	5385

（年份）

图 4-18　中部六省规模以上工业企业发明专利申请数

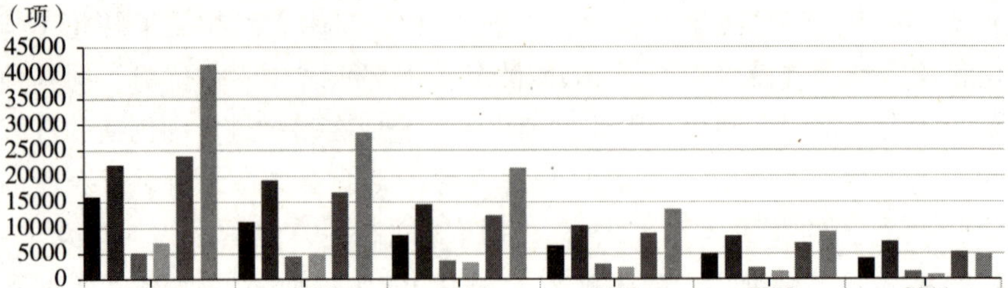

	2016	2015	2014	2013	2012	2011
■河南	15863	11305	8497	6470	5133	4049
■湖南	22315	19087	14415	10512	8436	7432
■山西	5350	4468	3505	3008	2345	1659
■江西	6993	4765	3383	2333	1398	975
■湖北	23972	16965	12444	8745	7025	5379
■安徽	41791	28568	21667	13582	9215	5092

图 4-19　中部六省规模以上工业企业有效发明专利数

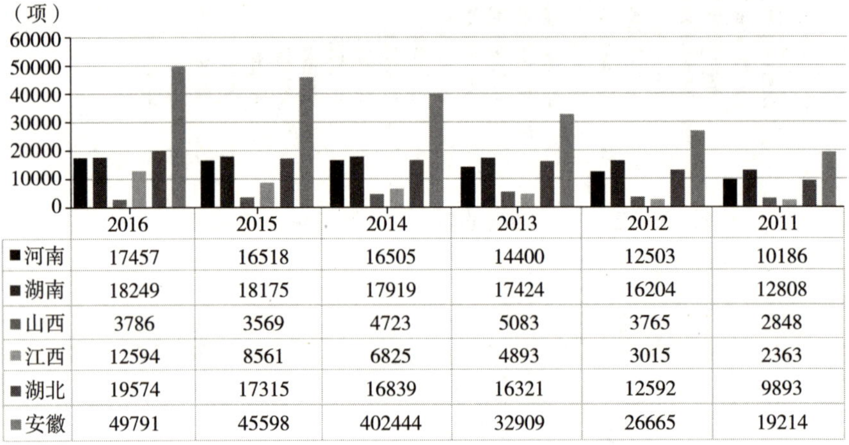

	2016	2015	2014	2013	2012	2011
■河南	17457	16518	16505	14400	12503	10186
■湖南	18249	18175	17919	17424	16204	12808
■山西	3786	3569	4723	5083	3765	2848
■江西	12594	8561	6825	4893	3015	2363
■湖北	19574	17315	16839	16321	12592	9893
■安徽	49791	45598	402444	32909	26665	19214

图 4-20　中部六省规模以上工业企业专利情况

（3）职业技术教育不够发达。长期以来，中国的职业教育生源质量差，就业后的社会地位以及观念的束缚，导致职业技术教育的人才一直存在较大的缺口。社会专业性技术人才的缺口一直无法得到满足，用人单位无人可用，社会上的无技术人员却很多。人才培养的质量不高，优秀师资力量薄弱，校企合作不够深入：不对口，低层次，低收入，不稳定。

由图 4-21、图 4-22、图 4-23、可知，各级各类学校中，对于职业技术教育的重视程度不足，对比每万人中教师数量，发现职业技术中学的专任教师比例较低，对于职业教育的进步有很大阻碍，缺乏优秀师资力量进行职业教育。社会上对于职业教育的偏见等导致了职业教育的不景气。对于各级各类学校，应根据其特点对师资进行合理配备，以达到教育的健康发展，最终为实体经济提供人才。如图 4-21 所示，2005 年以来，河南省职业教育的持证率逐渐上升，但是在增长过程中存在着波动，反映出职业教育的层次较低，人才培养的质量有待提高。职业教育更倾向于就业，因此持证率对于就业有很大优势，同时也是一项硬性指标。

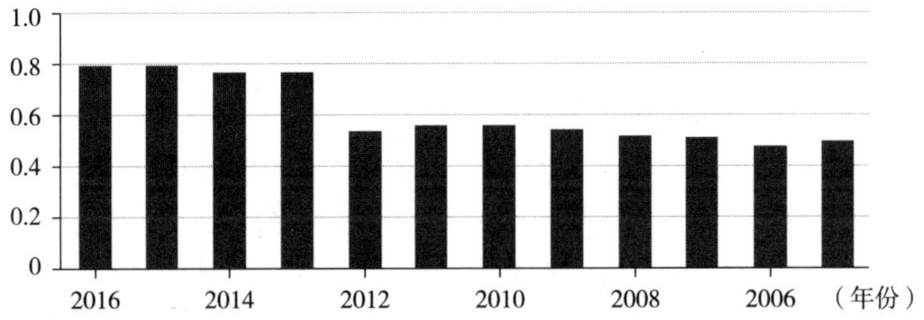

图 4-21　职业技术学校学生技能证书持证率

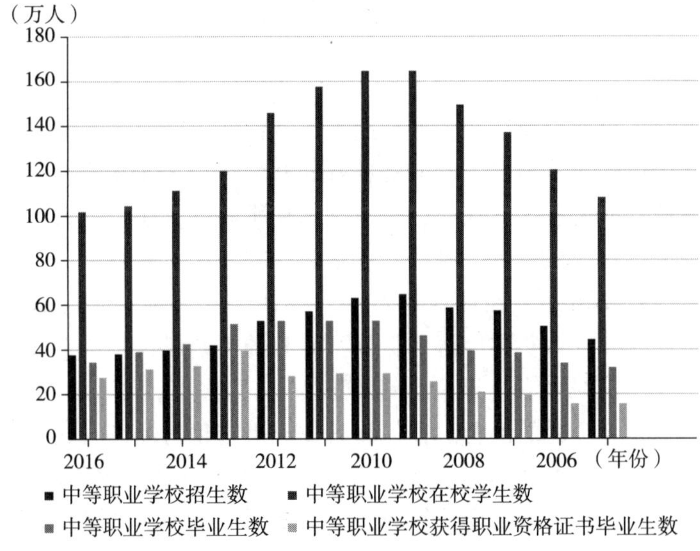

图 4-22　河南省中等职业学校教育情况

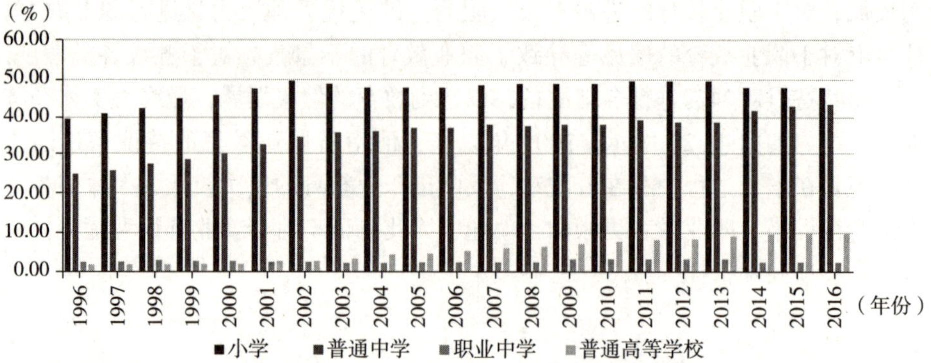

图 4-23 河南省各级各类学校专任教师数

综合以上的分析，河南省发展实体经济的劣势主要体现在：①创新不足，缺乏良好的创新氛围及创新型人才。对比中部六省的数据，可以发现，河南省的 R&D 投入与发达省份还存在着差距，创新的环境建设还处于发展之中，需要构建一个可以供人才发展、供经济进步的良好环境，促进实体经济健康发展。②企业的主体地位未能充分发挥，创新动力不足，全省的创新内生力不足。企业的本质决定了其无法投入大量人力物力进行科技创新，同时因缺乏相应的机制，企业的创新动力不足，无法在创新中发挥主体作用。③企业缺乏良好的成长环境，社会认可与支持欠缺。近年来信任危机一次次考验着企业，也在考验着大众，企业需要在公众面前重新建立信任，同时也需要公众的支持和理解。因此企业的发展需要大家共建良好的社会环境。④缺乏创新人才，缺乏技术领军人物。河南省虽然现在已经有了 129 所高校，在校生数量也在逐年增加，但是国家重点学校稀少，经济建设缺乏人才，尤其是高学历专业人才储备不足，无论是在科研还是在高校建设中，人才至关重要。⑤科技成果转化率低，无法实现科技助力实体经济的目标。专利的申请量虽然数量尚可，但是专利的授权量仅为 50%左右，近一半专利成为了“僵尸专利”，这既是对专利的浪费，也是对社会资源的浪费。如何将科技成果转化为经济发展的动力，提升科技成果转化率，是发展实体经济考虑的问题之一。⑥职业教育是教育短板，对技术性人才培养有影响。受传统观念的束缚及资源配置的限制，职业教育的步伐始终处于缓慢进行中，师资配比和教学水平都在对职业教育的效果造成影响。社会对于技术性人才的需求与日俱增，应该加强对人才的培养，为实体经济的建设提供支持。

4.4 河南省实体经济高质量发展对策

4.4.1 重视实体经济与虚拟经济的协同发展

随着实体经济的发展，第一产业、第二产业的比重在下降，第三产业的比重在不断提高。但是现代技术在第一产业、第二产业、第三产业中的应用水平均不高。因此，助推新兴技术在实体经济中的应用，推动实体经济在数字技术基础上虚拟化，以虚拟技术为基础的数字资产为整个实体经济行业带来了全新的活力，推动实体经济优化升级。根据近年来虚拟经济发展的水平，虚拟经济占 GDP 的比重不断上升，同时，虚拟经济的增长速度惊人，且利润颇高。对于虚拟经济的发展应制定相关的政策，避免虚拟经济的过度繁荣引发社会经济问题，而虚拟经济实体化则是最好的解决方式（夏飞龙和张小筠，2018）。以振兴实体经济为主导、推进实体经济与虚拟经济的协调发展，要深化供给侧结构性改革，通过有效的产业政策做强做优制造业，继续推进“去产能、去库存、去杠杆、降成本、补短板”这五大任务。根据经济社会发展实际运行情况来合理、正确引导稀缺货币和实物资本流向，优化地方金融，降低金融行业的系统性风险，使区域虚拟经济发展与实体经济发展水平相匹配。推进金融创新，为中小企业解决融资难问题，减少虚拟经济的波动对实体经济企业的影响，增强我国实体经济的整体实力。通过创造“互联网+金融”和“互联网+实体行业”两种经济发展新形态，来推动实体经济与虚拟经济的协调发展。

4.4.2 重视实体经济与科技协同创新

（1）实体经济发展助力科技创新。科技进步是促进实体经济发展的原动力，科技创新需要实体经济发展的支持，同时经济的高质量发展也离不开科技创新。河南省应加大对科技创新的投入力度，制定相关政策，促进中介市场建设与经济人才培养，提升科技成果转化率。

（2）传统产业嫁接前沿科技助推实体经济高质量发展。食品工业、有色金属工业、化学工业、汽车及零配件工业、装备制造业、纺织服装业作为河南省传统产业，有坚实的发展基础，应加快“新旧动能转换”，嫁接前沿科技，促进传统产业转型升级，推动传统产业高端化、低碳化、智能化改造，实现“老树发新芽”。

4.4.3 提升实体经济企业生存环境质量

（1）构建良好的社会信用体系。加强对企业和社会的监督，开展打击各类经济违法行为，严格网络市场主体监管，做好市场主体信息公示工作。以道德为支撑，以产权为基础，以法律为保障，推进建立良好的社会信用体系建设，制定具体规则来限制破坏企业生存环境的行为，为河南省实体经济高质量发展营造良好的生存环境。

（2）扶持自主品牌发展。河南省的知名品牌企业主要集中在食品制造、冶金、装备制造、能源等行业，资源依赖性企业较多，缺乏核心科技，国际知名品牌较少。需要加强自主品牌的建设，不断提升企业硬条件下的软实力，打造区域优势品牌，特色品牌，发展核心科技。同时要鼓励企业拓展海外市场与国际接轨，打造国际知名品牌。

（3）促进企业科研能力提升。要借助社会力量，综合运用政策、投入、金融、服务等多元化的支持方式，促使区域内各种创新要素服务实体经济企业，使企业成为研究开发投入的主体、技术创新活动的核心和创新成果应用的主力军。

4.4.4 增加教育与科研事业的投入

（1）建设高质量的职业教育。建立政府、学校、行业、企业、科研院所等多元参与的协调机制，大力推进职业教育合作发展战略联盟，推进河南省职业教育高质量发展。鼓励企业利用现有资源，与学校合作共建实习、实训平台，联合培养学生，提升学生的技能水平，缩小与企业要求间的差距，实现学生在企业的高质量实习、实训。大力提倡职业教育“双导师”制度。让有经验、有学识的企业技术骨干走进课堂，让职业院校专业教师深入生产一线，实现产学、产教、产研深度融合，为职业教育高质量发展奠定基础。

（2）加强人才的引进与培养。人才是教育事业的基础，要加强人才的引进与培养。创新是一个民族发展的不竭动力，同时也是实体经济发展的源泉。河南省的上榜企业数量少，规模小，且以传统产业为主，这对于建设高质量发展的可持续发展实体经济是很不利的，尽管近年来河南省的科研投入和科研人员数量在不断增加，较以前已经有较大改观，但对比2006~2016年河南省与上海、江苏、浙江、山东等省份的科研情况，可以明显发现，河南省的科研人员占总人口的比例和科研经费占GDP的比重远远低于上述其他省份，2010年之后河南省的投入尚未达到发达地区10年前的水平，这对于通过创新拉动经济增长是个很大的障碍，目前河南省急需提高人才培养的数量，学习国际国内教育、科研的先进办学理念，采取合作办学、协同研究的模式，依据“走出去，引进来”的方针，构建河南省对外人才交流平台，不断加强人才的引进与培养。同时加强河南省内部教育与科研事业单位的人才交流，充分发挥领军人才的能力，实现优势互补。

（3）加大科研投入力度。充分发挥政府投入对科研经费投入的引导和拉动作用，完善创新政策体系，激发市场主体开展科研活动的积极性。进一步深化科研项目管理体制的改革，进一步提升研发经费投入的针对性和有效性，不断提高科研资金的使用效率。同时鼓励民间资本参与科学研究，实现实体经济助力科研事业，科研事业助力实体经济的良性互动。

（4）提升科技成果转化率。构建产学研平台，完善产学研合作体系，进一步完善各级学会、行业协会、产业协会、企业联盟及实体企业与教育科研单位协同创新机制。鼓励教育科学研究源于市场，其成果服务于市场，使科研成果更加具有针对性和实用性。加大对技术转换市场环境的建设与监管，不断促进成果转化率的提升。

5

河南经济发展动力因素分析

有学者对河南经济发展的动力因素进行了阐释和归纳，但由于研究角度的差异，提取出的动力因素也有所不同。本书通过文献分析法来研究河南经济发展的动力因素，并将发展过程按每三年为一个阶段，对比分析河南省经济发展的三个阶段。发展经济是每一个地方政府乃至国家或政权的头等大事，要解除经济发展制约，更好地发展经济，需要重视以下几个方面：市场、教育、资源、资金、劳动力等各方面的因素，提取各研究者提出的河南经济发展的动力影响因素。

5.1 河南省经济发展动力因素

5.1.1 经济发展动力因素指标

经济发展动力因素体系既需要关注经济结构和社会结构的创新，又要关注社会生活质量和投入产出效益的提高。本书主要从市场、教育、资源、资金和劳动力五个方面选取指标，构建河南省经济发展动力指标体系（详见表 5-1）。

表 5-1 河南经济发展动力因素

关键词	动力因素
市场因素	投资（亿元）
	消费（亿元）
	居民消费水平（元）
	农村居民消费水平（元）
	城镇居民消费水平（元）
	居民消费价格指数（上年=100）
	出口总额（千美元）
	进口总额（千美元）
	外商投资企业投资总额（百万美元）
教育因素	高等教育（万人）
	中等教育（万人）
	普通高中毕业生数（万人）
	中等职业学校毕业生数（万人）
	初等教育-普通小学在校学生数（万人）
资源因素	专利申请受理数（项）
	新产品销售收入（万元）
	科技合同成交额（亿元）
	R&D 经费投入（万元）
	普通高等院校（所）
	科学与技术服务业固定资产投资额（亿元）
资金因素	GDP 值（亿元）
	第一产业增加值（亿元）
	第二产业增加值（亿元）
	第三产业增加值（亿元）
	地区生产总值指数（上年=100）
	第一产业增加值指数（上年=100）
	第二产业增加值指数（上年=100）
	第三产业增加值指数（上年=100）
	人均 GDP（元）
	地方财政一般预算收入（亿元）
	地方财政一般预算支出（亿元）

续表

关键词	动力因素
劳动力因素	人口（万人）
	城市化率
	城镇人口（万人）
	乡村人口（万人）
	工业化率
	农村建设投资（亿元）

5.1.2 河南省动力因素描述

（1）投资。投资是创新创业项目孵化的一种形式，是对项目产业化综合体进行资本助推发展的经济活动。2011~2019年河南省的投资额每年呈阶梯递增趋势，并且增速也比较平稳，这说明河南省的投资稳步增长，其他外在因素对投资并没有突出的影响。这说明河南省每年对项目的投资额状态向好，为创新创业项目鼓励投资的同时，其产出也有比较好的效果。因此，促使下一年的投资额依然会增加，详见图5-1。

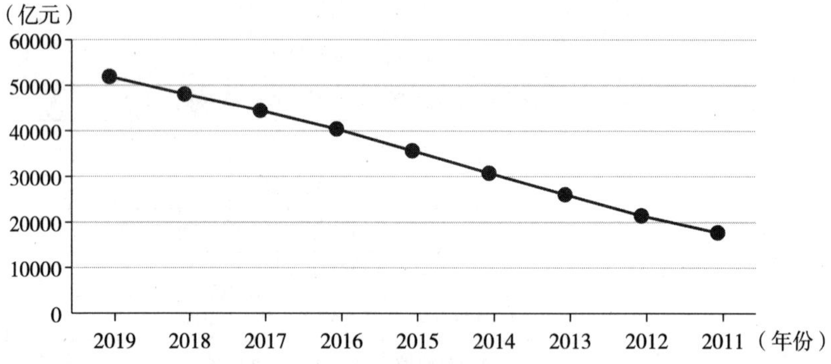

图5-1 投资变化趋势

（2）消费。如图5-2所示，河南省2011~2019年的消费变化在2017年呈现明显的转折。2017年之前消费逐年是稳定增长的，而在2017年有下降趋势，但下降后总体还是高于2016年的，随后又恢复了增长的趋势。虽然在2018年增长的速度较之前有所下降，并未恢复到原消费水平。但是2019年出现了陡然的增长，且增长量是高于回落之前的消费水平，说明虽然有下降但是对消费的影响不是特别显著。总的来说，河南省消费水平的变化趋势除个别年份稍有回落，整体上看其走向还是呈增加的趋势。

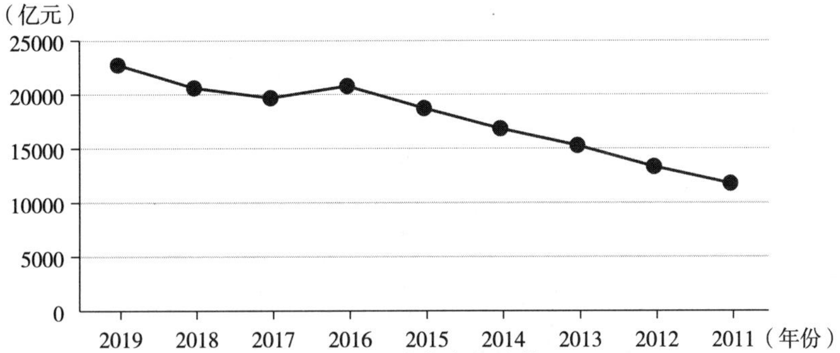

图 5-2 消费变化趋势

（3）出口总额。从图 5-3 可以看出，2012 年出口总额增加的速度比较明显，随后增长速度变缓。然而 2016 年出口总额是下降的，但下降后的出口总额仍高于原始水平。2017 年增加速度又有突出的上升趋势，整体来看，河南省出口总额呈现增加趋势，对外出口的能力不断增加。

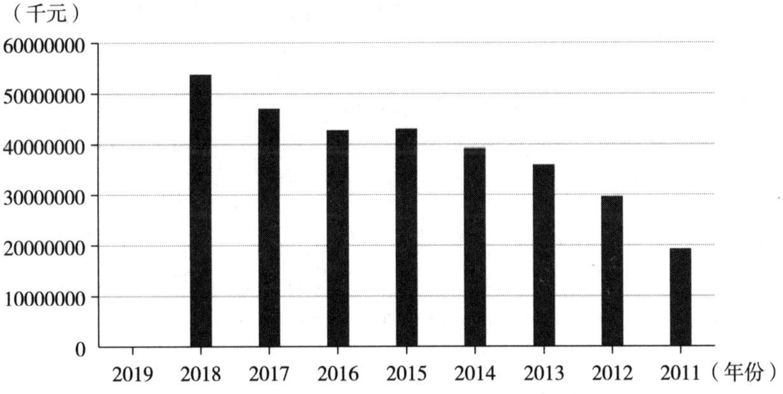

图 5-3 出口总额变化趋势

注：2019 年数据尚未公开。

（4）进口总额。2018 年进口总额同比下降了 5.01%。但根据之前几年的数据来看，2011~2015 年河南省进口总额是逐年递增的，而且 2012 年进口总额的增速相比较其他几年来说是最快的。2015~2018 年虽呈现出隔年下降的趋势，但总体是增加的，没有明显的下降趋势，这说明河南省的经济近几年处于深度调整之中，总体复苏乏力，需求不振，前景仍不明朗；进口总值趋势下降，但对外贸易发展质量效益有所改善，总体稳中趋好，经济发展进入新常态，详见图 5-4。

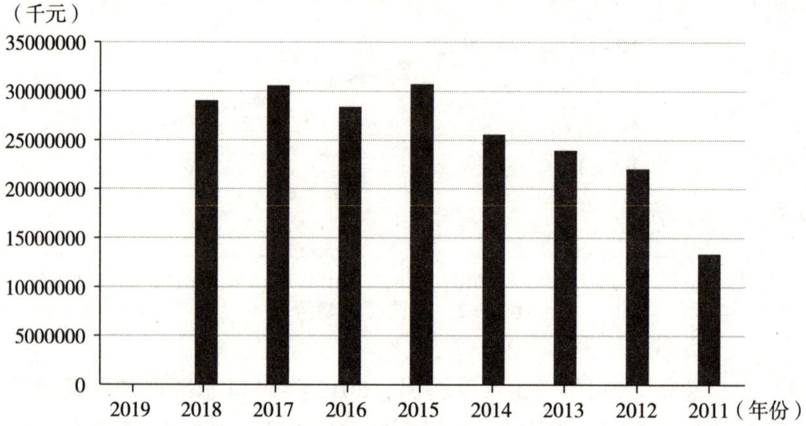

图 5-4　进口总额变化趋势

注：2019 年数据尚未公开。

（5）高等教育。高等教育是在完成中等教育的基础上进行的专业教育和职业教育，是培养高级专门人才和职业人员的主要社会活动。高等教育是教育系统中互相关联的重要组成部分之一，详见图 5-5。

通常包括以高层次的学习与培养、教学、研究和社会服务为其主要任务和活动的各类教育机构。21 世纪，社会对高级专门人才的需求迅速增长以及个人对接受高等教育就学机会迫切需要。从河南省高等教育变化趋势图可以看出，2011~2017 年高等教育人数平稳增加，没有突出的变化。从 2018 年起有明显的上升趋势，说明近几年河南省高等人才需求量扩大，因此接受高等教育的人数也随之增加。

（6）中等教育。河南省中等教育人数的变化趋势，详见图 5-6，2011~2016 年中等教育人数是平稳中下降的趋势，2017 年有了较大的变化，接受中等教育的人数猛增，虽然 2018 年人数也稍有增加，但相较于前几年来说，增速也是相当快的。说明河南省这两年来对中等教育也有了比较大的需求。

（7）新产品销售收入。河南省 2011~2019 年新产品的销售收入变化趋势见图 5-7，2011~2012 年销售收入还是基本持平，并且在 3000 万元以下。

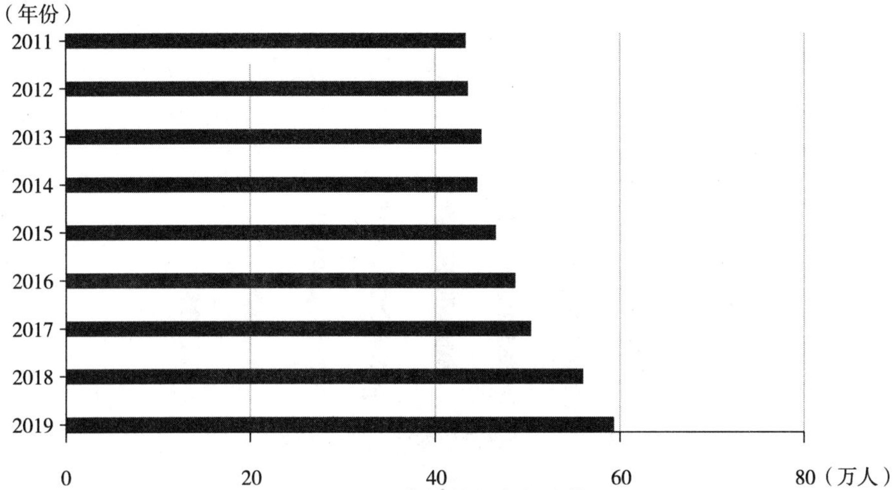

图 5-5 高等教育变化趋势

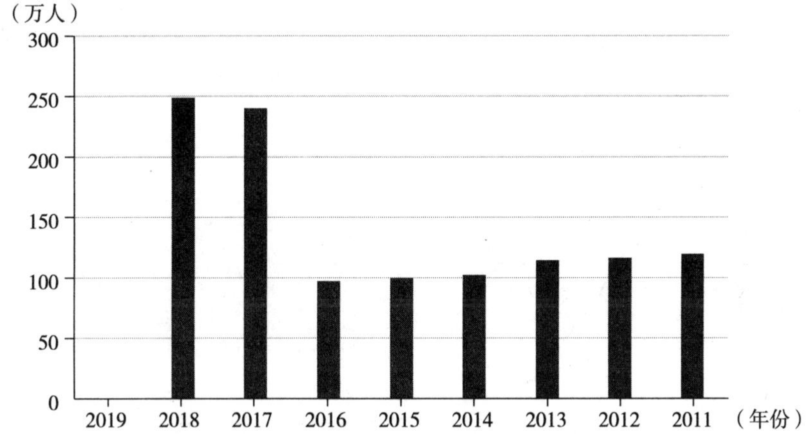

图 5-6 中等教育变化趋势

注：2019 年数据尚未公开。

2013 年有跳跃式的增加，新产品的销售收入接近 5000 万元。随后几年，河南省新产品的销售收入仍处于增加的状态，并保持稳定增速。

（8）科技合同成交额。科技合同成交额是指该省份的科技成果转化成果。随着河南省促进科技成果转化环境持续优化，政策法规体系、技术转移服务体系逐步完善，科技人员创新活力也进一步释放，市场配置创新资源成效显著。2019 年，全省签订的技术合同成交额达 234.07 亿元，比 2018 年增长 56.32%。

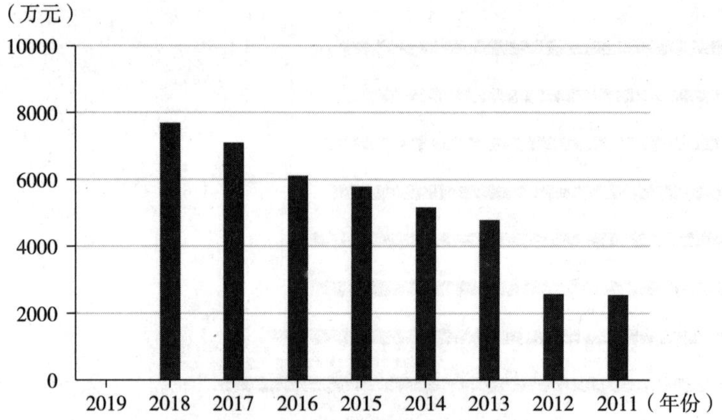

图 5-7　新产品销售收入变化趋势

注：2019 年数据尚未公开。

从图 5-8 可以看出，2011~2014 年全省的技术合同成交额整体处于原地踏步的状态，从 2015 年开始，出现显著的提升趋势，上升速度也是逐年递增。今年河南省需继续不断创新制度、平台、载体，承办并开展各项科技活动，河南省在 2020 年技术合同成交额有望超过 300 亿元，详见图 5-8。

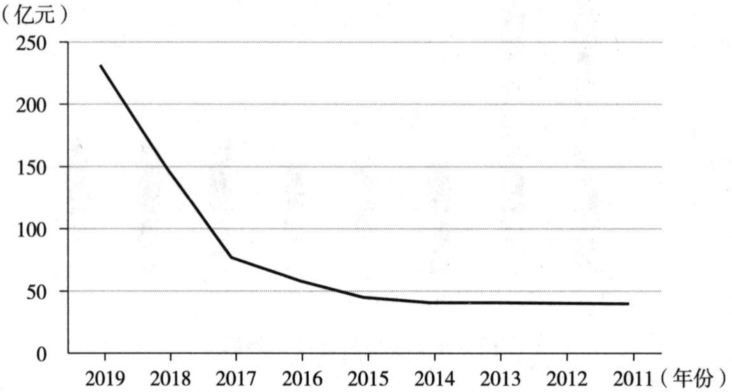

图 5-8　科技合同成交额变化趋势

（9）R&D 投入。如图 5-9 所示，2011~2019 年河南省 R&D 投入整体是上升趋势。2011~2016 年的增加速度比较缓慢，且每年增加量占比较少。从 2017 年开始，呈现了明显的增加，速度也显著变快，这说明近年河南省的研究与实验发展的资金投入越来越多，这将为河南省的创新发展打下坚实的资金基础。

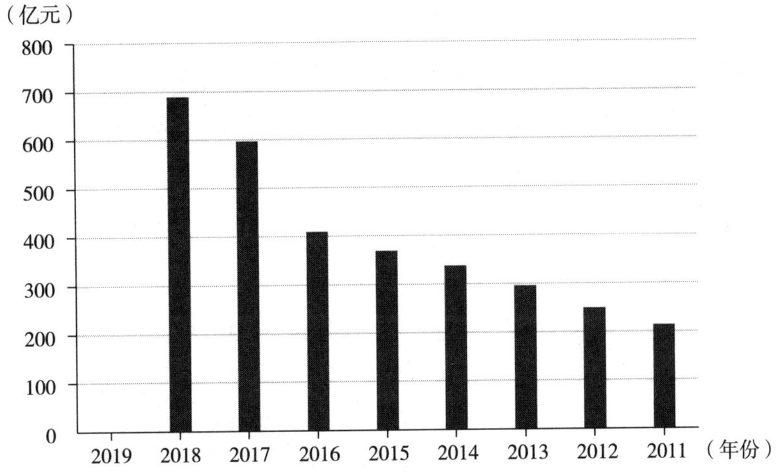

图 5-9 R&D 投入变化趋势

注：2019 年数据尚未公开。

（10）科学与技术服务业固定资产投资额。科学与技术服务业固定资产投资额也是对某地区创新发展的一项指标，它表示对科学与技术服务业的投资力度。从图 5-10 可以看出，2019 年河南省的科学与技术服务业固定资产投资额是 234.07 亿元，较往年增加了 56.3%，近十年呈现出逐年递增的趋势，并且 2018 年增速是最快的，这说明河南省 2018 年的科学与技术服务业固定资产投资力度最大，为后续创新发展奠定基础。

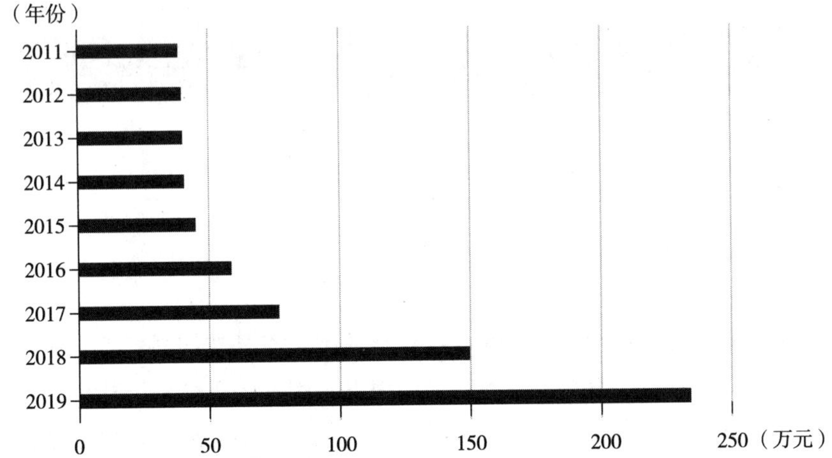

图 5-10 科学与技术服务业固定资产投资额

5.2 评价方法

本书采用贡献率计算法建立河南省经济发展动力因素评价模型，并对影响河南省经济发展的动力因素进行阶段性排序。

贡献率是用于分析经济增长中各因素作用大小的程度，计算公式如下：

贡献率（%）= 某因素增加量（增量或增长程度）/ 总增加量（总增量或增长程度）×100%　（5-1）

式（5-1）表示贡献量、产出量或所得量占投入量、消耗量或占用量的比值，得出该动力因素的贡献率。

（1）投资贡献率计算方式：投资等各需求要素对经济增长的贡献率可简单通过计算该要素实际增量占 GDP 实际增量的百分比获得。

（2）高等教育贡献率计算公式：$r=\frac{a\times e}{y}$。其中 r 表示高等教育的贡献率，a 是固定参数，a=0.73，e 表示教育投入增长率，y 表示 GDP 年增长率。

计算河南省经济发展动力因素进行评价并排序。

5.3 河南经济发展动力因素评价与分析

5.3.1 阶段 1：2017~2019 年

考虑到研究的多样性和主观性，针对上述因素将具有相同标签和相似文字含义的因素归并到同一类别。分类归纳后根据各因素的贡献率，整合动力要素后总共得到 8 个贡献率较高的动力因素。2017~2019 年，河南省根据经济增长中各因素作用大小，将各学者提出的动力因素贡献率从高到低进行排序：中等教育<R&D 投入<新产品销售收入<投资<中等职业学校毕业生数<高等教育<出

口总额<消费。在此基础上，保留贡献率较高的前 13 个动力因素，将剩余 5 个因素并入其中归类整理，具体如下：

在此阶段，对于经济发展贡献大的动力因素排在前 8 名的有：中等教育<R&D 投入<新产品销售收入<投资<中等职业学校毕业生数<高等教育<出口总额<消费。前 8 名除了投资（经济发展的基础动力），表明教育和创新是河南省经济发展的主要动力源，属于生产要素中的资本，是促进河南省经济发展的主要因素之一。

2017~2019 年这一阶段，河南省普通高中毕业生数、科学与技术服务业固定资产投资额、科技合同成交额、进口总额、外商投资企业投资总额等成为河南省新时期经济发展的关键障碍。实际上外商投资企业投资总额对经济发展作用已经变得非常弱，说明这部分资金的投入对河南省经济发展而言，激励程度并不明显。

5.3.2 阶段 2：2014~2016 年

根据各因素的贡献率，整合动力要素，总共得到 8 个贡献率较高的动力因素。2014~2016 年，河南省根据经济增长中各因素作用大小的程度，将各个学者提出的动力因素贡献率从高到低进行排序：R&D 投入<新产品销售收入<投资<中等职业学校毕业生数<消费<高等教育<进口总额<出口总额。在此基础上，保留贡献率较高的前 12 个动力因素，将剩余 5 个因素并入其中归类整理，具体如下：

在此阶段，对于经济发展贡献大的动力因素排在前 8 名的有：R&D 投入<新产品销售收入<投资<中等职业学校毕业生数<消费<高等教育<进口总额<出口总额。前 8 名除了投资和消费（经济发展的基础动力），可以看出，创新和专业人才的培养为河南省经济发展奠定了技术和人才基础，是发展的主要动力因素。

2014~2016 年，河南省农村建设投资、科学与技术服务业固定资产投资额、外商投资企业投资总额、科技合同成交额等成为河南省新时期经济发展的关键障碍。从排名可以看出河南省经济发展的动力因素——科技合同成交额对经济发展作用不明显。

5.3.3 阶段 3：2011~2013 年

分类归纳后根据各因素的贡献率，整合动力要素，总共得到 8 个贡献率较高的动力因素。2011~2013 年，河南省根据经济增长中各因素作用大小的程度，将各个学者提出的动力因素贡献率从高到低进行排序：R&D 投入<投资<新产品销售收入<普通高中毕业生数<消费<出口总额<进口总额<高等教育。在此基础上，保留贡献率较高的前 13 个动力因素，将剩余 5 个因素并入其中，进行归类整理，具体如下：

在此阶段，对经济发展贡献大的动力因素排在前 8 名的有：R&D 投入<投资<新产品销售收入<普通高中毕业生数<消费<出口总额<进口总额<高等教育。前 8 名除了投资和消费（经济发展的基础动力）之外，表明创新和教育是河南省经济发展的主要动力源，为经济的良好发展提供了充分的技术创新和人才资源。

2011~2013 年，河南中等职业学校毕业生数、地方财政一般预算收入、农村建设投资、科学与技术服务业固定资产投资额、外商投资企业投资总额、科技合同成交额等成为河南省新时期经济发展的关键障碍。实际上科技合同成交额对经济发展的作用已经变得非常弱，政府对科技创新的资金投入也需要大力推进，才能使河南经济高质量发展。

5.4 动力因素对比分析

河南省经济发展按时间划分为三个阶段动力因素，详见表 5-2，本书根据动力因素的排名先后按重要程度不同来进行分析，其中排名 1~2 位的为核心地位的动力因素，排名 3~5 位的为重要地位的动力因素，排名 6~8 位的为普通地位的动力因素。

表 5-2 河南经济发展动力三阶段影响因素排名对比

时间段	1	2	3	4	5	6	7	8
2017~2019 年	中等教育	R&D 投入	新产品销售收入	投资	中等职业学校毕业生数	高等教育	出口总额	消费
2014~2016 年	R&D 投入	新产品销售收入	投资	中等职业学校毕业生数	消费	高等教育	进口总额	出口总额
2011~2013 年	R&D 投入	投资	新产品销售收入	普通高中毕业生数	消费	出口总额	进口总额	高等教育

5.4.1 核心地位的动力因素分析

首先，从 2011~2019 年河南省经济发展动力排在前两名的因素来看，中等教育跻身于 8 大动力因素首位，这说明河南省经济发展对人才有急剧的需求，越来越重视省内的基础知识教育，能够为高等院校输送源源不断的人才，保障河南省经济的高质量发展。

河南省科技发展是各行业技术创新体系的重要内容，科技发展作为减少成本和资源浪费、增加收益、保护环境、提高劳动效率的必要途径，随着设备改进和技术水平的提升，科技发展推动着各个行业整体向前发展。R&D 投入经时间检验仍处于核心地位，紧跟中等教育之后，为企业科技的研究与发展提供资金保障，这为河南省的经济发展、人才资源和创新能力奠定了坚实基础。

5.4.2 重要地位的动力因素分析

2011~2019 年，新产品销售收入稳定在重要地位，第二阶段虽进入核心地位，但随后又回归到重要地位，预计下一阶段其对河南省经济发展的作用保持重要地位。这说明河南省的新产品销售能力比较强，企业新产品的开发和质量有保证，使得新产品的销售额有稳定的收入。

投资这一动力因素虽然从核心地位一度转成重要地位，但是其对于河南省经济发展的基础性作用毋庸置疑。政府的投资大多是指导性和战略性的，这些都可以直接影响经济的高质量发展，充分体现政策体制的作用，因此政府的投资政策管理制度将对河南省的经济发展发挥重要的导向作用。

中等职业学校毕业生数在第二阶段进入重要地位，为河南省提供技术性和基础性人才，保障省内企业的实际操作性，提高企业整体人才素质。

5.4.3 一般地位的动力因素分析

河南省经济发展对人才的需求日益提高，人力资源是企业发展运营的基础，人才的培养是推动企业发展的重要推手，故河南省的经济发展要与人才培养紧密联系起来，提高自身技术水平、道德素质、创新意识等。

国家、政府或者外商对河南省各企业的资本投入和经济激励，较大程度地鼓励着河南省经济朝高质量方向发展，河南省最近几年的进口总额和出口总额的变化比较稳定，基本稳定在普通地位上。当然，这也与当地居民的消费水平相关联，虽然消费这一动力因素从重要地位转为普通地位，但是对出口总额和进口总额有着不可分割的联系。如果在市场中可以达到供需平衡，则可以增强企业意愿和行业效益。

6

河南省制造业高质量发展动能研究

以国家新旧动能转换为背景，基于 2012~2017 年统计数据，通过构建制造业创新动能转换指标体系，运用灰色关联方法测度河南省制造业高质量发展动能，分析近 6 年来新旧动能转换视角下中国制造业高质量发展的主要问题。研究表明：①2012~2017 年，河南省为创新质量型大省，并且未来也是创新质量型大省。②河南省除单位 GDP 环保能力建设资金使用额外，R&D 投入、R&D 人员数、专利授权量、技术市场成交额比、地理标志商标数、出口复杂度、城镇化率与公共交通运营数比重之间的紧密程度均呈增长态势。③2012~2017 年，R&D 投入在河南省处于末位，而单位 GDP 环保能力建设资金使用额即将处于末位。

6.1 问题提出

6.1.1 过热投资使得产能过剩

改革开放以来，我国的政策中心主要放在需求，投资是其中最有效的方式之一。制造业高水平的经济增长其实也是受益于此。过热的投资使得制造行业产能出现危机，供给与需求严重不匹配的社会大背景之下，此种需求侧改革明显行不通。过热投资在快速促进企业经济增长的同时，也出现很多病态，使得企业内部举债经营，财务杠杆过高，必然会进一步加大企业经营的风险系数。

6.1.2 劳动密集型产业实现产出最大化

制造业主要优势产业为劳动密集型产业和资本密集型产业，此行业特征在于：以劳动和资本两种生产原料为基础，依靠廉价劳动力和丰厚的资源技术。就劳动密集型行业而言，在经济新常态背景下，人口的红利逐年减少，大量廉价劳动力投放不再能够换回产出高速增长；就资本密集型行业而言，粗放型的经济增长方式使大量资源的投入达不到预期的产值，资源使用效率低下，边际产出往往低于边际成本。

6.2 相关文献述评

6.2.1 经济发展因素影响制造业动能转换相关研究

在经济发展方面，国内外学者的研究主要选取人均 GDP、净出口、对外直接投资以及工业化率等指标为探究制造业动能转换的影响因素。如程浩（2015）基于生产函数方法构建制造业空间集聚与人均 GDP、制造业集聚与经济增长关系计量方程，认为制造业空间集聚对人均 GDP 存在显著的直接影响和空间溢出效应，长期空间溢出效应高于直接影响效应；Véganzonès 和 Plane（2019）则使用单变量工具估计来研究印度制造业中企业层面创新、出口和生产率之间的相互作用，强调了创新的三个组成部分之间以及企业的研发、创新和出口之间的良性循环，认为出口和创新改善了企业的 TFP，印度制造企业的生产力正受益于这种动态；制造业的转型升级需要资本的带动和强大的金融作为支撑（邵林、都银友，2019）；魏少彬等（2019）利用 1991~2016 年中国台湾制造业对外直接投资数据，认为台商制造业对外直接投资时空格局演化特征体现在投资金额不断上升，投资行业结构阶段变化明显，投资金额的地域分布呈高度不均衡状态，形成以大陆地区为核心的单集聚中心格局；白万平等

（2019）认为加强外资配套能力建设仍然是今后相当长时期促进中国西部地区产业集聚、破解地区发展不平衡问题的重要举措；李治国等（2019）采用广义迪氏指数分解法对能源、投资、产值等碳排放演变驱动因素进行分解，并进行综合性、阶段性以及贡献值累积性分析，发现产出规模、能耗规模、投资规模对碳排放具较强的促进作用、对碳强度效应有较强的抑制作用以及对碳效率效应有比较微弱的抑制作用；闫坤和于树一（2017）则指出优化制造业产业布局，提升制造业产业集群，建立国产化财政激励机制，对装备制造业提供全方位的财税支持，促进生产性服务业发展，加大对企业技术研发的财政补贴力度；Scholz（2018）探究了制造业在非洲经济发展中的突出作用，认为工业化与国家经济崛起之间存在着积极的联系。

6.2.2 技术创新因素影响制造业动能转换相关研究

在技术创新方面，国内外学者的研究主要集中在技术改进、创新要素及知识创新三方面。如 Mittal 等（2018）认为智能制造的特征、技术集群以及动力因素是影响智能制造创新发展的重要因素；谢波和李松月（2018）测算中国西部省市的制造业碳排放绩效，分析贸易开放和技术创新对我国西部制造业碳排放绩效的影响，提出贸易开放度对西部制造业碳排放绩效的提高有明显的推动作用，技术创新对其碳排放绩效呈正向影响；而王家庭（2019）认为不同类型的制造业行业劳动生产率、增长动能和动能转换路径也存在显著差异，现阶段中国制造业行业增长的技术驱动特征逐渐显现，制造业行业整体呈现出技术驱动，技术或创新是实现制造业高质量发展的核心驱动力；李金华（2019）以创新理论为基础，研究制造强国建设中高端制造业创新要素、创新活动及创新成果的非均衡分布状况，发现中国高端制造业的创新要素、创新活动及创新成果显著地集聚在东部地区，西部地区和东北地区的创新要素、创新活动及创新成果明显偏少；政府应该建立一个宏观的经济体系，提供良好的创新环境，使企业、高校、科研机构等创新要素能够良好互动（刘家骏、剑波，2019）；张营营和高煜（2019）指出 R&D 人员流动可以通过刺激消费需求和“倒逼”制度变革间接加速制造业结构优化；Rupietta 和 Backes-Gellner（2019）以瑞士制造业为例，探究影响制造业创新的因素，认为企业通过重组现有知识来源产生新知识从而带来创新，而成功的重组取决于知识库的可用性和公司内部的知识流；Pérez 等（2019）以智利和秘鲁为例，分析了制造业创新发展的影响因素，认为公司规模、财务障碍、专利水平以及员工的人际关系是主要影响因素。

6.2.3 文化教育因素影响制造业动能转换测度相关研究

在文化教育方面，卢志渊（2019）指出中国制造业在价值链上游研发环节的软肋越来越深地制约着中国制造业的转型升级，越来越成为“中国制造”向“中国智造”或“中国创造”转变的掣肘，高校应当多方位引导大学生在价值链上游进行创新创业；肖挺（2018）利用 2005~2015 年中国分省区数据构建面板，实证证明知识密集型服务业的发展有助于制造业规模的扩张，表现为行业内的就业创造，而蓬勃发展的制造业又带动了配套知识密集型服务业的发展，知识密集型服务业发展会改变一个地区的产业发展模式，实现产业发展的动能转换。

综观上述研究，国内外学者对影响制造业动能转换的因素进行了深入探究，对制造业动能转换的重要性已基本达成共识，但对制造业动能转换的测度研究不够清晰、具体，仍需进一步探索实证。因此，本书通过构建新的指标体系，构建灰色相对模型和灰色绝对模型，进一步探索区域制造业创新驱动主要因素。

6.3 构建指标体系

6.3.1 变量选取

在借鉴国内外学者相关研究的基础上，同时遵循科学性和可靠性的原则，本书选取 6 个区域制造业创新绩效指标和 9 个区域制造业创新驱动力指标。主要指标阐释如下：

区域制造业创新绩效指标进一步分为经济绩效和资产效率指标，经济绩效指标包括新产品销售收入比、省份人均 GDP 和高技术产品出口比重；资产效率指标包括应收账款周转率、存货周转率和总资产周转率。

区域制造业创新驱动力指标进一步分为三个维度的新动能指标，新动能 1 反映创新要素，包括单位 GDP 环保能力建设资金使用额、R&D 投入和 R&D 人员数；新动能 2 反映创新质量，包括专利授权量、技术市场成交额比和地理标志商标数；新动能 3 反映协调共享程度，包括出口复杂度、城镇化率和公共交通运营数比重。

新产品销售收入比，为该省高技术产业新产品销售收入与该省工业销售产值的比值。它是反映制造业新产品销售规模、速度、比例关系和使用方向的综合性指标。

高技术产品出口比重，它以高技术产品出口金额占全国的比重来反映经济绩效。

单位 GDP 环保能力建设资金使用额，为该省环保能力建设资金使用额与该省工业 GDP 的比值。

R&D 投入、R&D 人员数、专利授权量和地理标志商标数，通过万德数据库和国家知识产权局商标局搜集获得。

技术市场成交额比，为该省技术市场成交额和该省规模以上工业企业 R&D 经费比值。

出口复杂度，表达公式为：$PRODY_i = \sum_j \left(\frac{S_{ij}}{\sum_j S_{ij}} \cdot Y_j \right)$ 和 $EXPY_j = \sum_j S_{ij} PRODY_i$，其中，i 为目标行业，本书为制造业；j 为被分析的国家和地区，本书为国内各大省市；S_{ij}为 j 省市制造业出口额占该省市总出口额的比例；$\sum_j S_{ij}$ 为所有省市中制造业出口额占该省市出口总额的比重之和；Y_j为 j 省市的实际人均 GDP；$PRODY_i$为各省市人均 GDP 与其制造业出口权重的乘积加和，表示除收入影响以外的制造业技术复杂度；$EXPY_j$为出口复杂度指数，能反映该省市制造业出口的技术含量及价值链地位。

城镇化率，为该省城镇人口与该省总人口的比重。城镇化水平是衡量一个国家和一个地区社会经济发展水平的重要标志。

公共交通运营数比重，为该省公共交通数量与全国公共交通运营数量的比值。

6.3.2 构建指标体系

考虑到制造业特点与数据采集的完整性，通过分析现有文献，构建了一套河南省制造业创新动能转换测度的指标体系，如表6-1所示。其中一级指标为区域制造业创新绩效和区域制造业创新驱动力，选取经济绩效、资产效率、新动能1、新动能2、新动能3共5个指标作为二级指标来分析制造行业创新能力的转换测度。创新要素表明是技术创新的要素，是开展技术创新活动必不可少的要素，相当于技术创新的基石；创新质量是在保证创新要素的前提下，进行技术创新活动创造的效率和效益；协调共享是在保证创新质量的前提下，技术创新成果普遍惠及区域及人们日常生活的程度。

表6-1 创新驱动区域制造业高质量发展指标

Y河南省制造业高质量发展绩效	Y1经济绩效	新产品销售收入比
		省份人均GDP
		高技术产品出口比重
	Y2资产效率	应收账款周转率
		存货周转率
		总资产周转率
X河南省制造业高质量发展驱动力	X1新动能1	单位GDP环保能力建设资金使用额
		R&D投入
		R&D人员数
	X2新动能2	专利授权量
		技术市场成交额比
		地理标志商标数
	X3新动能3	出口复杂度
		城镇化率
		公共交通运营数比重

以河南省制造业发展相关数据为研究样本，测度河南省制造业高质量发展

动能。根据科学、合理的原则，所用数据来源于万德数据库、《中国统计年鉴》（2012~2018）和国家知识产权局商标局等。

通过单位 GDP 环保能力建设资金使用额、R&D 投入、R&D 人员数、专利授权量、技术市场成交额比、地理标志商标数、出口复杂度、城镇化率、公共交通运营数比重 9 个指标来分析制造行业创新能力的转换测度，运用灰色绝对关联度和灰色相对关联度方法，以新产品销售收入比、省份人均 GDP、高技术产品出口比重、应收账款周转率、存货周转率、总资产周转率为参考数列，建立指标间的数学模型。

表 6-2 河南省制造业创新发展绩效

年份	新产品销售收入比	省份人均 GDP（元）	高技术产品出口比重	应收账款周转率（%）	存货周转率	总资产周转率
2012	0.0027	15965.9367	0.0273	31.0084	4.5567	0.7969
2013	0.0337	15868.6546	0.0315	25.7644	4.2424	0.7357
2014	0.0352	16754.0165	0.0447	18.5391	3.8844	0.6705
2015	0.0395	16691.2764	0.0422	19.4644	3.8550	0.5890
2016	0.0359	17879.4796	0.0469	22.4630	3.9624	0.5726
2017	0.0388	19210.8902	0.0461	21.6171	4.3669	0.6142

图 6-1 和表 6-2 展示了 2012~2017 年河南省制造业创新发展新产品与高技术产品情况。2012 年河南省新产品销售收入比达到了 0.0027，2013 年有了快速提升，达到了 0.0337，2015 年到达最高点 0.0395，之后虽有所下滑，但是 2017 年恢复到较高水平，达到 0.0388。整体来看，河南省的新产品销售收入比水平虽然与 2015~2016 年相比有所起伏，但总体呈现正向发展，说明河南省新产品销售水平不断提升，且市场前景良好。还可以看出河南省的高技术产品出口比重 2012 年达到了 0.0273，2013~2014 年处于稳定上升的趋势，并在 2014 年达到了 0.0447，2015 年虽遭遇小幅度下滑，但 2016 年和 2017 年分别增加到 0.0469 和 0.0461。整体来看，河南省的高技术产品出口比重虽然在 2014~2015 年有所下降，但整体处于增长态势，说明河南省的高技术产品出口贸易水平在不断提高，国际竞争力在不断增强。

图 6-2 展示了河南省 2012~2017 年省份人均 GDP 的变化情况。2012 年河南省的人均 GDP 达到 15965.9367 元，虽然 2016 年小幅度下滑，但是之后一

直处于增长趋势，并且在 2017 年达到了最大值。整体来分析，河南省的人均 GDP 指标在 2012~2017 年保持着稳定增长，说明河南省经济发展良好，人民生活水平不断提高，经济的良好态势有利于河南省企业发展。

图 6-3 展示了河南省制造业 2012~2017 年存货周转率和总资产周转率的变化情况。从图 6-3 中可以看出，2012 年河南省的存货周转率达到了 4. 5567，随之不断下降，并在 2015 年降到最低点 3. 855，之后 2017 年上升到 4. 3669，虽有所恢复，但没有达到 2012 年的水平。整体上看，河南省企业的存货周转率呈“U”形发展趋势，说明企业的库存管理水平仍然有提高的空间。接着，总资产周转率在 2012 年达到了 0. 7969，之后不断下滑，并且在 2016 年降到最低点 0. 5726，2017 年虽有所上升，但上升幅度较小。总体上看，河南省企业的总资产周转率是处于下降态势，说明了企业整体的资产的运营与管理水平有所下滑，应重视对资产的运作，提高运营能力。

图 6-4 展示了河南省制造业 2012~2017 年应收账款周转率的变化情况。从图 6-4 中可以看出，2012 年河南省的应收账款周转率达到了 31. 0084%，也是 2012~2017 年的最大值，2013 年、2014 年不断下降，并在 2014 年降到最低点 18. 5391%，2015 年和 2016 年虽有所上升，但在 2017 年仍然有小幅度下降。整体上看，河南省的应收账款周转率处于下降态势，且 2012~2014 年有较大的下滑，说明企业的营运能力较差。

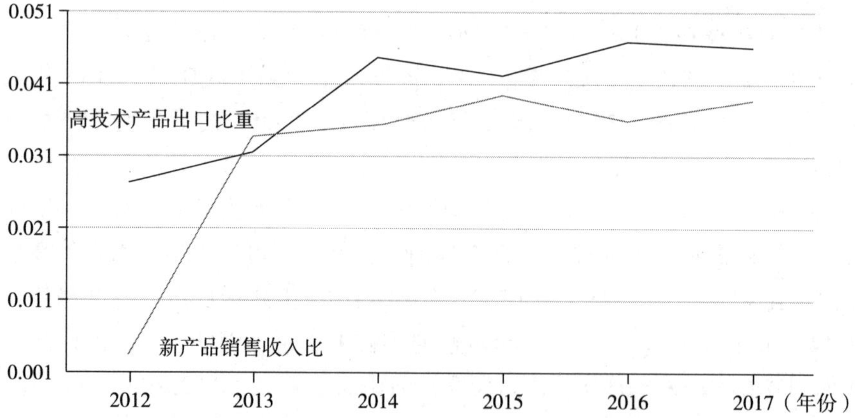

图 6-1　2012~2017 年河南省制造业创新发展新产品与高技术产品情况

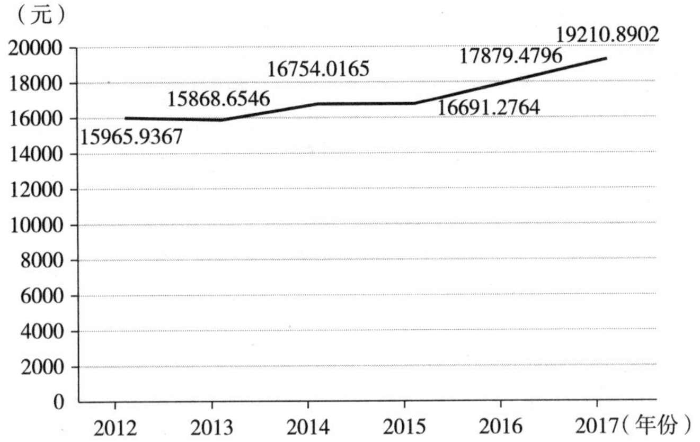

图 6-2 河南省制造业人均 GDP 状况

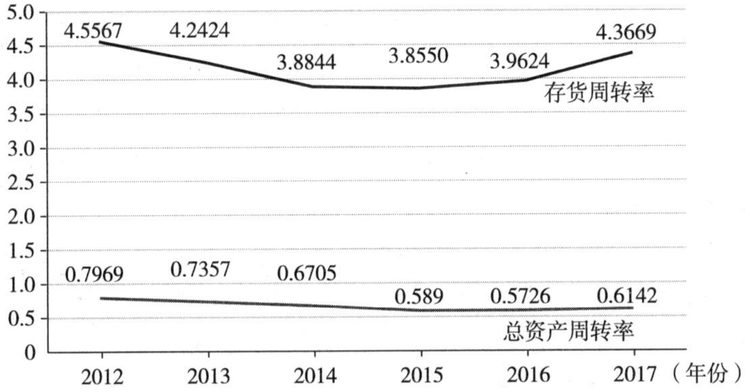

图 6-3 河南省制造业创新存货周转率与总资产周转率状况

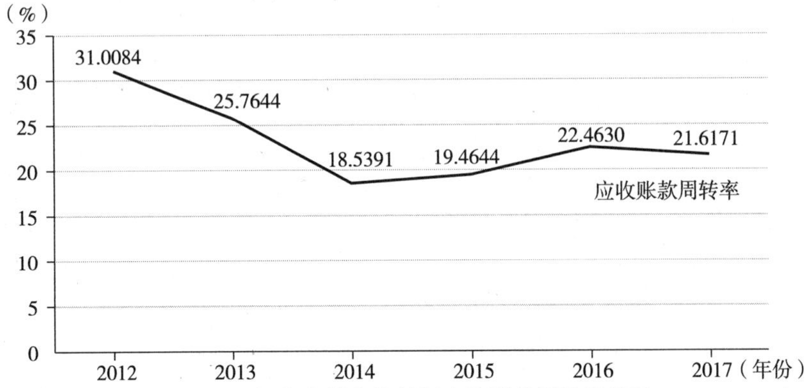

图 6-4 河南省制造业创新应收账款周转率状况

表 6-3 河南省制造业高质量发展驱动力

年份	单位 GDP 环保能力建设资金使用额	R&D 投入（万元）	R&D 人员数（人）	专利授权量（项）	技术市场成交额比	地理标志商标数（个）	出口复杂度	城镇化率	公共交通运营数比
2012	0.00028	2489651.0	102846.4	26791	0.1604	30	328.2394	0.4243	0.0420
2013	0.00038	2953409.5	125090.5	29482	0.1363	33	354.2743	0.4380	0.0410
2014	0.00033	3372309.5	134256.0	33366	0.1210	46	379.7244	0.4520	0.0429
2015	0.00029	3688252.4	131051.0	47766	0.1221	49	440.7623	0.4685	0.0439
2016	0.00082	4096961.7	132731.0	49145	0.1433	56	447.1227	0.4850	0.0426
2017	0.00193	4722542.0	123619.0	55407	0.1627	62	448.4529	0.5016	0.0449

图 6-5 和表 6-3 展示了 2012~2017 年 R&D 人员数和专利授权量的变化情况。河南省 2012 年的 R&D 人员数达到了 102846.4 人，2013 年、2014 年不断增加，并在 2014 年达到最大量，从 2015 年开始逐渐减少，最终在 2017 年减少到 123619 人。从整体上看，河南省的 R&D 人员数变化呈现倒“U”形曲线，一方面说明了河南省制造业对 R&D 人员的引进力度在减小，另一方面河南省制造业的 R&D 人员市场存在饱和现象或企业对 R&D 人员的投入降低，导致 R&D 人员数指标呈现此类发展态势。此外，河南省的专利授权量 2012 年达到了 26791 人，之后不断稳定提高，并在 2017 年达到了 55407 项。专利授权量的持续增加说明了河南省制造业在创新发展方面得到了较大提升，企业越来越重视产品专利和知识产权的维护与开发，是制造业技术创新的重要体现。

图 6-6 展示了 2012~2017 年出口复杂度和地理标志商标数的变化情况。2012 年河南省拥有地理标志商标数 30 个，之后不断稳定增加，并在 2017 年达到最大值 62 个。地理标志商标数的不断增加，说明了河南省制造业在品牌建设方面有了提高，重视品牌影响力，品牌影响是企业在市场竞争中必须要拥有的资质，较好的品牌影响力能够成为顾客选择商品的重要因素。2012 年河南省的出口复杂度达到 328.2394，2013~2015 年不断提高，并在 2015 年达到 440.7623，2016~2017 年则保持较为稳定的发展态势。出口复杂度是通过衡量一国出口商品与发达国家出口商品集的相似重叠程度来度量其出口商品技术含量，河南省出口复杂度的提高说明了河南省制造业产品与发达国家的产品有较大重叠度。

图 6-7 展示了 2012~2017 年城镇化率和技术市场成交额比的变化情况。

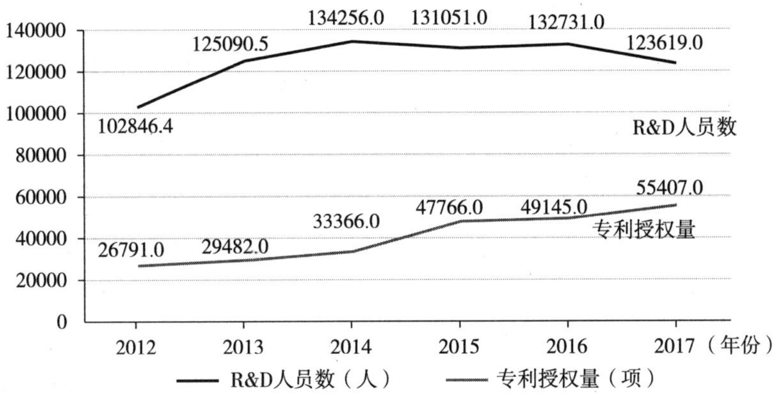

图 6-5　河南省制造业创新投入状况

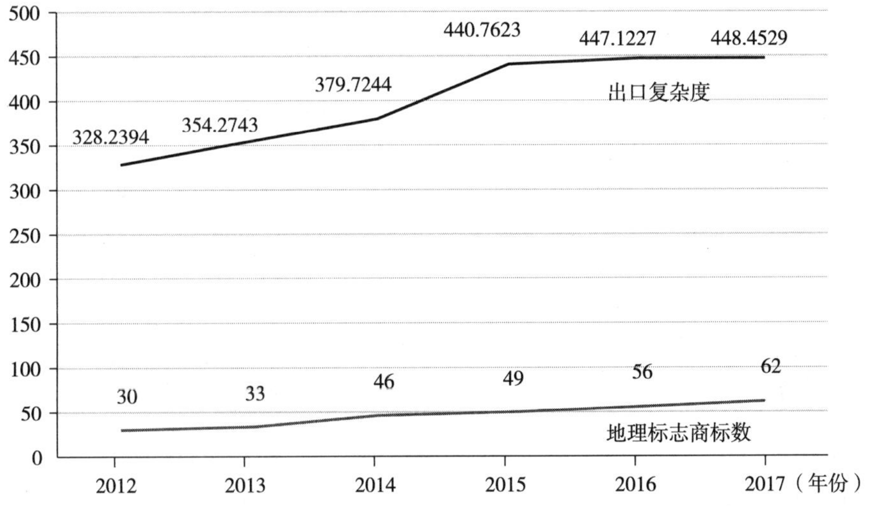

图 6-6　河南省制造业创新出口复杂度与地理标志商标数状况

2012 年河南省的城镇化率达到 0.4243，随后不断稳定提高，在 2017 年达到 0.5016，城镇化水平超过 50%。城镇化水平的提升说明河南省城镇化建设得到显著成效，人民生活水平不断提高。河南省 2012 年的技术市场成交额比达到 0.1604，随后不断下降，并在 2014 年降到最低点 0.1210，之后再次逐渐提高，并在 2017 年达到 0.1627。整体上看，技术市场成交额比呈“U”形变化态势，说明河南省在技术市场的交易额不够稳定。

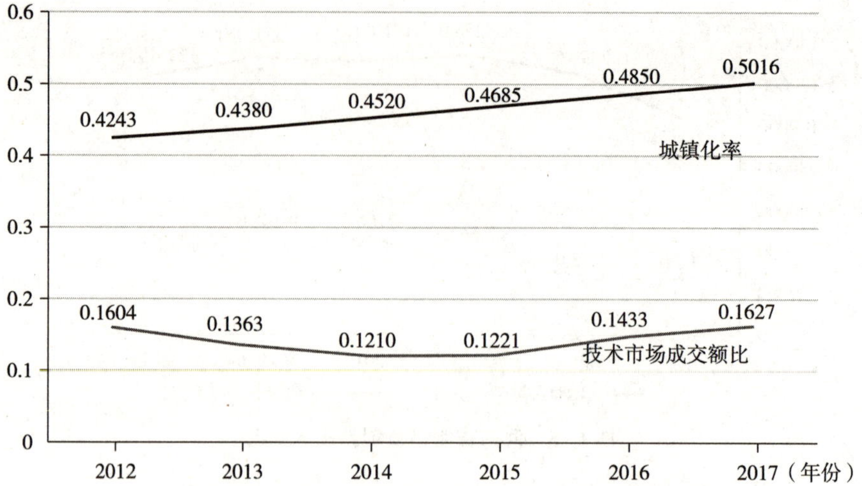

图 6-7　河南省制造业创新技术市场成交与城镇化状况

图 6-8 展示了 2012~2017 年河南省 R&D 投入的变化情况。2012 年河南省的 R&D 投入达到 2489651 万元，2013~2017 年持续稳定增加，并在 2017 年达到最大，R&D 投入 4722542 万元。R&D 投入的不断增加，说明了河南省制造业对产品研发的重视，不断增加对研发的投入，提高技术创新水平，以此来实现高质量发展，提升国际竞争力。

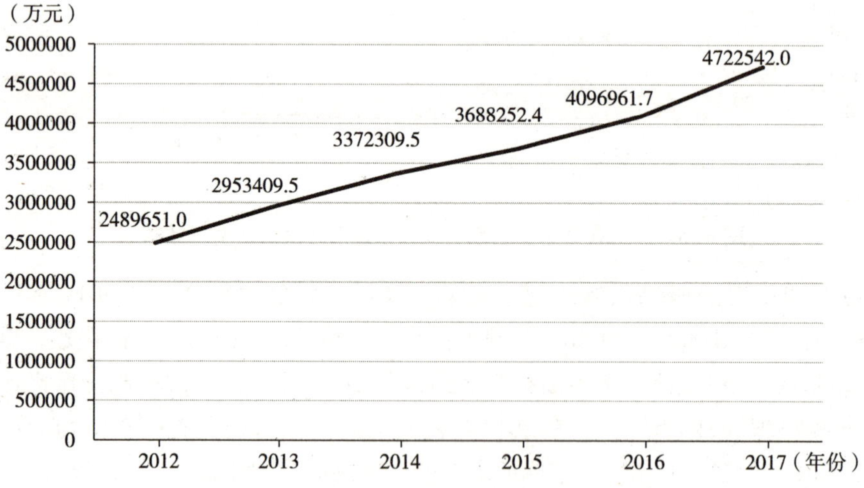

图 6-8　河南省制造业创新 R&D 投入状况

6.4 模型与计算

6.4.1 灰色优势分析模型

设Y_1，Y_2，…，Y_s为系统特征行为序列，X_1，X_2，…，X_m为相关因素行为序列，且Y_i，X_j（i=1，2，…，s；j=1，2，…，m）长度相同，

$$Y_i=(x_i(1),\ x_i(2),\ \cdots,\ x_i(n))$$

$$X_j=(x_j(1),\ x_j(2),\ \cdots,\ x_j(n))$$

Step1：求始点零化像。

D 为始点零化算子，得$Y_iD=(y_i(1)d,\ y_i(2)d,\ \cdots,\ y_i(n)d)$，其中$y_i(k)d=y_i(k)-y_i(1)$，k=1，2，…，n，则$Y_iD$为$Y_i$的始点零化像。

Step2：求$|s_i|$、$|s_j|$、$|s_j-s_i|$。

$$\begin{aligned}Y_iD &= Y_i^0(1)=(y_i^0(1),\ y_i^0(2),\ \cdots,\ y_i^0(n))\\ &=(y_i(1)-y_i(1),\ y_i(2)-y_i(1),\ \cdots,\ y_i(n)-y_i(1))\end{aligned}$$

则$s_i=\int_1^n (Y_i-y_i(1))\,dt$，同理可得$s_j$，则$s_j-s_i=\int_1^n (X_j^0-Y_i^0)\,dt$。

Step3：计算改进灰色绝对关联度。

设序列X_i与X_j长度相同，则$\varepsilon_{ij}=\frac{1}{2}\frac{1+|s_i|+|s_j|}{1+|s_i|+|s_j|+|s_j-s_i|}+\frac{1}{2}\frac{1}{1+d_{ij}}$，其中$d_{ij}=\sum_{k=1}^{n}|x_j^0(k)-y_i^0(k)|$，$\varepsilon_{ij}$为$Y_i$与$X_j$的改进的灰色绝对关联度，简称改进绝对关联度。

Step4：计算得到改进的灰色绝对关联矩阵。

依据灰色关联度构建优势模型，构建如下优势模型。

Step5：设Y_1，Y_2，…，Y_s为系统特征行为序列，X_1，X_2，…，X_m为相关因素行为序列，且Y_i，X_j长度相同，γ_{ij}（i=1，2，…，s；j=1，2，…，m）为Y_i与X_j的灰色关联度，则灰色关联矩阵如式（6-1）所示：

$$\Gamma=(\gamma_{ij})=\begin{bmatrix}\gamma_{11} & \gamma_{12}\cdots & \gamma_{1m}\\ \gamma_{21} & \gamma_{22}\cdots & \gamma_{2m}\\ \cdots\ \cdots & \cdots & \cdots\\ \gamma_{s1} & \gamma_{s2}\cdots & \gamma_{sm}\end{bmatrix} \tag{6-1}$$

灰色关联矩阵中第 i 行元素是系统特征行为序列$Y_i(i=1,2,\cdots,s)$与相关因素序列$X_1,X_2,\cdots,X_m$的灰色关联度；第 j 列元素是系统特征行为序列$Y_i(i=1,2,\cdots,s)$与$X_j(j=1,2,\cdots,m)$的灰色关联度。

类似地，灰色绝对关联矩阵如式（6-2）所示；灰色相对矩阵如式（6-3）所示；灰色综合矩阵如式（6-4）所示。

$$A=(\varepsilon_{ij})=\begin{bmatrix}\varepsilon_{11} & \varepsilon_{12}\cdots & \varepsilon_{1m}\\ \varepsilon_{21} & \varepsilon_{22}\cdots & \varepsilon_{2m}\\ \cdots\ \cdots & \cdots & \cdots\\ \varepsilon_{s1} & \varepsilon_{s2}\cdots & \varepsilon_{sm}\end{bmatrix} \tag{6-2}$$

$$B=(r_{ij})=\begin{bmatrix}r_{11} & r_{12}\cdots & r_{1m}\\ r_{21} & r_{22}\cdots & r_{2m}\\ \cdots\ \cdots & \cdots & \cdots\\ r_{s1} & r_{s2}\cdots & r_{sm}\end{bmatrix} \tag{6-3}$$

$$C=(\rho_{ij})=\begin{bmatrix}\rho_{11} & \rho_{12}\cdots & \rho_{1m}\\ \rho_{21} & \rho_{22}\cdots & \rho_{2m}\\ \cdots\ \cdots & \cdots & \cdots\\ \rho_{s1} & \rho_{s2}\cdots & \rho_{sm}\end{bmatrix} \tag{6-4}$$

Step6：设$Y_i(i=1,2,\cdots,s)$为系统特征行为序列，$X_j(j=1,2,\cdots,m)$为相关因素行为序列，则：

$$\Gamma=(\gamma_{ij})=\begin{bmatrix}\gamma_{11} & \gamma_{12}\cdots & \gamma_{1m}\\ \gamma_{21} & \gamma_{22}\cdots & \gamma_{2m}\\ \cdots\ \cdots & \cdots & \cdots\\ \gamma_{s1} & \gamma_{s2}\cdots & \gamma_{sm}\end{bmatrix} \tag{6-5}$$

式（6-5）为灰色关联矩阵，若存在 k，$i\in\{1,2,\cdots,s\}$，满足$\gamma_{kj}\geqslant\gamma_{ij}$，$j=1,2,\cdots,m$，则称系统特征$Y_k$优于系统特征$Y_i$，记$Y_k>Y_i$，则称$Y_k$为最优特征。若$\forall_i=1,2,\cdots,s,i\neq k$，恒有$Y_k>Y_i$，则称$Y_k$为最优特征。

Step7：设Y_i（$i=1,2,\cdots,s$）为系统特征行为序列，$X_j(j=1,2,\cdots,m)$为

相关因素行为序列且为其灰色关联矩阵。

$$\Gamma=(\gamma_{ij})=\begin{bmatrix}\gamma_{11}\ \gamma_{12}\cdots\ \gamma_{1m}\\ \gamma_{21}\ \gamma_{22}\cdots\ \gamma_{2m}\\ \cdots\ \cdots\ \cdots\ \cdots\\ \gamma_{s1}\ \gamma_{s2}\cdots\ \gamma_{sm}\end{bmatrix} \tag{6-6}$$

若存在k，i∈{1，2，…，s}，满足$\sum_{j=1}^{m}\gamma_{kj}>\sum_{j=1}^{m}\gamma_{ij}$，则称系统特征$Y_k$准优于系统特征$Y_i$，记为$Y_k>Y_i$。

Step8：①若存在k∈{1，2，…，s}使$\forall_i=1$，2，…，s，i≠k，有$Y_k>Y_i$，则称系统特征Y_k为准优特征。②若存在l∈{1，2，…，m}，使$\forall_j=1$，2，…，m，j≠l，有$X_l>X_j$，则称系统因素X_l为准优因素。

使用上述优势分析模型得出哪个因素是河南省制造业高质量发展的优势因素。

6.4.2 河南省灰色绝对关联和相对关联分析

通过灰色绝对关联模型对河南省制造业行业数据进行关联分析，可得灰色绝对关联度矩阵如下：

$$R_{绝对}=\begin{bmatrix}0.8849 & 0.5001 & 0.9435 & 0.5058 & 0.5871 & 0.707\\ 0.5 & 0.5005 & 0.5 & 0.5 & 0.5 & 0.5\\ 0.5 & 0.5203 & 0.5 & 0.5002 & 0.5 & 0.5\\ 0.5 & 0.537 & 0.5 & 0.5003 & 0.5 & 0.5\\ 0.9743 & 0.5001 & 0.9575 & 0.5072 & 0.6074 & 0.7551\\ 0.504 & 0.5081 & 0.5035 & 0.7671 & 0.5179 & 0.5075\\ 0.5009 & 0.5373 & 0.5008 & 0.5582 & 0.5039 & 0.5016\\ 0.9755 & 0.5001 & 0.9128 & 0.508 & 0.619 & 0.7827\\ 0.8868 & 0.5001 & 0.9456 & 0.5059 & 0.5876 & 0.708\end{bmatrix}$$

$$\sum_{i=1}^{9}r_3=6.2637>\sum_{i=1}^{9}r_1=6.2264>\sum_{i=1}^{9}r_6=5.4619>$$

$$\sum_{i=1}^{9}r_5=4.9229>\sum_{i=1}^{9}r_4=4.8527>\sum_{i=1}^{9}r_2=4.6036$$

所以，$\{X_3>X_1>X_6>X_5>X_4>X_2\}$。河南省制造业的绝对关联度的高质量发展动能贡献度排序为：高技术产品出口比重>新产品销售收入比>总资产周转

率 >存货周转率>应收账款周转率>省份人均 GDP 。根据灰色绝对关联结果分析可知，2012~2017 年，高技术产品出口比重和新产品销售收入比对河南省制造行业的贡献度较高，说明该省对外贸易竞争力较高，新产品销售收入占比较高，说明该省制造业的销售能力提高，这有利于河南省向创新动能转换；而应收账款周转率和省份人均 GDP 对河南省制造业的贡献度偏低，这说明河南省制造业的应收账款周转速度需要进一步改善，该行业的管理效率需要进行相应的调整，居民的生活水平有待提高。河南省是重要的粮食基地，向来有人口大省之称，而地区 GDP 不高，经济实力偏低，这也是河南省居民生活水平不高的重要原因。

通过灰色相对关联模型对河南省制造业数据进行关联分析，可得灰色相对关联度矩阵如下：

$$R_{相对} = \begin{bmatrix} 0.5523 & 0.5686 & 0.7452 & 0.6583 & 0.5865 & 0.6179 \\ 0.5231 & 0.6548 & 0.9515 & 0.8575 & 0.6953 & 0.7662 \\ 0.5149 & 0.7401 & 0.7912 & 0.9511 & 0.8027 & 0.9126 \\ 0.5265 & 0.6352 & 0.9834 & 0.812 & 0.6705 & 0.7323 \\ 0.5109 & 0.8279 & 0.7132 & 0.8302 & 0.9135 & 0.9436 \\ 0.528 & 0.6279 & 0.9575 & 0.7953 & 0.6613 & 0.7199 \\ 0.5144 & 0.7494 & 0.7803 & 0.9342 & 0.8145 & 0.9287 \\ 0.5083 & 0.9328 & 0.6615 & 0.7502 & 0.958 & 0.836 \\ 0.5053 & 0.8664 & 0.6025 & 0.6587 & 0.7906 & 0.7132 \end{bmatrix}$$

$$\sum_{i=1}^{9} r_4 = 7.2475 > \sum_{i=1}^{9} r_3 = 7.1863 > \sum_{i=1}^{9} r_6 = 7.1704 >$$

$$\sum_{i=1}^{9} r_5 = 6.8929 > \sum_{i=1}^{9} r_2 = 6.6031 > \sum_{i=1}^{9} r_1 = 4.6837$$

所以，$\{X_4>X_3>X_6>X_5>X_2>X_1\}$。河南省制造业的相对关联度的高质量发展动能贡献度排序为：应收账款周转率>高技术产品出口比重>总资产周转率>存货周转率>省份人均 GDP>新产品销售收入比，详见图 6-9。根据灰色相对关联结果分析可知，应收账款周转率和高技术产品出口比重对河南省制造行业的贡献度较高，说明河南省制造业的应收账款周转速度和管理效率较高；高技术产品出口规模扩大，这也说明河南省制造业的对外贸易竞争力得到提高；省份人均 GDP 和新产品销售收入比对河南省制造业的贡献度呈现下降趋势，这说明居民生活水平在未来一段时间不会有明显改善；新产品销售收入比下降说明河南省制造业的销售能力下降。因此，河南省制造业需要关注如何提高销售能力，提高新产品销售收入比重。

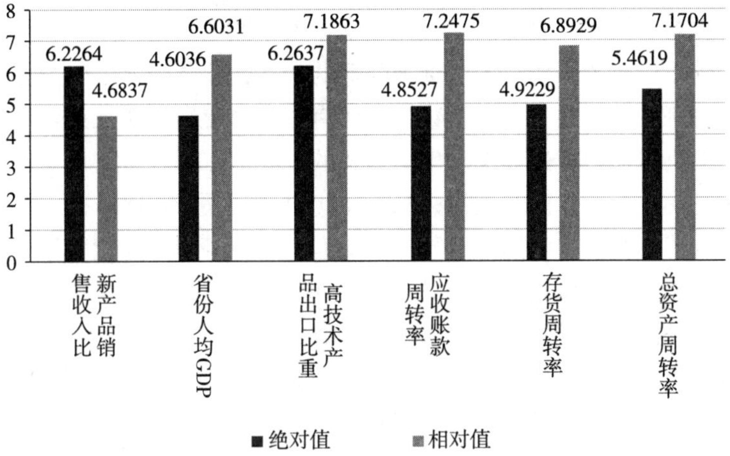

图 6-9 河南省制造业创新绩效灰色关联绝对值与相对值柱状对比

6.4.3 创新动能分析

$$R_{绝对}=\begin{bmatrix} 0.8849 & 0.5 & 0.5 & 0.5 & 0.9743 & 0.504 & 0.5009 & 0.9755 & 0.8868 \\ 0.5001 & 0.5005 & 0.5203 & 0.537 & 0.5001 & 0.5081 & 0.5373 & 0.5001 & 0.5001 \\ 0.9435 & 0.5 & 0.5 & 0.5 & 0.9575 & 0.5035 & 0.5008 & 0.9128 & 0.9456 \\ 0.5058 & 0.5 & 0.5002 & 0.5003 & 0.5072 & 0.7671 & 0.5582 & 0.508 & 0.5059 \\ 0.5871 & 0.5 & 0.5 & 0.5 & 0.6074 & 0.5179 & 0.5039 & 0.619 & 0.5876 \\ 0.707 & 0.5 & 0.5 & 0.5 & 0.7551 & 0.5075 & 0.5016 & 0.7827 & 0.708 \end{bmatrix}$$

$$\sum_{i=1}^{6} r_5 = 4.3016 > \sum_{i=1}^{6} r_8 = 4.2981 > \sum_{i=1}^{6} r_9 = 4.134 >$$

$$\sum_{i=1}^{6} r_1 = 4.1284 > \sum_{i=1}^{6} r_6 = 3.3081 > \sum_{i=1}^{6} r_7 = 3.1027 >$$

$$\sum_{i=1}^{6} r_4 = 3.0373 > \sum_{i=1}^{6} r_3 = 3.0205 > \sum_{i=1}^{6} r_2 = 3.0005$$

所以，$\{X_5>X_8>X_9>X_1>X_6>X_7>X_4>X_3>X_2\}$。

根据灰色绝对关联模型分析结果可知，2012～2017 年，技术市场成交额比、城镇化率和公共交通运营数比对河南省制造业的贡献度较高。技术市场成交额比贡献度较高，表明河南省技术水平较好，自主创新战略深入实施，R&D投入持续增长，创新能力不断增强，进而河南省制造业的创新成果不断涌现；城镇化率贡献度较高，表明河南省城镇常住人口数量占比较高，这与经济结构变动相适应，从而出现乡村人口逐渐降低的现状；公共交通运营数比中贡献度较高，表明河南省公共交通运营数量占河南省全部交通车辆比重较大，这有利于河南省产业结构的转变和生产生活方式的改变，在保护生态环境的同时，促进社会经济发展进步。而专利授权量、R&D 人员数量和 R&D 投入对河南省制造业的贡献度较低。专利授权量贡献度较低，表明河南省技术创新进展较慢，技术能力需要进一步积累；R&D 人员数量和 R&D 投入贡献度较低，表明河南省 R&D 活动规模和强度不高，科技实力和核心竞争力需要进一步强化。因此，河南省制造业需要把握机遇，适应形势发展新要求，进一步加大 R&D 人员和资金投入，提高技术能力，提高河南省科技创新能力。

$$R_{相对}=\begin{bmatrix}0.5523 & 0.5231 & 0.5149 & 0.5265 & 0.5109 & 0.528 & 0.5144 & 0.5083 & 0.5053\\ 0.5686 & 0.6548 & 0.7401 & 0.6352 & 0.8279 & 0.6279 & 0.7494 & 0.9328 & 0.8664\\ 0.7452 & 0.9515 & 0.7912 & 0.9834 & 0.7132 & 0.9575 & 0.7803 & 0.6615 & 0.6025\\ 0.6583 & 0.8575 & 0.9511 & 0.812 & 0.8302 & 0.7953 & 0.9342 & 0.7502 & 0.6587\\ 0.5865 & 0.6953 & 0.8027 & 0.6705 & 0.9135 & 0.6613 & 0.8145 & 0.958 & 0.7906\\ 0.6179 & 0.7662 & 0.9126 & 0.7323 & 0.9436 & 0.7199 & 0.9287 & 0.836 & 0.7132\end{bmatrix}$$

$$\sum_{i=1}^{6} r_5 = 4.7393 > \sum_{i=1}^{6} r_7 = 4.7215 > \sum_{i=1}^{6} r_3 = 4.7126 >$$

$$\sum_{i=1}^{6} r_8 = 4.6468 > \sum_{i=1}^{6} r_2 = 4.4484 > \sum_{i=1}^{6} r_4 = 4.3599 >$$

$$\sum_{i=1}^{6} r_6 = 4.2899 > \sum_{i=1}^{6} r_9 = 4.1367 > \sum_{i=1}^{6} r_1 = 3.7288$$

所以，$\{X_5>X_7>X_3>X_8>X_2>X_4>X_6>X_9>X_1\}$。

根据灰色相对关联模型分析结果可知（见图 6-10），技术市场成交额比、出口复杂度和 R&D 人员数量对河南省制造业的贡献率较高。技术市场成交额比的贡献率较高，表明河南省技术市场成交额比重增速加快，这有利于河南省制造业的研发设计、创业孵化、技术交易、知识产权、科技融资等科技业务态势的逐步形成，更加有力地促进技术供给，研发能力与需求对接，极大激发技术市场活动；出口复杂度贡献率较高，表明河南省制造业出口产品水平提升加快。河南省出口商品结构和出口产业技术水平的提升有利于提高河南省制造业自主创新能力和发挥规模经济优势；R&D 人员数量贡献率较高，表明河南省 R&D 人员数量投入速度加快，这有利于提升河南省科技创新能力、核心竞争力和科技实力。地理标志商标数、公共交通运营数比和单位 GDP 环保能力建设资金使用额对河南省制造业的贡献率较低，地理标志商标数贡献率较低，表明河南省使用地理标志商标来推动农产品的生产和发展数量增速较慢；公共交通运营数比贡献率较低，表明河南省公共交通运营数量占比增速较慢；单位 GDP 环保能力建设资金使用额贡献率较低，表明河南省在保护环境上仍需进一步完善。随着工业化、城镇化的快速推进，为了加快科技与经济结合，完善并推进环境保护制度，加大地理标志商标用于农产品的使用频率，加大公共交通运营数量，从而促进科技资源优化配置，加速知识流动和技术转移，推进科技与经济结合，深入推进自主创新战略的实施。

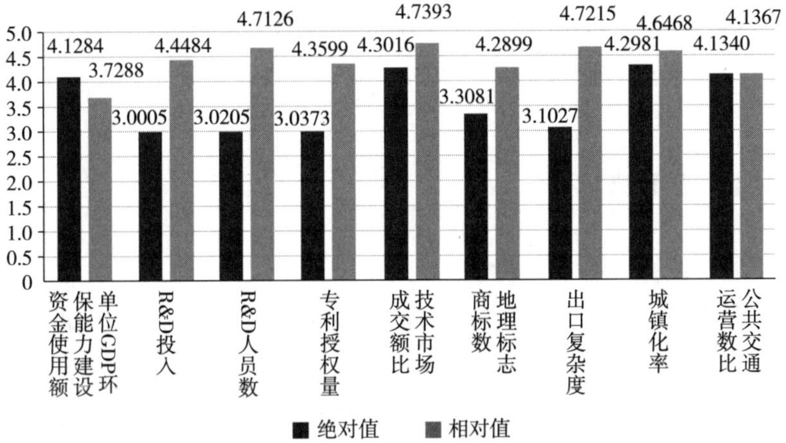

图 6-10　河南省制造业创新驱动力灰色关联绝对值和相对值柱状对比

7

河南省实体经济协同发展策略研究

7.1 实体经济和虚拟经济协同发展

7.1.1 模型建立

（1）原始数据的无量纲处理。

（2）参考时间数列X_i（t）与对比时间数列X_j（t）在时刻 t=k 时的绝对差值计算：

$$X_i(k)-X_j(k)=\Delta_{ij}(k)$$

其中 k=1，2，…，n。

各时刻的最小绝对差值为：$m=\Delta_{min}=\min_i\min_k|X_i(k)-X_j(k)|$

各时刻的最大绝对差值为：$M=\Delta_{max}=\min_i\min_k|X_i(k)-X_j(k)|$

（3）参考数列与对比数列在各时刻的灰色关联系数表达式为：

$$L_{IJ}(t)=\frac{m+\beta M}{\Delta_{ij}(t)+\beta M}$$

其中 β 为分辨系数，取值范围为（0，1），本书中 β 为 0.5。

（4）求相对灰色关联度：

$$\gamma_{ij}=\frac{1}{n}\sum_{t=1}^{n}L_{ij}(t)$$

其中，γ_{ij}为对比数列X_j（t）与参考数列X_i（t）的关联度；n 为比较数列的数据个数或数列长度。

7.1.2　灰色关联度分析

利用灰色关联度模型，得出实体经济指标与虚拟经济指标灰色关联度如表7-1所示。

表7-1　实体经济指标与虚拟经济指标灰色关联度

实体经济指标	第一产业/GDP	第二产业/GDP	第三产业（除金融、房地产）/GDP	固定资产投资/GDP	社会消费品零售总额/GDP
虚拟经济指标	金融业生产总值增长率	保费收入增长率	年末生产总值增长率	房地产本年完成投资额增长率	年末贷款余额增长率
关联度（r）	0.8571	0.8714	0.8685	0.9042	0.8692
	0.8925	0.8562	0.5742	0.6970	0.8509

由实体经济指标与虚拟经济指标的灰色关联度结果可知，以地区GDP作为参考数列，其余比较序列间的相关程度较为接近。除年末GDP、房地产本年完成投资额之外，其关联度均大于0.8，这说明指标间的关系较为紧密，符合描述实体经济与虚拟经济两个系统。

7.1.3　耦合模型

耦合协调度模型是从物理引申到经济生态（连素兰等，2016）、社会经济效益（刘蒙罢、胡贤辉，2018）、旅游服务（李琦，2017；胡凤英等，2015；张艳珍，2015）、畜牧业（程长林，2018）、城镇化发展的协同模型（马鸣，2017），该模型能描述两个及两个以上要素之间的相互作用、相互影响的动态关系（熊晓炼、代芳芳，2018；耿芳，2017），通过对物理热度的理解，思考协同与有序性，为本书的协同分析提供方向。

（1）数据无量纲化。由于各指标的计量水平不一且计量方向不同，存在正向指标和反向指标，所以对原始数据进行正向和反向的无量纲化处理，此处使用极差法对原始数据进行标准化处理。实体经济X_i有m个指标，虚拟经济Y_j有n个指标。标准化处理过程如下：

$$Z_i^X=\begin{cases}\dfrac{X_i-\min(X_i)}{\max(X_i)-\min(X_i)} X_i\text{为正向指标}\\ \dfrac{\max(X_i)-X_i}{\max(X_i)-\min(X_i)} X_i\text{为反向指标}\end{cases} \quad i=1,2,3,\cdots,m$$

$$Z_j^Y=\begin{cases}\dfrac{Y_j-\min(Y_j)}{\max(Y_j)-\min(Y_j)} Y_j\text{为正向指标}\\ \dfrac{\max(Y_j)-Y_j}{\max(Y_j)-\min(Y_j)} Y_j\text{为反向指标}\end{cases} \quad j=1,2,3,\cdots,n$$

其中，$\min(X_i)$、$\max(X_i)$、$\min(Y_j)$ 和 $\max(Y_j)$ 分别为X_i、Y_j的最小值和最大值。

两个经济系统的综合贡献程度由U_X和U_Y表示，则两系统的贡献程度可表示为：

$$U_X=\sum_{i=1}^{m} a_i Z_i^X,\ \sum_{i=1}^{m} a_i=1(a_i\geqslant 0)$$

$$U_Y=\sum_{j=1}^{n} b_j Z_j^Y,\ \sum_{j=1}^{n} b_j=1(b_j\geqslant 0)$$

其中a_i、b_j分别表示实体经济和虚拟经济各指标的权重，权重由熵值法确定。

（2）熵值法确定权重。以实体经济 m 个指标为例，共计 k=20 年，实体经济数据矩阵为$Z_{m\times k}$。

第 i 个指标的概率为：

$$p_{iX}=\frac{z_{iX}}{\sum_{X=1}^{k} z_{iX}}$$

第 i 个指标的熵值为：

$$H_i=-\frac{1}{\ln k}\sum_{X=1}^{k} p_{iX}\ln p_{iX} \quad i=1,2,3,\cdots,m$$

熵值越小，负熵越大，信息量越大，有序化程度越高，不确定性越小，假定$p_{iX}=0$ 时，$p_{iX}\ln p_{iX}=0$ 。

第 i 个指标的熵权为：

$$a_i=\frac{1-H_i}{\Sigma_{i=1}^{m}(1-H_i)},\ 0\leqslant a_i\leqslant 1\text{且}\sum_{i=1}^{m} a_i=1,\ i=1,2,3,\cdots,m$$

（3）计算耦合度。

$$C=\left\{\frac{U_X\times U_Y}{\left[\frac{U_X+U_Y}{2}\right]^2}\right\}^q \quad (q\geqslant 2)$$

C 取不同范围时两系统的耦合度见表 7-2。

表 7-2　耦合度（C）取不同范围时两系统的耦合度

耦合度（C）的不同范围	两系统的耦合度
$C=0$	两系统耦合度极小，系统之间处于无关状态，并无序发展
$0<C\leqslant 0.3$	两系统耦合度较低，两者没有明显的影响关系
$0.3<C\leqslant 0.5$	两系统处于拮抗阶段，两者具有相互影响关系，但因各系统能力有限，不能完全支撑对方系统
$0.5<C\leqslant 0.8$	两系统处于磨合期，两者开始相互正向影响
$0.8<C\leqslant 1$	两系统处于平衡发展期，且相互促进，共同发展

（4）耦合协调度函数。耦合度函数不能反映实体经济与虚拟经济交互耦合的协调程度，需引入耦合协调函数：

$$D=\sqrt{C\times T}$$

$$T=\alpha U_X+\beta U_Y$$

其中，D 为耦合协调度，T 为两系统的综合调和指数，反映了两者的整体协同效应或贡献，α、β 为待定系数，在此均取 0.5。两系统耦合协调度分类见表 7-3。

表 7-3　两系统耦合协调度（D）分类

耦合协调度（D）	U_X与U_Y	耦合协调类型与特征	类型	耦合阶段
$0<D\leqslant 0.4$	$U_X<U_Y$	勉强调和	Ⅰ	低水平耦合
	$U_X=U_Y$	不协调	Ⅱ	低水平耦合
	$U_X>U_Y$	极度不协调	Ⅲ	拮抗时期
$0.4<D\leqslant 0.5$	$U_X>U_Y$	不协调	Ⅳ	拮抗时期
	$U_X=U_Y$	调和	Ⅴ	拮抗时期
	$U_X<U_Y$	基本调和	Ⅵ	拮抗时期

续表

耦合协调度（D）	U_X与U_Y	耦合协调类型与特征	类型	耦合阶段
0.5<D≤0.8	$U_X>U_Y$	勉强协调	Ⅶ	磨合时期
	$U_X=U_Y$	调和	Ⅷ	磨合时期
	$U_X<U_Y$	调和	Ⅸ	磨合时期
0.8<D≤1	$U_X>U_Y$	基本调和	Ⅹ	平衡发展期
	$U_X=U_Y$	协调	Ⅺ	平衡发展期
	$U_X<U_Y$	协调	Ⅻ	平衡发展期

7.1.4 耦合度分析

（1）指标权重的确定。实体经济和虚拟经济各指标的权重详见表7-4。

表7-4 指标权重

实体经济指标	权重	虚拟经济指标	权重
第一产业/GDP	0.141	金融业生产总值生长率	0.215
第二产业/GDP	0.152	保费收入增长率	0.207
第三产业（除金融业和房地产业之外）/GDP	0.151	年末生产总值增长率	0.218
固定资产投资	0.339	房地产本年完成投资额增长率	0.190
社会消费品零售总额	0.216	年末贷款余额增长率	0.169

（2）各年份相关计算数据。1997～2016年河南省实体经济与虚拟经济各相关计算数据详见表7-5。

表7-5 各年份相关计算数据

年份	贡献程度（U_x）	贡献程度（U_y）	耦合度（C）	耦合协调度（D）
1997	0.326	0.473	0.934	0.611
1998	0.345	0.347	1.000	0.588
1999	0.361	0.232	0.908	0.519
2000	0.367	0.531	0.934	0.647
2001	0.376	0.384	1.000	0.617

续表

年份	贡献程度（U_x）	贡献程度（U_y）	耦合度（C）	耦合协调度（D）
2002	0.389	0.568	0.931	0.667
2003	0.401	0.445	0.994	0.649
2004	0.360	0.435	0.983	0.625
2005	0.339	0.450	0.961	0.616
2006	0.357	0.652	0.837	0.650
2007	0.360	0.713	0.795	0.653
2008	0.378	0.775	0.778	0.670
2009	0.454	0.585	0.968	0.709
2010	0.392	0.746	0.816	0.681
2011	0.416	0.438	0.999	0.653
2012	0.470	0.356	0.963	0.631
2013	0.511	0.510	1.000	0.714
2014	0.561	0.382	0.929	0.662
2015	0.626	0.453	0.949	0.715
2016	0.637	0.486	0.964	0.736

（3）实体经济与虚拟经济协同发展分析。如图 7-1 所示，实体经济与虚拟经济的贡献度整体呈上升趋势，1997～1998 年和 2000～2011 年，虚拟经济的贡献程度大于实体经济贡献程度，其余年份实体经济贡献程度大于虚拟经济贡献程度。

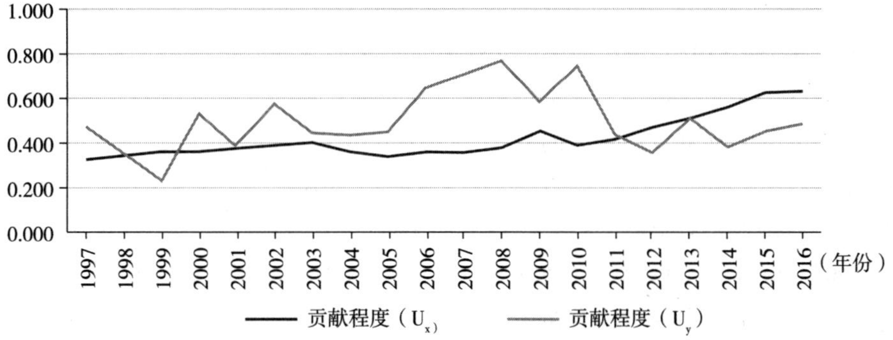

图 7-1 贡献程度（U_x）和贡献程度（U_y）

如图 7-2 所示，1997~2016 年的耦合度在 0.8~1，由表 7-2 可知，两系统处于平衡发展期，且两者相互促进。

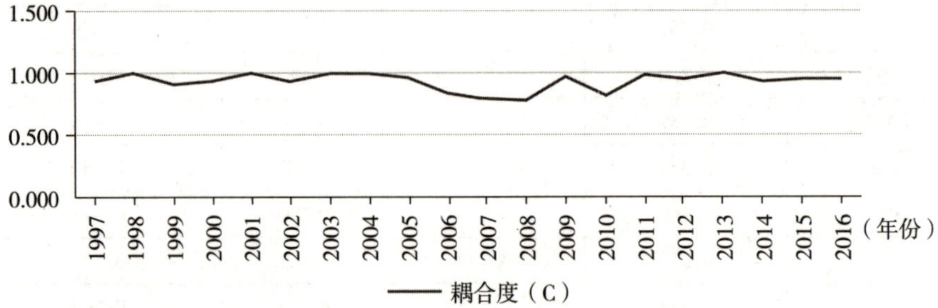

图 7-2　耦合度

由图 7-3 可知，1997~2016 年，耦合协调度均在 0.5~0.8，由表 7-3 的耦合协调度分类可知，两系统的协同耦合情况处于磨合期阶段。

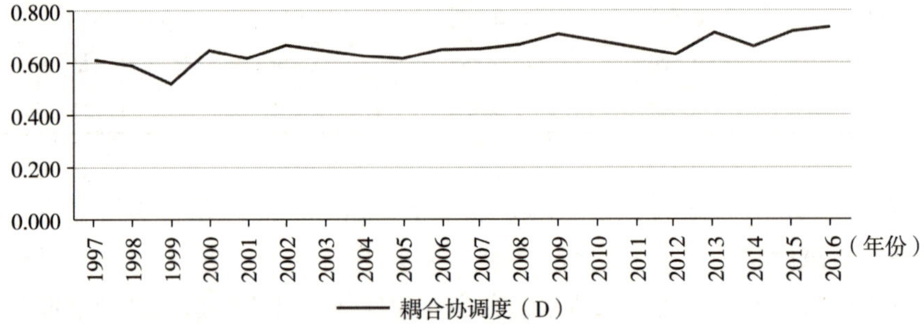

图 7-3　耦合协调度

依据耦合协调模型分析 1997~2016 年河南省实体经济与虚拟经济协同发展状况，2005~2010 年虚拟经济，贡献程度较大且大于实体经济贡献程度，由于该时段网络兴起，带动了虚拟经济的发展，所以该时段实体经济与虚拟经济的耦合度处于下降且波动较大的趋势，2011~2016 年，虚拟经济贡献程度低于实体经济贡献程度，但 1997~2016 年整体耦合协调度处于上升趋势，且耦合度和耦合协调度均有上升的趋势，详见图 7-4。

1997~2016 年，耦合度均在 0.8~1，由表 7-2 可知，两系统处于平衡发展期，且相互促进。但通过耦合协调函数弥补两系统交互耦合的协调程度之后，两系统的耦合协调特征和类型发生稍微调整，1997~2016 年，耦合协调度均在 0.5~0.8，由表 7-3 可知，两系统的协同耦合情况处于磨合期阶段，1997~

1998 年和 2000～2011 年两个时间段处于调和磨合期，1998～2000 年和 2011～2016 年两个时间段，实体经济与虚拟经济处于勉强协调的磨合期。

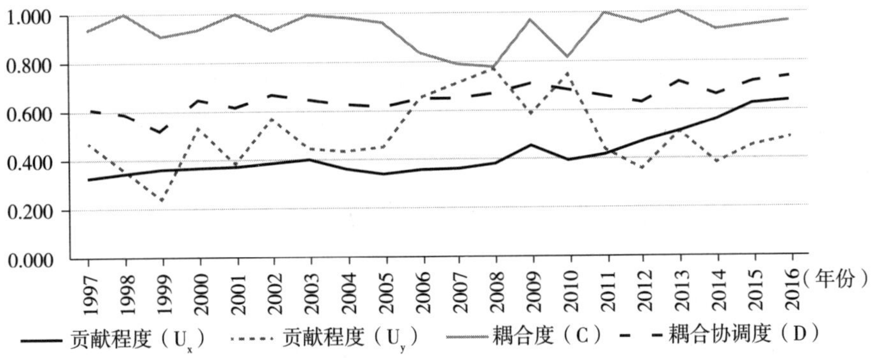

图 7-4　河南省实体经济与虚拟经济协同发展动态

实体经济与虚拟经济之间的协同发展状态越来越好，且实体经济比虚拟经济贡献程度较高，是因为虚拟经济依赖实体经济，以实体经济为基础进行发展，河南省在发展虚拟经济的同时，应以实体经济为基准，使两者相互促进，共同发展。耦合协调度模型虽具有可行性和合理性，但仍存在忽略其他因素的情况，使得本书研究具有不确定性，因此应该在扩大指标的基础上，不断优化模型。

7.2　河南省制造业与物流业、金融业三业协同发展研究

制造业是支撑实体经济发展的重要基石，河南省制造业在发展过程中暴露出附加值较低、技术密度低和创新能力薄弱等问题。本书主要对河南省制造业与物流业、金融业的协同发展进行研究，揭示三产业发展机理，深入分析其存在的问题。

本部分首先对研究的方法理论基础进行阐述，同时分析河南省制造业、物流业和金融业发展现状及存在的问题，从而确定研究方法与问题相适应，同时也对国内外关于制造业和其他产业协同发展的研究文献梳理，确定研究意义以及正确性。其次，为了对河南省三产业进行全面的分析，对其做协整检验、格兰杰因果检验，分析了三产业间的平稳性和协同关系，得出河南省三产业呈现

长期的平稳发展，但三产业间无较强因果关系，协同水平较低。然后，基于现有评价体系，选择体现协同发展的指标，同时也将稳定发展加入评价指标，从整体角度对三产业的稳定协调发展进行研究。最后，建立三系统的协同测度模型，对河南省制造业各分行业采用GM（1，N）求取模型值，计算模型值的关联程度，得出河南省协同发展呈现波动性且普遍关联性不高，需进一步进行嵌入式发展和调整产业结构，从政府层面、产业层面和企业层面给出相关建议。

7.2.1 河南省制造业与物流业、金融业发展现状

（1）河南省制造业发展现状。河南省制造业目前形成了以郑州航空港、郑洛新自创区和河南省自贸区为主的工业区，其中郑州航空港形成了航空设备维修制造、电子信息和医药制造业的高新长夜基地；郑洛新自创区建立了以洛阳一拖、新乡航空工业等一系列高附加值的装备制造企业和集研发和生产的新型材料企业的工业基地；河南省自贸区形成了以重轻相结合的高端装备制造业。此三大工业园区形成的以装备制造业、医疗制造业和现代信息工业为主的生产基地引领河南省制造业向前不断发展。

（2）河南省制造业规模与发展。从制造业规模水平角度来看，如图7-5所示，河南省制造业的规模处于中部首位，其中2017年河南省工业增加值同比增加8.27%，与2007年相比，已持续下降了16.22个百分点，2013年河南省增加值同比增速出现负值，规模以上企业营业利润2013年开始呈现持续增长，逐渐由高速增长转换为中高速增长，由此可说明河南省工业正处于转型升级阶段。

河南省工业增加值与全国和中部相比较，河南省规模以上工业增长总体呈现平稳趋势，在中部六省中处在中等且相对低水平。因此河南省制造业发展需要进一步对资源进行有效配置，从而有效促进河南省制造业由大转强的变化。

（3）河南省制造业结构概况。2017年全省GDP 4.5万亿元，同比增长7.8%。依重工业与轻工业进行划分，其中重工业资产共计44258.06亿元，轻工业16651.88亿元，重工业资产约为轻工业的2.66倍；按行业划分，非金属矿物制品业占比12%。河南省目前产业发展处于转型阶段，制造业增长量及规模处于中部六省之首，其处于大规模、高耗能、高污染、低产出的经济增长模式，探讨如何有效地配置产业资源是实现河南省经济高质量发展，推动产业转型升级的重要部分。对河南省经济进行探讨后发现以下几个问题：

1）经济效益能力低。河南省制造业的产值稍高于安徽、湖北。2017年河

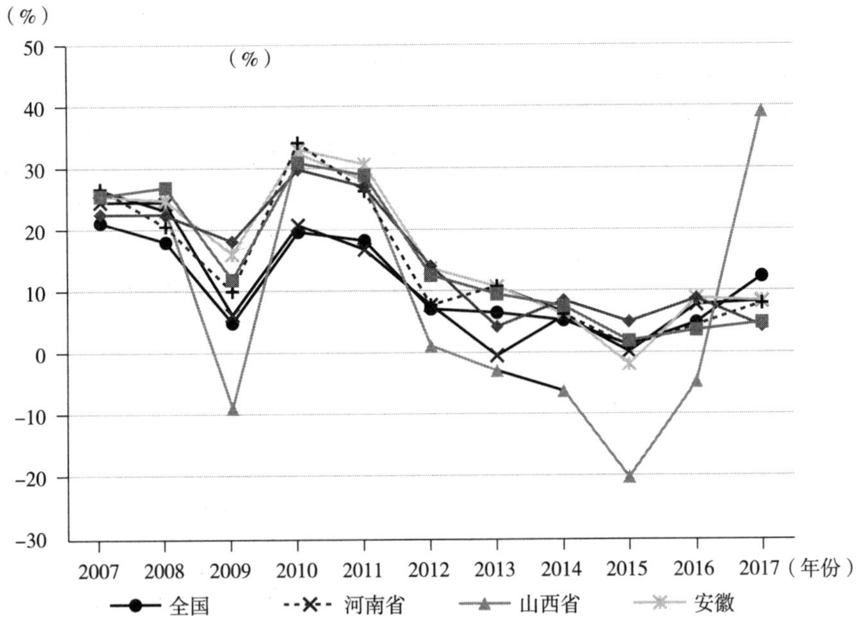

图 7-5　中部六省及全国工业增加值与总增加值比重

南工业增加值同比增长 7.4%，规模以上工业企业主营业务收入 8.06 万亿元，同比增长 9.1%；利润总额 0.55 万亿元。河南省制造业规模、利润处于中部六省之首，但其制造业净利润居于末尾，对外贸易依附指数相对较低，反映出河南省制造业市场竞争力相对较低，主要依赖农副食品加工业和金属非金属加工业等劳动密集型产业。

2）技术创新能力弱。河南省规模以上工业 R&D 投入为 472.25 亿元，处于六省第二，总投入相比其他省份较大，但低于湖南省投入额度。有效专利数 1.95 万件居中部六省第四，技术市场成交额为 76.85 亿元，居于末尾。资金转换率不足，单一资金投入无法有效转化成为经济增长的有效影响因素。

3）河南省物流业发展现状。河南省处于中国中心区域，物流业发展具有绝对的地理环境优势，同时河南省政府积极引导物流业的快速发展。快递收入为 115.93 亿元，居全国第八。截至 2017 年快递量达 10.74 亿件，居全国第九。货物运输总量 22.94 亿吨，较 2016 年增长 11.7%；货物运输周转量 8160.34 亿吨公里，较 2016 年增长 11.2%。

河南省制造业正在转型升级中，目前河南省制造业规模较大，但其利润效益却低，产业结构主要集中于重工业、劳动密集型和低技术产业等产业，产业结构不合理；R&D 投入较大，但转化率偏低，需进一步促进高技术产业发展，健全创新发展制度以及发展环境；产业能源消耗比例相对重，且环境治理投入相对不足。

河南省物流业基于自身环境以及良好的政策导向，促使河南省物流业得到相对高水平的发展，但主要受限于以下几个方面：

1）基础不健全。受物流管理成本、物流企业投资意愿低迷等因素影响，物流仓储新建和交易频繁，迫于城市的不断扩张等问题，物流设施和配送中心不断外撤等原因造成配送距离增加，导致物流成本不断增加。

2）营业业务收入回落。受市场环境的影响，企业平均营业收入下降 3.1%，通过政策调控后，企业物流成本下降 2.9%，但仓储及管理等成本的上升造成营业收入的下降。

3）市场机制不足。部分企业存在不规范行为，造成行业混乱，诚信系统及相关监管不足，且无惩罚机制，相关行业标准不健全，缺乏监督机制，造成企业与相关企业合作损失后无有效追责路径。冷链物流设施不足，不遵守国家相关标准操作的情况相对突出。河南省物流业整体发展基础以及规模居全国前列水平，具有中部较大的市场规模相支撑，但其快速发展的同时也存在不少问题，基础设施不完善从而得不到投资商的支持，交易频繁造成利用率下降，监管机制的缺乏造成企业合作混乱频繁爆发。

（4）河南省金融业发展现状。面对错综复杂的金融局面，河南省政府坚持不懈努力，取得了较大的成就。2017 年河南省金融业增加值为 2509.19 亿元，居全国第九位，同比增长 11.19%。保险保费收入 2019.92 万亿元，居全国第四位，2016 年河南省固定资产投资 3.98 万亿元，同比增长 13.7%。

截至 2016 年底，河南省银行业资产总额 6.96 万亿元，同比增长约 1/6；负债总额 67.10 万亿元，增长 16.1%。全省外币各项存款余额增长 13.9%，增速同比提高 0.3 个百分点，高于全国平均水平 2.6 个百分点。银行业不良贷款率较 2016 年初下降 0.15 个百分点，信用风险整体处于可控制水平。

2016 年，河南省政府推进市场建设稳步前进，加强风险管控，截至年末，新增证券期货基金机构 63 家，占比 14.13%，新三板挂牌公司增加 147 家。

保险业近年受市场等因素影响，河南省保险业发展为全国最快，其中 2016 年全省保险资产总额 3248.4 亿元，增长 216%。保费收入 1555.2 亿元，增长 24.5%。赔付支出 548 亿元，增长 22.4%。

综上可知，河南省金融业整体具有相对较大的规模，稳中有进。保险产业规模增加且增速较大，但其营业利润不足，河南省金融业不断取得进步，但金融业在快速发展过程中，同业资产快速增加较快，存在期限错配、承接表内不良资产、投资管理不到位、个别机构出现违规开展投资非标业务、资金通过同业渠道挪用案件等现象。保险业中短期保险所占比例较高且投资款占较大比重。满期给付和退保风险将持续增高，保险机构管理方式粗放、内控不足，盲目参与互联网金融活动，非法侵占保险资金。结构搭建不完善、非理性竞争能力不足问题整体较为凸显。整体保险中，财产险规模较小，财产险中车险占80%，且80%为中介服务。人身险、健康险和养老险覆盖率较小。市场恶性竞争、服务能力较差，重业务、重销售、轻服务现象普遍存在。由此，河南省金融业需要对金融业整体进行结构优化，加强市场监管体系，完善市场操作准则，进行全面深化改革。

7.2.2 河南省制造业与物流业、金融业的协同关系研究

（1）模型构建。协整分析常用于分析数据是否具有长期平稳的变化趋势。协整分析分为回归系数的检验和回归残差的协整检验，回归系数的检验主要研究多个变量的协整关系，如Johansen检验等，回归残差的协整检验主要做两个变量的协整关系检验，如ADF检验。本书对河南省制造业、物流业和金融业三个变量进行研究，先对三个变量做ADF检验，确定每一产业的变化趋势是否为平稳序列，然后对数据进行Johansen检验，确定三产业在平稳性下的协整关系。

格兰杰因果检验适用于探究两个变量之间的因果关系，即一个变量的改变从而导致另一个变量的变化，假设有变量X和变量Y，先预估变量X的值可通过其滞后周期来解释变化的程度，再通过滞后值来解释变量Y的变化程度是否是由变量X的变化所导致。如果变量Y的滞后系数在统计结果中显著，则认为变量X和变量Y互为格兰杰因果。

1988年及1990年Johansen与Juselius提出一种以VAR模型为基础的检验多变量协整检验的方法，Johansen假设噪声是高斯分布。具体如下：

1）检验每个变量值I（1）；

2）按照VAR模型的定阶方法确定滞后长度；

3）确定独立协整向量的个数归结为判断下列矩阵的秩。

$$\hat{\Sigma}_{VV}^{-1}\hat{\Sigma}_{VU}\hat{\Sigma}_{UU}^{-1}\hat{\Sigma}_{UV}$$

回归过程如下：

$$\Delta Y_t=\alpha_0+\alpha_1\Delta Y_{t-1}+\cdots+\alpha_{p-1}\Delta Y_{t-p+1}+U_t$$

$$\Delta Y_{t-1}=\beta_0+\beta_1\Delta Y_{t-1}+\cdots+\beta_{p-1}\Delta Y_{t-p+1}+V_t$$

$$\hat{\sum}_{UU}=\frac{1}{T}\sum_{t=1}^{T}U_tU_t'$$

$$\hat{\sum}_{VV}=\frac{1}{T}\sum_{t=1}^{T}V_tV_t'$$

$$\hat{\sum}_{VU}=\frac{1}{T}\sum_{t=1}^{T}V_tU_t'$$

矩阵的秩是该矩阵中不为 0 的特征值的个数，假设特征值从大到小排列，即 $\hat{\lambda}_1\geqslant\hat{\lambda}_2\geqslant\cdots\geqslant\hat{\lambda}_n$，与最大的 h 个特征值对应的特征向量是 h 个独立的协整向量迹检验（trace test）：

$$-T\sum_{i=h+1}^{n}\ln(1-\hat{\lambda}_i)$$

H0：$lh+1=\cdots=lN=0$。

最多有 h 个独立的协整向量，对立假设最多 N 个独立协整向量。

检验过程：

H0：h=0，如果接受零假设则停止，不存在协整关系，否则

H0：h=1

…

H0：h=N-1

依次进行直到不能拒绝零假设为止。迹检验的门槛比较低，所以经常得到存在协整的结果。

最大特征根检验 $=-T\ln(1-\hat{\lambda}_{h+1})$

H0：h 个独立协整向量

H1：h+1 个独立协整向量

零假设至多 h 个独立协整向量，对立假设最多 h+1 个独立协整向量，该检验的功效比较低，一般使用迹检验更可靠。

协整关系是反映时间序列是否具有长期稳定特征的检验方法，并非变量之间的作用关系，因此，采用格兰杰因果关系检验方法检验其是否存在因果关系。

检验 X 是否为引起 Y 变化的格兰杰原因的过程如下：

第一步，检验原假设“H0：不是引起变化的格兰杰原因”。

先估计下列两个回归模型：

无约束回归模型（u）：$Y_t = \alpha_0 + \sum_{i=1}^{p} \alpha_i Y_{t-i} + \sum_{i=1}^{q} \beta_i X_{t-i} + \varepsilon_t$

有约束回归模型（r）：$Y_t = \alpha_0 + \sum_{i=1}^{p} \alpha_i Y_{t-i} + \varepsilon_t$

其中，α_0 表示常数项；p 为 Y 的最大滞后期数，q 为 X 最大滞后期数，t 为白噪声。然后，用这两个回归模型的残差平方 RSS_u 和 RSS_r 构造 F 统计量：

$$F=\frac{(RSS_r-RSS_u)/q}{RSS_u/(n-p-q-1)}\sim F(q, n-p-q-1)$$，其中，n 为样本容量。

如果 $F \geqslant Fa(q, n-p-q-1)$，则 β_1，β_2，…，β_q 显著不为 0，应拒绝原假设“H0：X 不是引起 Y 变化的格兰杰原因”；反之，则不能拒绝原假设。

第二步，将 Y 与 X 的位置交换，按同样的方法检验原假设“H0：Y 不是引起 X 变化的格兰杰原因”。

第三步，要得到“X 是 Y 的格兰杰原因”的结论，必须同时拒绝原假设“H0：X 不是引起 Y 变化的格兰杰原因”和接受原假设“H0：Y 不是引起 X 变化的格兰杰原因”。

协整关系可以用来确定变量之间是否具有长期和稳定的发展关系，格兰杰因果关系用来探究经济学中几组变量之间的协同发展因果关系。协整关系的结果可以直观显示河南省制造业、物流业和金融业之间的协同发展情况，如果协整检验显示三变量在全部检验中符合规范操作，则可判定三产业在协同发展过程中具有稳定的协同发展关系，并由检验的特征根迹检验和最大特征值检验反映三业协同发展的具体关系。

（2）指标选取。分析两个产业之间的协同关系时，本书运用 1999~2017 年三个行业的增加值作为衡量河南省制造业、物流业和金融业发展的指标，采用 Eviews10.0 进行计算，其中，物流业增加值、制造业增加值数据缺失。借鉴现有文献，用河南省统计年鉴中运输、仓储和邮政业务增加值和工业增加值代替，并且用 M、L 和 F 分别表示三个指标的时间序列。为了减少序列波动性并保持序列趋势，对 M、L 和 F 分别取自然对数，表示为 LM、LL 和 LF。所选用数据来自《中国统计年鉴》和《河南统计年鉴》，数据如表 7-6 所示。

表 7-6　1999~2017 年河南省制造业、物流业和金融业增加值

年份	工业增加值（亿元）	物流业增加值（亿元）	金融业增加值（亿元）
1999	1729.3	323.55	159.27
2000	2000	378.56	144.81
2001	2182.8	425.2	150.78
2002	2412.2	470.77	158.77
2003	2876.9	535.11	165.11
2004	3644.4	560.35	170.82
2005	4896	625.87	181.74
2006	6031.2	739.29	219.72
2007	7508.3	866.73	302.31
2008	9328.2	802.25	413.83
2009	9900.3	823.57	499.92
2010	11951	873.3	697.68
2011	13949	961.5	868.2
2012	15018	1151.9	1013.6
2013	14938	1474.2	1280.9
2014	15809	1676.5	1509.2
2015	15823	1809.4	1991.1
2016	17043	1938.1	2256.6
2017	18452	2162.9	2509.2

（3）平稳性检验。对序列 LM 进行 ADF 检验，结果如表 7-7 所示，再分别计算有截距无趋势、有截距有趋势、无截距无趋势三种情形下序列所对应的 AIC、SC、HQ 值项。通过 ADF 检验结果，在 1%的显著性水平下，序列 LM 不拒绝原假设，即序列非平稳。

表 7-7　序列 LM 的 ADF 检验结果

		t-统计量	概率
增广 Dickey-Fuller 检验统计量		0.297528	0.9968
测试临界值	1%水平	-4.571559	
	5%水平	-3.690814	
	10%水平	-3.286909	

下面确定此数列是否单整，对其一阶差分后，其接受原假设，因此对二阶差分序列作单位根检验，据表 7-8 可知非平稳序列，LM 在 1%的显著性水平下有 99.99%的概率拒绝原假设（有一个单位根）。

表 7-8 LM 的二阶差分序列 ADF 检验结果

增广 Dickey-Fuller 检验统计量		t-统计量	概率
		-5.221042	0.0000
测试临界值	1%水平	-2.717511	
	5%水平	-1.964418	
	10%水平	-1.605603	

（4）检验数列 LL。对序列 LL 进行 ADF 检验，结果如表 7-9 所示，再分别计算有截距无趋势、有截距有趋势和无截距无趋势三种情形下序列所对应的 AIC、SC、HQ 值，选择第三种情况有截距与线性趋势项。通过 ADF 检验结果，其在 1%的显著性水平下序列 LL 不拒绝原假设，即序列非平稳。

表 7-9 序列 LL 的 ADF 检验结果

增广 Dickey-Fuller 检验统计量		t-统计量	概率
		-0.291855	0.9084
测试临界值	1%水平	-3.857386	
	5%水平	-3.040391	
	10%水平	-2.660551	

下面确定此数列是否单整，对其一阶差分后，其接受原假设，因此对二阶差分序列做单位根检验，对其平稳性进行检验，据表 7-10 可得非平稳序列 LM 在 5%的显著性水平下有 99%的概率拒绝原假设（有一个单位根）。

表 7-10 LL 的二阶差分序列 ADF 检验结果

增广 Dickey-Fuller 检验统计量		t-统计量	概率
		-4.264133	0.0052
测试临界值	1%水平	-3.920350	

续表

增广 Dickey-Fuller 检验统计量		t-统计量	概率
		-4.264133	0.0052
测试临界值	5%水平	-3.065585	
	10%水平	-2.673459	

（5）检验数列 LF。对序列 LF 进行 ADF 检验，结果如表 7-11 所示，分别计算有截距无趋势、有截距有趋势和无截距无趋势三种情形下序列所对应的 AIC、SC、HQ 值，选择第三种情况的有截距与线性趋势项。通过 ADF 检验结果，其在 1%的显著性水平下序列 LF 不拒绝原假设，即序列非平稳。

表 7-11 序列 LF 的 ADF 检验结果

增广 Dickey-Fuller 检验统计量		t-统计量	概率
		-0.306521	0.9050
测试临界值	1%水平	-3.886751	
	5%水平	-3.052169	
	10%水平	-2.666593	

下面确定此数列是否单整，对其一阶差分后，其接受原假设，因此对二阶差分序列作单位根检验，据表 7-12 可得非平稳序列，LM 在 5%的显著性水平下有 99. %的概率拒绝原假设（有一个单位根）。

表 7-12 LM 的二阶差分序列 ADF 检验结果

增广 Dickey-Fuller 检验统计量		t-统计量	概率
		-5.538068	0.0023
测试临界值	1%水平	-4.667883	
	5%水平	-3.733200	
	10%水平	-3.310349	

由以上单位根检验可得出，LM、LL 和 LF 序列在二阶差分情况下均为均衡情况，即三产业在发展过程中为平稳发展的趋势。满足 Johansen 检验条件，可以进行 Johansen 检验。

(6) 协整检验。对河南省制造业、物流业和金融业增加值的对数序列做 Johansen 检验，得到表 7-13。

表 7-13 河南省制造业、物流业和金融业增加值的 Johansen 检验

无限制协整秩检验（迹）				
假设		迹	0.05	
	特征值	统计量	临界值	概率
滞后阶数 0*	0.879284	68.21284	42.91525	0.0000
滞后阶数 1*	0.718725	32.26949	25.87211	0.0070
滞后阶数 2*	0.467293	10.70633	12.51798	0.0985
迹检验表明在 0.05 水平上有 2 个协整方程。				

注：* 表示在 0.05 水平上拒绝原假设。

从表 7-13 可看出，在滞后阶数为两个周期的情况下，在 5%的显著水平下拒绝原假设，从而确定序列 LM、LL 和 LF 存在协整关系。

(7) 格兰杰因果分析。对河南省制造业增加值序列、物流业增加值序列和金融业增加值序列做平稳性检验和协整检验，检验结果表明两者之间存在一种长期稳定的协整关系，下面对三组变量进行格兰杰因果关系检验，确定两者之间是否形成因果关系。结果见表 7-14。

表 7-14 河南省制造业、物流业和金融业增加值的格兰杰因果检验

序号	无效假设	F 统计量	概率	结论
1	LL 不是引起 LF 变化的原因	1.04754	0.3808	接受
2	LF 不是引起 LL 变化的原因	2.03492	0.1734	接受
3	LM 不是引起 LF 变化的原因	8.63106	0.0048	拒绝
4	LF 不是引起 LM 变化的原因	0.52560	0.6042	接受
5	LM 不是引起 LL 变化的原因	0.68197	0.5242	接受
6	LL 不是引起 LM 变化的原因	0.19979	0.8216	接受

无效假设给出了格兰杰因果关系检验的三对原假设。通过原假设得出，仅在 10%的显著性水平下，假设“LF 不是引起 LM 变化的格兰杰原因”，所以拒绝原假设，即“LM 是引起 LF 变化的格兰杰原因”。其余皆不成格兰杰因果。

7.2.3 河南省制造业与物流业、金融业的协同测度研究

（1）数据来源。数据来源于 2008~2017 年《河南统计年鉴》《中国统计年鉴》《物流统计年鉴》《河南金融统计年鉴》等，各项指标的数据由统计年鉴计算得出，其中，制造业大类选用制造业相关行业分类（工业），物流业主要采用交通运输、仓储和邮政业的数据进行分析，金融业采取能直接体现金融业的基础数据进行分析，制造业分行业数据来自《河南统计年鉴》（工业篇）。此外部分数据缺失，采用合理线性方法给予补充。

在构建指标体系时采取三产业中具有代表性的指标进行衡量，在选取指标时采取了对该产业发展特点以及研究内容进行结合的方法，详见表 7-15。

表 7-15　制造业、金融业和物流业指标体系

子系统	一级指标	编号	二级指标
制造业	市场	X_{11}	单位数（个）
		X_{12}	平均从业人员（万人）
		X_{13}	资产总计（亿元）
		X_{14}	流动资产合计（亿元）
	经济效益	X_{15}	增加值指数（%）
		X_{16}	利润总额（亿元）
		X_{17}	总资产贡献率（%）
		X_{18}	成本费用利润率（%）
	稳定发展	X_{19}	资产负债率（%）
	创新发展	X_{110}	新产品销售率（%）
物流业	市场规模	X_{21}	铁路营业里程（万千米）
		X_{22}	交仓邮法人单位数（个）
		X_{23}	交仓邮城镇单位就业人员（万人）
		X_{24}	交仓邮全社会固定资产投资（亿元）
		X_{25}	全省公路里程数（万千米）
	经济效益	X_{26}	货物周转量（亿吨千米）
		X_{27}	快递量（万件）
		X_{28}	交仓邮增加值（亿元）

续表

子系统	一级指标	编号	二级指标
物流业	经济效益	X_{29}	货运量（万吨）
		X_{210}	民用汽车拥有量（万辆）
金融业	市场规模	X_{31}	上市公司数（个）
		X_{32}	金融业全社会固定资产投资（亿元）
		X_{33}	金融业法人单位数（个）
		X_{34}	金融机构人民币贷款年底余额（亿元）
		X_{35}	金融机构人民币存款年底余额
	经济效益	X_{36}	截至年末募集资金总额（亿元）
		X_{37}	原保险保费收入（亿元）
		X_{38}	金融业增加值（亿元）
		X_{39}	股票成交金额（亿元）
		X_{310}	年末A股上市公司流通股市价总值（亿元）

（2）协同发展水平测度方法。目前，协同测度测算方法主要有容量耦合测算模型、模糊理论测算模型、回归分析测算模型、数据包络分析方法、灰色关联理论测算模型、熵变方程测算模型等，其优缺点如表7-16所示。

表7-16 测度方法比较

方法	结果或缺点
容量耦合测算模型	耦合度对判别两个系统之间耦合作用的强度以及预警二者的发展秩序等具有十分重要的意义，但是耦合度在有些情况下却很难反映出两个系统的发展状况，单纯依靠耦合度判别有可能产生误导，因为如果两个系统的发展水平都处于较低水平，而其耦合度可能会很高。再者，子系统发展水平不高的情况下采用耦合模型会出现伪评价结果
模糊理论测算模型	模糊综合评价是以模糊数学为基础，应用模糊关系合成的原理，将一些边界不清，不易定量的因素定量化，进行综合评价的一种方法。而且模糊综合评价结果一般，准确性不高，模糊综合评价中，常采用的取大取小算法，信息丢失很多，常常出现结果不易分辨（即模型失效）的情况
回归分析测算模型	需要较大的样本，若样本较小，常造成较大误差，使预测目标失效。不能实质性的揭示其发展规律。另外，单独定量分析判断现象之间的依存关系会与实际情况产生误差，可能会产生回归预测的任意外推，而且数据资料的不合适直接导致结果偏差

续表

方法	结果或缺点
数据包络分析方法	容易忽略样本的差异性。另外，效率低下的决策单元也许问题不严重。再者，任何DEA分析都是建立在投入产出的基础之上的，但是投入产出数据有很多是无法定量计量的
灰色关联理论测算模型	灰色关联度测算模型，在数据处理上需要有针对性。一旦不同纬度数据、不同频次的数据处理效果不好，则现实中不同纬度、混频数据就会更多，更会造成研究结论失真
熵变方程测算模型	熵值法不能减少评价指标的维数，而且缺乏各指标之间的横向比较，以及各指标的权数随样本的变化而变化，权数依赖样本，在应用上受限制

部分学者认为三产业间存在产业壁垒，互相影响其他产业的发展，但协同发展不单是加和的关系，更是形成累加大于效应，其余五种方法无法兼顾滞后性及客观性两个缺点，但灰色系统理论能够反映其信息不全面且具有灰色的特性，通过分阶段后计算协同发展值能解决以上两个缺点，综上所述，本书先采用对各制造业分行业求取其模拟值，对制造业各分行业的发展趋势进行量化，再通过模拟值的关联度来判断其协同程度。

（3）灰色模型建模步骤与算法。根据河南省制造业、物流业和金融业系统数据的灰色性，建立河南省三产业协同发展的灰色模型，测算模型和算法如下：

从公开数据中收集2008~2017年指标体系中的初始数据，各指标数据表示为 $x_{ij}^{0}(t)$（i为子系统，j为子系统的指标）。

为增加数据的特征性，先对数据进行无量纲处理，然后对数列做1-AGO（一次累加，若需要加强序列的规律性可进行多次累加）处理生成 $x_{ij}^{1}(t)$；加强数据的特征性，对 $x_{ij}^{0}(t)$ 做无量纲处理：

$$\overline{x}_{ij}^{0}(t)=\frac{x_{ij}^{0}(t)}{x_{ij}^{0}(1)}$$

对无量纲处理后的指标数据列做1-AGO处理：

$$x_{ij}^{1}(t)=(\overline{x}_{ij}^{0}(1),\overline{x}_{ij}^{0}(2),\cdots,\overline{x}_{ij}^{0}(t))$$

根据系列 $x_{ij}^{1}(t)$ 的分布规律，选择适合的灰色模型利用 $x_{ij}^{1}(t)$ 建立灰色模型，由模型得到各指标的协调发展值 $\hat{x}_{ij}(t)$。

$$由\ B=\begin{bmatrix} -0.5(x_1^{(1)}(1)+x_1^{(1)}(2)) & x_2^{(1)}(2),\cdots,x_n^{(1)}(2) \\ -0.5(x_1^{(1)}(2)+x_1^{(1)}(3)) & x_2^{(1)}(3),\cdots,x_n^{(1)}(3) \\ \vdots & \vdots \\ -0.5(x_1^{(1)}(n-1)+x_1^{(1)}(n)) & x_2^{(1)}(n),\cdots,x_n^{(1)}(n) \end{bmatrix},求得\ B,$$

将 B 与 $Yn=(x_1^{(0)}(2), x_1^{(0)}(3), \cdots, x_1^{(0)}(n))$ 代入 $\hat{a}=(a, b_1, b_2, b_3, \cdots, b_{n-1})^T=(B^TB)^{-1}B^TY_n$，将 $a, b_1, b_2, b_3, \cdots, b_{n-1}$，相应的微分方程如下：

$$\frac{d(x_1^{(1)})}{dt}+a_1(x_1^{(1)})=b_1x_2^{(1)}+b_2x_3^{(1)}+\cdots+b_{n-1}x_n^{(1)}$$

求出相应函数：

$$\hat{x}^{(1)}(k+1)=(x_1^{(0)}(1)-\frac{1}{a}\sum_{i=2}^{n}b_ix_i^{(1)}(k+1))e^{-\hat{a}k}+\frac{1}{a}\sum_{i=2}^{n}b_ix_i^{(1)}(k+1)$$

GM（0，N）对应的有：

$$B=\begin{bmatrix} x_2^{(1)}(2),\cdots,x_n^{(1)}(2) \\ x_2^{(1)}(3),\cdots,x_n^{(1)}(3) \\ \vdots \quad\quad \vdots \\ x_2^{(1)}(n),\cdots,x_n^{(1)}(n) \end{bmatrix}$$

$$Yn=(x_1^{(1)}(2),x_1^{(1)}(3),\cdots,x_1^{(1)}(n))$$

$$\hat{a}=(a,b_1,b_2,b_3,\cdots,b_{n-1})^T=(B^TB)^{-1}B^TY_n$$

对应的模型方程为：$\hat{x}_1^1=b_1x_2^{(1)}+b_2x_3^{(1)}+\cdots+b_{n-1}x_n^{(1)}+a$

对 $\hat{x}_1^1$ 做一次累减还原，得到 $x_1^{(0)}$ 的 GM（1，N）模型值 $\hat{x}_1^{(0)}$：

$$x_1^{(0)}(k)=\hat{x}_1^{(0)}(k+1)-\hat{x}_1^{(0)}(k)$$

模型精度：　　$e(k)=x_1^{(0)}(k)-\hat{x}_1^{(0)}(k),k=1,2,\cdots,n$

相对误差向量：　　$e'=\dfrac{x_1^{(0)}(k)-\hat{x}_1^{(0)}(k)}{x_1^{(0)}(k)}\times100\%$

当 $\max\{e'(k)\}\leqslant30\%$ 认为模型精度达到要求。

计算指标的发展值 $X_{ij}^0(t)$、$X_{ik}^0(t)$、$X_{ip}^0(t)$ 的关联系数，由灰色关联系数可以得到与制造业细分行业的分段数据的关联系数：

$$r(x_0(k),x_i(k))=\frac{\min\limits_i\min\limits_k|x_0(k)-x_i(k)|+\rho\max\limits_i\max\limits_k|x_0(k)-x_i(k)|}{|x_0(k)-x_i(k)|+\rho\max\limits_i\max\limits_k|x_0(k)-x_i(k)|}$$

7.2.4 实证研究

利用灰色系统理论建模软件 7.0 版本对 GM（1，N）模型进行求解，并对河南省制造业细分行业的发展水平进行测算，其中制造业按国家标准分类，细分为 27 个行业。由模拟结果可得，河南省制造业发展整体上呈稳定上升趋势。

河南省制造业大部分行业发展较为稳定，其中绿色高新企业发展具有相对高的发展潜力，河南省制造业中非金属矿物制品业资产基数大。

制造业分行业以五年为一个阶段，并错位两年进行关联分析，关联度值如表 7-17 所示。

表 7-17 河南省制造业分行业与金融业和物流业协同发展测算

行业	关联行业	2009~2013 年	2011~2015 年	2013~2017 年
C13	物流业	0.6052	0.6596	0.7683
	金融业	0.6295	0.5552	0.7439
C14	物流业	0.6288	0.7639	0.5391
	金融业	0.637	0.6547	0.6473
C15	物流业	0.5469	0.6332	0.6797
	金融业	0.5823	0.7898	0.6216
C16	物流业	0.6535	0.6139	0.8342
	金融业	0.5325	0.569	0.691
C17	物流业	0.5335	0.7475	0.81
	金融业	0.5655	0.6144	0.7048
C18	物流业	0.6373	0.6741	0.63
	金融业	0.6558	0.6212	0.6133
C19	物流业	0.7909	0.6956	0.5678
	金融业	0.7889	0.6618	0.5355
C20	物流业	0.6284	0.6426	0.5937
	金融业	0.6413	0.6081	0.6251
C21	物流业	0.6674	0.5783	0.549
	金融业	0.6815	0.5528	0.6795
C22	物流业	0.672	0.5299	0.6812

续表

行业	关联行业	2009~2013 年	2011~2015 年	2013~2017 年
C22	金融业	0.7282	0.5716	0.6104
C23	物流业	0.6983	0.6194	0.5160
	金融业	0.7554	0.5672	0.6356
C24	物流业	0.6491	0.6725	0.5517
	金融业	0.6921	0.6211	0.6442
C25	物流业	0.6287	0.6196	0.6132
	金融业	0.6787	0.6852	0.5706
C26	物流业	0.5732	0.6574	0.8121
	金融业	0.6312	0.6371	0.6840
C27	物流业	0.6481	0.5095	0.8565
	金融业	0.5667	0.6210	0.7295
C28	物流业	0.5778	0.4820	0.7024
	金融业	0.5937	0.5235	0.6550
C29/C30	物流业	0.6396	0.6878	0.5413
	金融业	0.6664	0.6010	0.5794
C31	物流业	0.5947	0.5662	0.6600
	金融业	0.6134	0.6530	0.5945
C32	物流业	0.5876	0.6555	0.6988
	金融业	0.6260	0.5624	0.6412
C33	物流业	0.6538	0.5652	0.7471
	金融业	0.7560	0.7873	0.6333
C34	物流业	0.6219	0.6706	0.5549
	金融业	0.6132	0.5998	0.5915
C35	物流业	0.6232	0.5158	0.8183
	金融业	0.7800	0.8020	0.6954
C36	物流业	0.5778	0.7783	0.7562
	金融业	0.6143	0.5444	0.7180
C37	物流业	0.5147	0.6782	0.6733
	金融业	0.5359	0.6149	0.6911
C38	物流业	0.5836	0.6185	0.5891
	金融业	0.6721	0.5981	0.5846

续表

行业	关联行业	2009~2013 年	2011~2015 年	2013~2017 年
C39	物流业	0.5665	0.7555	0.6340
	金融业	0.5630	0.6197	0.8058
C40	物流业	0.6232	0.5993	0.6376
	金融业	0.6212	0.587	0.6664
C41	物流业	0.6221	0.8068	0.5692
	金融业	0.6385	0.648	0.698

河南省制造业各分行业与物流业的关联系数介于 0.4758~0.8565，与金融业的协同系数介于 0.5235~0.8058，大部分协同关联系数呈正向平稳增长。同时各分行业的协同又各具特点，其中各行业与物流关联系数高于与金融业的关联系数。如 C16 烟草制品业较为显著，也存在部分行业在某一段时间内与金融业的协同程度高于与物流业的协同程度，如 C21 家具制造业。

综上可知，制造业各分行业与金融业处于初级或中级协同发展阶段，且大部分处于过渡发展阶段，需要加深制造业与金融业的协同发展。下文将制造业各行业分为劳动密集型、资本密集型和技术密集型三个方面进行分析。

（1）制造业与金融业协同发展测度。河南省制造业与金融业整体呈现不稳定的发展趋势，且发展水平相对较低，如图 7-6 所示。

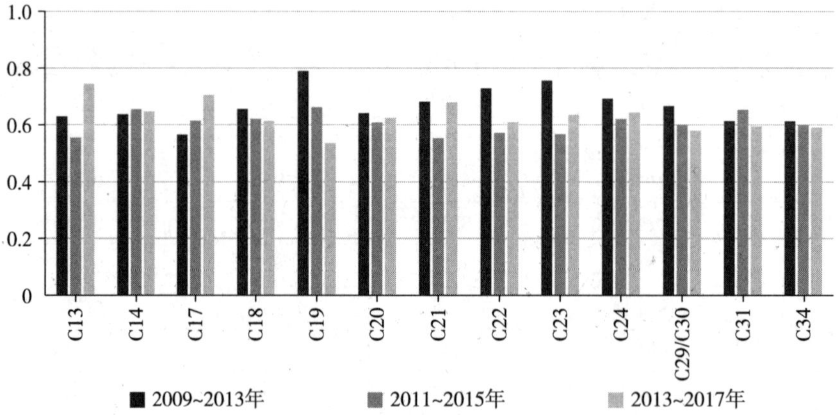

图 7-6　制造业劳动密集型产业与金融业协同度

依据图 7-6，河南省制造业中劳动密集型产业与金融业的协同度处于

0.53~0.79，其中C19皮革、毛皮、羽毛及其制品和制鞋业快速下降，仅C17纺织业处于上升，C31非金属矿物制品业为“M”形，其余皆为“W”形或较为稳定，在劳动密集型产业中，各行业与金融业的协同发展大部分呈现波动性发展，也称为发展转型阶段。

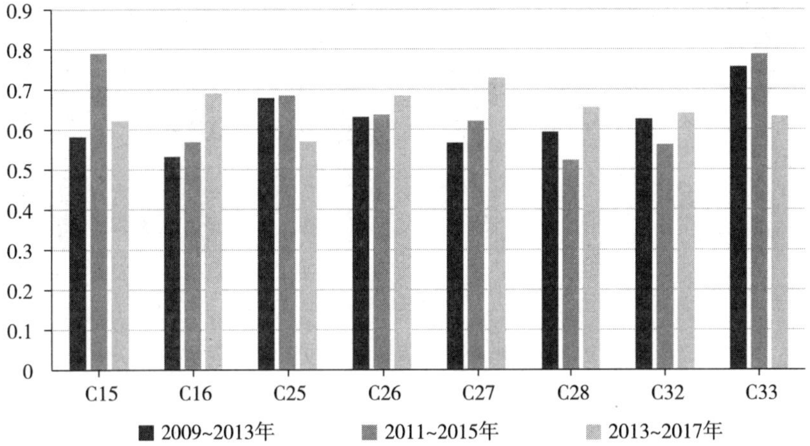

图7-7 制造业资本密集型产业与金融业协同度

如图7-7所示，资本密集型产业与金融业的协同整体上呈现稳定上升的趋势，但其协同发展程度相对较低，处于0.5~0.8，仅酒、饮料和精制茶制造业和有色金属冶炼及压延加工业的协同度呈现较大波动。

如图7-8所示，在技术密度性产业中，通用设备制造业与金融业的协同发展呈现下降趋势，电气机械及器材制造业协同发展呈现较大幅度上升，其余处于稳定和上升发展的趋势，其协同发展系数处于0.53~0.81，整体表现为良好。

（2）制造业与物流业协同发展测度。河南省制造业与物流业的发展整体上呈现较为平稳的状态，但发展水平相对较低，C13农副食品加工业，C15酒、饮料和精制茶制造业，C17纺织业，C26化学原料及化学制品制造业等呈现“W”形或“M”形变化的趋势，其余5个产业呈现下降趋势。

如图7-9所示，制造业劳动密集型产业与物流业协同度处于0.5~0.82，为较低水平的协同发展。C13农副食品加工业和C17纺织业呈现上升趋势，其余指标呈现出较大的波动性。

如图7-10所示，资本密集型产业与物流业的协同发展为上升趋势，且协同度高于0.7，处于相对高的协同发展程度。因此，制造业资本密集型产业与

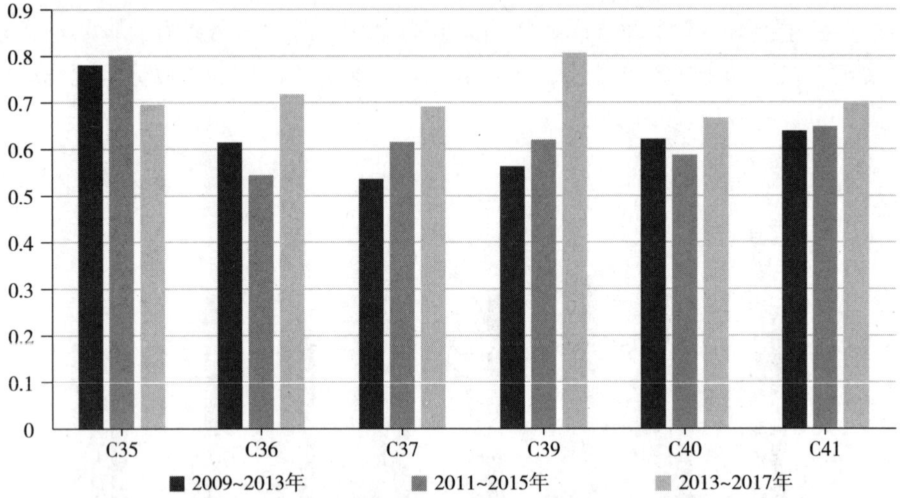

图 7-8　制造业技术密集型产业与金融业协同度

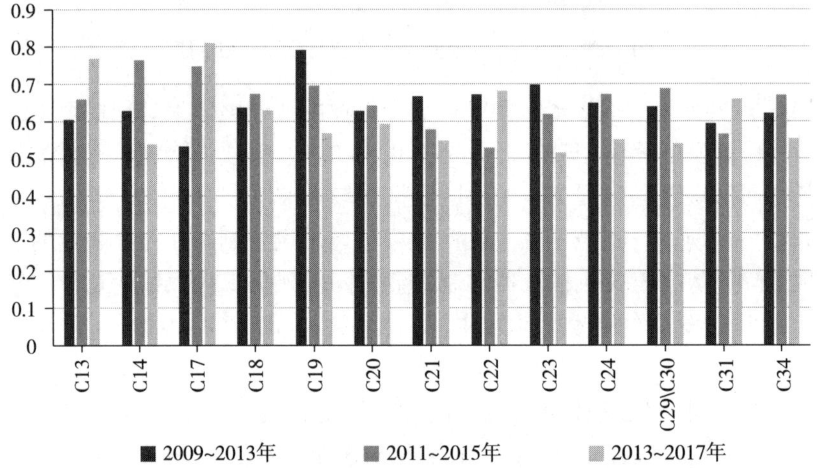

图 7-9　制造业劳动密集型产业与物流业协同度

物流业有良好的协同发展趋势。

如图 7-11 所示，大部分技术密集产业与物流业表现为低水平协同，其协同发展系数处于 0.6~0.7，仅 C35 达到相对较好的协同发展。综上所述，河南省制造业分行业的协同度处于转型发展阶段，绝大部分协同度处于 0.5~0.8，因此河南省应加强制造业与物流业、金融业的协同发展。

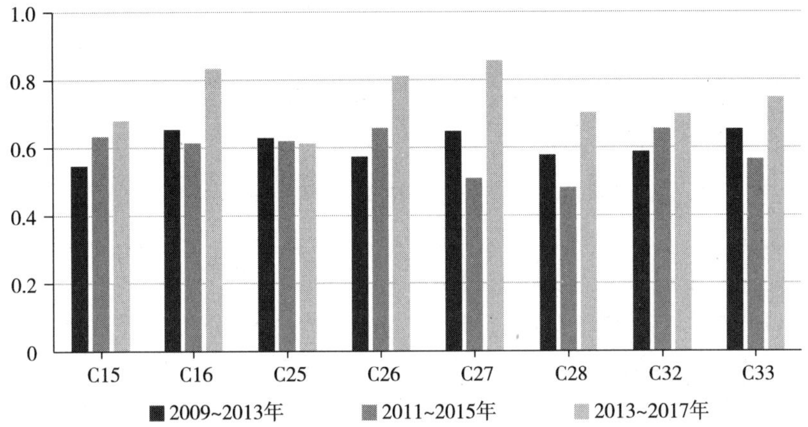

图 7-10 制造业资本密集型产业与物流业协同度

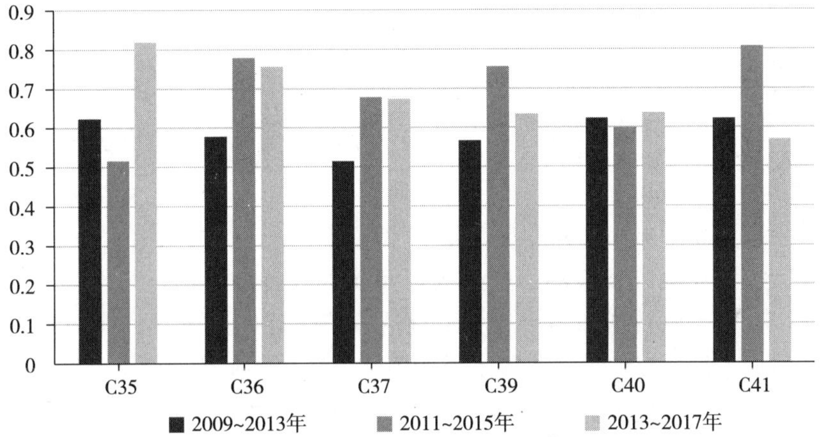

图 7-11 制造业技术密集型产业与物流业协同度

7.2.5 结论及政策建议

（1）主要结论。本书以制造业与物流业和金融业间的产业协同发展研究为主线，首先对相关理论和河南省三产业现状进行分析，然后采用面板数据分析三产业间发展的平稳性及相关性，避免伪回归现象以及因果检验结果的不合理。其次采用灰色系统理论对河南省制造业各分行业与物流业和金融业间的互相协同发展进行分析，采用 GM（1，N）模型对河南省制造业分行业与物流业和金融业间的协同度进行测算。主要取得以下研究成果：

1）对河南省制造业与物流业、金融业的协整分析得出：三产业平稳发展，在二阶差分情况下均通过 ADF 检验，此数据可以进行回归分析；对其进行 Johansen 检验，确定两者具有协整关系，在此进行格兰杰因果检验，三个序列数据中，仅制造业是物流业的格兰杰因果，其协整度稍低，得出河南省制造业、物流业与金融业的发展存在长期均衡的关系，但三产业的因果关系不明显，需要进一步加强两者之间的联动水平。

2）研究河南省三产业间的相互关联及其特性，分析和筛选河南省制造业、物流业和金融业三业发展综合评价的指标体系。研究河南省制造业各行业与物流业和金融业的协同度，采用 GM（1，N）对河南省的协同测度进行测算，得出河南省各行业的协同度大多数为“W”形和“M”形，呈现较为强烈的波动性，且协同程度相对较低，大部分处于 0.5~0.8，少部分行业表现为良好的协同度，协同度具有较大的提升空间。因此河南省制造业各行业的协同发展需要进一步完善，增加协同发展程度，打破行业壁垒，加强产业之间的融合，提升市场经济的稳定发展。

（2）政策建议。制造业、物流业和金融业三产业的协同发展需要管理者为行业和企业创造良好的发展环境，政府对三产业的发展制订计划时应综合考虑经济发展速度、城市向外发展速度、政策制定所产生的效果等一系列问题。明确河南省三业协同发展的目标、规划步骤以及自身所拥有的优势，围绕郑州、洛阳、新乡以及新郑四个较大型制造业集聚地区形成“点线面”的联动式区域协同发展，区分产业集聚发展的关联，健全产业基础设施服务，建立制造业与物流业之间比较完整的通道，在节点处建立物流园区充分调动物流业发展。制造业是物流业发展的主体，应该在发展制造业的同时，对物流业的总体布局加以规划，建立一套与现代制造业相符合的现代物流业发展体系。

完善河南省金融业发展，着重调整金融业结构，厘清河南省金融业三行业发展的快慢问题及顺序问题，将金融业资金引入制造业，解决目前金融业收入单一（依靠保险业）且收入渠道单一（依靠中介）等问题，将民间资本引入金融业，避免冗余资金沉淀带来的危机。

政府需健全法制建设，确保三产业健康协同发展，产业之间的合作是必不可少的，产业之间的合作创新是不可或缺的，在创新过程中能够促进企业发展，同时避免企业过分追求利益。因此建立完善的监督体系，确定监督者角色、职权，被监督人的义务以及行为，避免企业在合作过程中产生损失，做好风险控制，尽可能降低风险。

一个好的外部环境能够给三产业的发展提供良好的发展平台，支撑三产业的发展；建立一个良好的营商环境能够有效促进三产业协同发展的步伐，政府制定良好的政策、树立良好的政府信誉、健全人才引进机制，有利于通过政策性的优惠吸引外资，引入先进的制造企业、物流企业、金融企业、商业服务企业参与本地经济发展。尽可能满足企业发展所需的条件，健全相关监督体制，打造完整、公平、公正的营商环境。在企业创新发展过程中应健全创新平台搭建，加强高校和科研机构的建设，培养企业所需要的人才。加强基础设施的管理维护工作。

新时代，共享经济的发展需要建立共生共享的经济发展模式，建立三产业间的共享机制，为河南省资源共享提供保障，完善企业间的资源交换共享。加强各大平台的对接，满足企业间发展需求，提供合作伙伴所需要的服务，逐渐消除行业壁垒、技术壁垒和标准壁垒。建立统一标准，确保三产业在协同发展下能够提升整体效率。建立应有惩罚和奖赏机制。

制造企业是支撑制造业发展的单元，是三产业协同发展的主要执行者，是河南省三产业协同发展的重要基础，河南省制造业应该逐渐将物流与金融服务进行外包以提升企业自身竞争力，借助河南省专业化及规模较强的物流业和金融业两产业的优势减少自身的资金投入和资金链问题。在非核心业务外包的情况下也要注重供应链的管理，掌握企业外包业务的核心，快速调整企业的经营模式，同时树立企业自身形象、建设诚信体系是与其他企业合作的基础。另外，制造业企业又是三产业协同发展的风险爆发地，风险爆发于企业之间的违规操作和诚信缺失，树立良好的价值观有利于企业形成正确的企业文化。

8

河南省制造业高质量发展策略研究

8.1 河南省制造业高质量发展的研究背景与内容

8.1.1 河南省制造业高质量发展的背景与挑战

近年来河南省制造业稳步发展，整体实力位居中部地区第二，但其在发展过程中同样存在着产能过剩、成本偏高、利润受挤压的问题，呈现高耗能、高污染、自主创新比重小及产业价值链低端等现象，比较而言，其发展水平远远落后于东部沿海地区，传统制造业更是面临着更新换代的挑战。近年来随着《中国制造 2025》的提出，河南省政府制定《打好“四张牌”五年行动计划》，努力推动河南省制造业高质量发展。党的十八大以来，我国部分专家学者将目光锁定在创新和高质量上面，相继发表了大量期刊论文。本书通过文献检索，首先对“创新驱动”和“高质量发展”两个关键词进行深入研究。其次运用灰色关联分析方法，找出河南省制造业高质量发展的影响因素，构建以创新驱动为视角的河南省制造业高质量发展评价体系。再次探索河南省制造业高质量发展突破口，在前文指标体系的基础上，将中国制造业分为八个区域，找出河南省制造业高质量发展的突破口，这是本章创作过程中的难点。最后针对优势，结合河南省制造业特征，提出高质量发展策略，为河南省制造业高质量发展提供理论参考和依据。

（1）河南省制造业需要高质量发展。《中国制造 2025》的提出标志着我国正迈向制造强国行列，近年来河南省制造业稳步发展，整体实力位居中部第二，但其发展中也存在着一些问题和短板。河南省政府应做出相应调整，制定《打好“四张牌”五年行动计划》，努力推动河南省制造业的高质量发展。

（2）河南省制造业高质量发展面临挑战。

1）传统观念的约束。高质量发展已经成为我国经济发展的主要阶段，同时伴随着理念和思维的转变，传统的发展理念必然被取代，但想要彻底摆脱原有的高速度大规模的经济增长形势，还需要坚持不懈的努力。在当前制造业领域，应该将国内外企业的最新发展成果与河南省产业现状联系起来，努力打造属于河南省的制造业高质量发展道路。

2）品牌发展较为缓慢。品牌战略已经成为企业核心竞争手段之一，河南省大多数企业缺乏专业的品牌策划人才，部分企业的品牌策划管理水平也良莠不齐，导致河南省质量品牌建设相对滞后，进而使人们对河南省的企业相知甚少。表 8-1 显示了 2018《中国最具价值品牌 500 强》分布。

表 8-1 2018《中国最具价值品牌 500 强》分布

排名	省份	品牌数（个）	百分比（%）	所属区域
1	北京	94	18.80	华北
2	广东	90	18.00	华南
3	福建	49	9.8	华东
4	上海	41	8.20	华东
5	山东	40	8.00	华东
6	浙江	34	6.80	华东
7	江苏	28	5.60	华东
8	四川	17	3.40	西南
9	河南	10	2.00	华中
10	河北	9	1.80	华北
11	湖北	9	1.80	华北

依据表 8-1，将我国 500 个最具影响力的品牌所在省份城市分为三个梯队：①第一梯队为北京和广东。北京品牌数为 94 个，广东品牌数为 90 个，两个省份的品牌数遥遥领先其他地区，两个省份的制造业实力也远远高于其他省份，广东省更是我国制造业第一大省。②第二梯队有福建、上海、山东、浙江

和江苏，这五个省份的品牌数还是相当可观的，制造业发展水平也位居我国前列。③剩下的其他省份列为第三梯队，河南排在第九位，仅拥有 10 个品牌，制造业发展水平与其他省份相比，差距很大。

综上所述，一个地区的品牌数目很大程度上反映了该地区的制造业发展水平，河南省在这项指标上有很大的上升空间，今后应该给予足够重视。

8.1.2 制造业高质量发展指标体系研究

近年来“创新驱动”和“高质量发展”已经成为热门词汇，尤其十八大以来，对于制造业高质量发展评价体系的研究更是成为热门话题。张文会和韩立（2018）认为装备制造业的高质量发展水平离不开“创新”这一重要环节，而在其发展速度上，“效益”又有着显著的影响，为此以 38 个工业行业为研究对象，将速度、效益和创新设为三大主指标，将三大主指标细分为八个子指标，构建了我国装备制造业高质量发展的评价体系。徐卫华（2019）对河南省粮食主产区的制造业高质量发展进行评估测试，在实际研究中秉持协调一致、突出特色、易取易用和系统全面的原则，构建制造业高质量发展指标体系。对于创新驱动战略，周雪峰和左静静（2018）重点从创新投入进行分析，指出创新投资与创新投入不同，创新投资是实现中原崛起的关键。张雪玲和陆秋夏（2018）对经济高质量发展与创新驱动发展进行量化关系研究，从人力因素、机构因素和制度因素三方面 15 个具体指标构建了创新驱动视角下影响新经济高质量发展的评价体系。李世婷（2017）以创新驱动为切入点对陕西省产业升级进行评价研究，提出科技创新推动经济的发展是产业升级的关键一步，依据科技投入和科技产出划分六类指标，构建了影响陕西省产业升级的科技创新指标体系。李丹青和胡雪萍（2017）从技术创新入手，从企业内部创新资源和外部创新资源两方面进行实证分析，得出应该着重加强制造业内资企业技术创新能力提升，以此来推动中国制造业整体的技术创新能力。张再生等（2019）以天津市为例，认为创新驱动发展战略制定与实施的主要目标在于为创新活动提供所需资源，持续推动经济增长方式的转变，实现创新产出的增长和转化，最终达到推动经济高质量发展的目的。因此，在分析创新驱动影响因素时，应从创新主体、创新活动投入、创新绩效、区域效益四方面入手，构建创新驱动发展战略的评估指标体系。

近年来学者对于高质量发展也有了较多的研究，苗圩（2019）认为推动制造业高质量发展的关键总结起来就是“四快一好”，一是加快制造业创新能力的建设，二是加快产业结构的调整，三是加快两化融合，四是加快纾忧解困；“好”就是为企业发展创造一个更好的环境。张文会和乔宝华（2018）针对我国制造业高质量发展，从企业创新、企业经营效益、绿色环保等方面入手提出了七大类 27 小类的指标体系。王振（2018）针对上海制造业的高质量发展提出绩效、动力和驱动三方面的高质量因素，其中动力高质量包括投入的高质量、人才的高质量和载体的高质量，最终提出制造业的高质量发展离不开新型高素质的人才培养，壮大创新驱动发展的人才力量。赵鹏（2019）针对浙江省经济的高质量发展，围绕供给侧改革提出“提层次”“育主体”“搭平台”“强基础”“助融合”“扩开放”“优环境”21 字方针的浙江省制造业布局。李廉水（2018）从经济、科技、能源和环境四个角度出发，构建了中国制造业评价“四维”指标体系，认为经济指标是反映现阶段我国制造业发展的一个重要指标，只有产生经济效益，才能持续不断地推动我国制造业向前发展；科技指标在很大程度上反映了创新驱动，对于制造业高质量发展而言，创新无疑是重要一环，所以科技指标也在一定程度上反映了企业高质量的进程；能源节约和环境保护正体现了目前我国制造业所倡导的绿色发展。制造业的高质量发展很大意义上展现的是能源上的节约和环境上的良好，在创造一定经济效益的同时保护环境资源，所以四要素能更加全面地反映制造业的高质量发展水平。陈才等（2018）通过对重庆上市企业的研究，从企业经营能力、企业创新能力、企业社会效应和企业绿色发展能力四个方面构建了制造业企业高质量发展评价体系。李金昌等（2019）通过对我国在不同阶段展现的指标评价体系的研究，提出从国民经济发展、人民美好生活、企业高效率发展、绿色生态和社会和谐五个方面的 27 个指标来构建我国高质量评价体系。

8.1.3 研究评述

多数学者以中国制造业的整体发展为研究对象，但是我国各地区制造业发展水平严重不协调，东部沿海地区制造业是我国制造业发展的黄金地区，而河南地处中部地区，相差悬殊，所以需要对实际情况进行研究，对症下药，才能最终实现创新驱动发展。以创新驱动为切入点对河南省制造业进行研究，有助于推动河南省制造业的整体发展，但从现有资料来看，对河南省的研究相对较少。制造业高质量发展离不开微观层面的研究，制造企业的高质量发展需要政府发展策略的推动，同时也需要高质量发展转型的理念和方法，这方面的研究还比较薄弱。

8.2 河南省制造业高质量发展指标体系构建

8.2.1 河南省制造业高质量发展初级评价体系构建

（1）研究现状汇总。通过文献综述方法得出构建我国制造业高质量发展评价体系的文献范围，见表 8-2。

表 8-2 制造业高质量发展指标汇总

指标	学者	指标	学者
创新	张文会，乔宝华（2018）； 许卫华（2019）； 张文会和韩力（2018）； 李廉水（2005）； 袁长跃（2007）； 王子龙（2007）； 张静（2009）； 郑宝华（2010）； 陈才、周先东和富望龙（2018）； 李金昌、史龙梅和徐蔼婷（2019）； 苗圩（2018）	环境	张文会和乔宝华（2018）； 许卫华（2019）； 李廉水（2005）； 徐晓春（2010）； 袁长跃（2007）； 王子龙（2007）； 陈才、周先东和富望龙（2018）； 张芊芊和余莱花（2015）； 张骞和蔡君军（2013）； 杜炳汉（2016）； 于翔（2018）
经济	张文会和乔宝华（2018）； 许卫华（2019）； 张文会和韩力（2018）； 李廉水（2005）； 袁长跃（2007）； 王子龙（2007）； 陈才、周先东和富望龙（2018）； 朱启贵（2017）	能源	张文会和乔宝华（2018）； 许卫华（2019）； 李廉水（2005）； 袁长跃（2007）； 王子龙（2007）； 张静（2009）； 王旭和韩立岩（2017）

（2）初级指标体系构建。我国制造业高质量发展的评价体系主要从创新、

经济、能源和环境四个方面入手，从四维角度展现制造业高质量发展的内涵，基于国内专家学者的研究，初步构建一套创新驱动视角下河南省制造业高质量发展水平的评价体系，详见表 8-3。

表 8-3 创新驱动视角下河南省制造业高质量发展水平的评价体系

指标	代码	指标	代码
制造业销售产值（当年价格）	Y1	制造业研发经费支出（万元）	X7
制造业主营业务收入（万元）	Y2	制造业研发人员折合全时当量合计（人年）	X8
制造业利润总额（万元）	Y3	制造业新产品产值（万元）	X9
制造业新产品销售收入（万元）	Y4	制造业综合能源消费量（万吨标煤）	X10
制造业专利申请数（项）	Y5	制造业电力消耗（亿千瓦时）	X11
制造业资产总计（万元）	X1	制造业废气排放量（亿标立方米）	X12
制造业流动资产合计（万元）	X2	制造业二氧化硫排放量（吨）	X13
制造业负债合计（万元）	X3	制造业废水排放量（万吨）	X14
制造业所有者权益合计（万元）	X4	制造业固体废物产生量（万吨）	X15
制造业主营业务成本（万元）	X5	制造业固体废物综合利用量（万吨）	X16
制造业平均用工人数（万人）	X6		

8.2.2 灰色关联度分析

收集河南省 2012~2016 年的数据，通过灰色关联分析找出初级指标体系中最能体现制造业高质量发展的指标，在灰色关联度计算中，关联度越接近 1，说明其与评价体系的关联度越大，最终构建创新驱动视角下河南省制造业高质量发展评价体系。

（1）数据来源和标准化处理。根据河南省制造业高质量发展评价体系，找出对应指标的具体数据。对原始数据进行标准化处理，处理后结果见表 8-4。标准化公式如式（8-1）所示。

$$\begin{cases} x_{ij} = \dfrac{y_{ij}}{\overline{y}_i} \ (i = 0, 1, 2, \cdots, m;\ j = 1, 2, \cdots, n) \\ \overline{y}_i = \dfrac{1}{n}\sum\limits_{j=1}^{n} y_{ij} \ (i = 0, 1, 2, \cdots, m) \end{cases} \tag{8-1}$$

表 8-4　河南省制造业高质量发展指标数据

项目	代码	年份				
		2016	2015	2014	2013	2012
制造业销售产值	ZY1	1.2437	1.1289	1.0171	0.7363	0.8740
制造业主营业务收入	ZY2	1.2380	1.1198	1.0162	0.7460	0.8800
制造业利润总额	ZY3	1.1773	1.0698	1.0283	0.8009	0.9237
制造业新产品销售收入	ZY4	1.2250	1.0570	1.0012	0.8923	0.8245
制造业专利申请数	ZY5	1.3330	1.0112	0.9423	0.9047	0.8088
制造业资产总计	ZX1	1.2662	1.1578	1.0354	0.6701	0.8706
制造业流动资产合计	ZX2	1.2463	1.1474	1.0250	0.6836	0.8977
制造业负债合计	ZX3	1.2564	1.1372	1.0194	0.7100	0.8770
制造业所有者权益合计	ZX4	1.4171	1.2880	0.6306	0.7061	0.9582
制造业主营业务成本	ZX5	1.2473	1.1264	1.0175	0.7344	0.8744
制造业平均用工人数	ZX6	1.0815	1.0595	1.0033	0.9592	0.8964
制造业研发经费支出	ZX7	1.2828	1.1066	0.9746	0.8806	0.7553
制造业研发人员折合全时当量合计	ZX8	0.9619	1.0855	1.0131	1.0092	0.9303
制造业新产品产值	ZX9	1.1922	1.0833	0.9863	0.9101	0.8281
制造业综合能源消费量	ZX10	0.7071	1.1329	0.9583	1.0627	1.1390
制造业电力消耗	ZX11	1.0207	1.0505	1.0085	1.0160	0.9044
制造业废气排放量	ZX12	0.8512	0.8935	1.1030	1.1212	1.0311
制造业二氧化硫排放量	ZX13	0.2348	0.4333	1.3040	1.5506	1.4774
制造业废水排放量	ZX14	0.4459	1.3939	1.0257	1.0560	1.0785
制造业固体废物产生量	ZX15	0.8920	0.9341	1.0676	1.0304	1.0759
制造业固体废物综合利用量	ZX16	0.7154	1.0023	1.0864	1.0656	1.1303

(2) 灰色绝对关联度。灰色关联度是灰色理论的重要组成部分，其基本思想是根据序列曲线几何形状来判断不同序列之间的联系紧密程度，自邓聚龙提出灰色关联分析模型以来，梅振国又提出了灰色绝对关联度，弥补了邓氏关联度需要确定分辨系数的不足。灰色绝对关联度是根据两时间序列在各时段变化态势的接近程度来判断两曲线的相似程度。通过灰色建模软件得出结果见表 8-5。

表 8-5 灰色绝对关联数据统计

指标名称	代码	ZY1	ZY2	ZY3	ZY4	ZY5
资产总计	ZX1	0.9696	0.9626	0.8857	0.9362	0.9291
流动资产合计	ZX2	0.9924	0.9852	0.9045	0.9575	0.9092
负债合计	ZX3	0.9816	0.9745	0.8956	0.9474	0.9184
所有者权益合计	ZX4	0.8255	0.8207	0.7673	0.8024	0.9038
主营业务成本	ZX5	0.9947	0.9874	0.9063	0.9596	0.9073
平均用工人数（万人）	ZX6	0.7657	0.7697	0.8235	0.786	0.7142
研发经费支出（万元）	ZX7	0.9646	0.9758	0.8816	0.9317	0.9336
研发人员折合全时当量合计	ZX8	0.7303	0.7337	0.7803	0.7479	0.6856
新产品产值（万元）	ZX9	0.917	0.9232	0.9925	0.9488	0.8361
综合能源消费量（万吨标煤）	ZX10	0.9385	0.9321	0.8602	0.9074	0.9594
电力消耗（亿千瓦时）	ZX11	0.6778	0.6804	0.7164	0.6913	0.6433
废气排放量（亿标立方米）	ZX12	0.8762	0.8819	0.9581	0.905	0.8032
二氧化硫排放量（吨）	ZX13	0.707	0.7039	0.67	0.6923	0.7568
废水排放量（万吨）	ZX14	0.7596	0.7557	0.7132	0.7411	0.8221
固体废物产生量	ZX15	0.8091	0.8137	0.8763	0.8327	0.7491
固体废物综合利用量	ZX16	0.947	0.9404	0.8671	0.9152	0.9508

（3）灰色相对关联度。灰色绝对关联度ε_{1i}主要反映向量X_1和X_i的几何相似度，其数值不因空间位置而改变。灰色相对关联度表征了序列X_0和X_i相对于始点的变化速率之间的关系，X_0与X_i的变化速率越接近，γ_{0i}越大，反之，γ_{0i}越小。通过灰色建模软件得出结果见表 8-6。

表 8-6 灰色相对关联数据统计

指标名称	代码	ZY1	ZY2	ZY3	ZY4	ZY5
制造业资产总计	ZX1	0.9771	0.9720	0.9105	0.9498	0.9493
制造业流动资产合计	ZX2	0.9936	0.9883	0.9247	0.9653	0.9343
制造业负债合计	ZX3	0.9860	0.9808	0.9182	0.9582	0.9411
制造业所有者权益合计	ZX4	0.8678	0.8638	0.8164	0.8467	0.9289
制造业主营业务成本	ZX5	0.9960	0.9906	0.9268	0.9676	0.9322
制造业平均用工人数	ZX6	0.7972	0.8005	0.8455	0.8153	0.7549

续表

指标名称	代码	ZY1	ZY2	ZY3	ZY4	ZY5
制造业研发经费支出	ZX7	0.9765	0.9713	0.9100	0.9492	0.9499
研发人员折合全时当量合计	ZX8	0.7684	0.7713	0.8119	0.7847	0.7301
制造业新产品产值	ZX9	0.9332	0.9380	0.9965	0.9595	0.8715
制造业综合能源消费量	ZX10	0.7937	0.7906	0.7527	0.7769	0.8426
制造业电力消耗	ZX11	0.7045	0.7067	0.7376	0.7169	0.6753
制造业废气排放量	ZX12	0.9764	0.9816	0.9515	0.9947	0.9085
制造业二氧化硫排放量	ZX13	0.5470	0.5465	0.5405	0.5443	0.5549
制造业废水排放量	ZX14	0.6109	0.6097	0.5954	0.6045	0.6293
制造业固体废物产生量	ZX15	0.8765	0.8806	0.9376	0.8994	0.8229
制造业固体废物综合利用量	ZX16	0.8027	0.7994	0.7604	0.7853	0.8530

（4）灰色综合关联度分析。灰色综合关联度体现了折线的几何相似度，反映出X_0与X_i相对于始点的变化速率的接近程度，是较为全面地表征X_0与X_i序列之间联系是否紧密的一个数量指标。一般地，取$\theta=0.5$，如果对绝对量之间的关系较为看重，θ 可取大一些；如果对变化速率看得较重，θ 可取小一些。运用计算式（8-2），最终得出各指标与评价体系间的灰色综合关联度，计算结果见表 8-7。

$$\rho_{0i}=\theta\varepsilon_{0i}+(1-\theta)\gamma_{0i},\ \theta\varepsilon[0,\ 1] \tag{8-2}$$

表 8-7　灰色综合关联数据统计

指标名称	代码	ZY1	ZY2	ZY3	ZY4	ZY5	ZY6
制造业资产总计	ZX1	0.9734	0.9673	0.8981	0.943	0.9392	0.9442
制造业流动资产合计	ZX2	0.993	0.9867	0.9146	0.9614	0.9217	0.95548
制造业负债合计	ZX3	0.9838	0.9766	0.9069	0.9528	0.9297	0.94996
制造业所有者权益合计	ZX4	0.8466	0.8422	0.7919	0.8245	0.9164	0.84432
制造业主营业务成本	ZX5	0.9954	0.989	0.9166	0.9636	0.9197	0.95686
制造业平均用工人数	ZX6	0.7815	0.7851	0.8345	0.8007	0.7345	0.78726
制造业研发经费支出	ZX7	0.9706	0.9646	0.8958	0.9404	0.9418	0.94264
研发人员折合全时当量合计	ZX8	0.7493	0.7525	0.7961	0.7663	0.7078	0.7544
制造业新产品产值	ZX9	0.9251	0.9306	0.9945	0.9542	0.8538	0.93164

续表

指标名称	代码	ZY1	ZY2	ZY3	ZY4	ZY5	ZY6
制造业综合能源消费量	ZX10	0.8661	0.8613	0.8065	0.8422	0.901	0.85542
制造业电力消耗	ZX11	0.6911	0.6936	0.727	0.7041	0.6953	0.70222
制造业废气排放量	ZX12	0.9263	0.9318	0.9548	0.9498	0.8559	0.92372
制造业二氧化硫排放量	ZX13	0.627	0.6252	0.6052	0.6138	0.6558	0.6254
制造业废水排放量	ZX14	0.6852	0.6827	0.6543	0.6728	0.7257	0.68414
制造业固体废物产生量	ZX15	0.8428	0.8472	0.907	0.8661	0.786	0.84982
制造业固体废物综合利用量	ZX16	0.8748	0.8699	0.8138	0.8503	0.9019	0.86214

通过灰色综合关联度分析，得出各个指标与河南省制造业高质量发展评价体系之间的关联度大小，如图 8-1 所示。

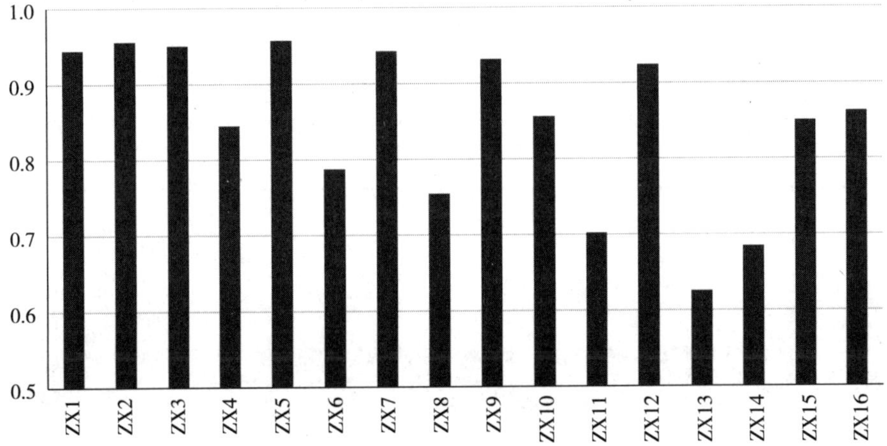

图 8-1　各指标综合关联度大小

1）依据图 8-1，发现 16 个指标中大部分指标与评价体系的关联度都在 0.7 以上，说明创新驱动视角下河南省制造业高质量发展的初级评价指标体系相互间关联密切，选取指标合理。

2）制造业资产总计（ZX1）、制造业流动资产合计（ZX2）、制造业负债合计（ZX3）、制造业主营业务成本（ZX5）、制造业研发经费支出（ZX7）、新产品产值（ZX9）和废气排放量（ZX12）7 个指标与评价体系的关联度均在 0.9 以上，这 7 个指标与创新驱动视角下河南省制造业高质量发展初级评价体系的关系十分密切，应给予高度关注。

3）制造业二氧化硫排放量（ZX13）和废水排放量（ZX14）两个指标与整体评价体系关联度低于 0.7，在最终构建的指标评价体系中应该删除该指标。

创新驱动视角下河南省制造业高质量发展指标评价体系如表 8-8 所示。

表 8-8　创新驱动视角下河南省制造业高质量发展指标体系

指标	代码	指标	代码
制造业销售产值（当年价格）	ZY1	制造业平均用工人数（万人）	ZX6
制造业主营业务收入	ZY2	制造业研发经费支出	ZX7
制造业利润总额	ZY3	研发人员折合全时当量合计	ZX8
制造业新产品销售收入	ZY4	制造业新产品产值	ZX9
制造业专利申请数（项）	ZY5	制造业综合能源消费量（万吨标煤）	ZX10
制造业资产总计	ZX1	制造业电力消耗（亿千瓦时）	ZX11
制造业流动资产合计	ZX2	制造业废气排放量（亿标立方米）	ZX12
制造业负债合计	ZX3	制造业固体废物产生量	ZX13
制造业所有者权益合计	ZX4	制造业固体废物综合利用量	ZX14
制造业主营业务成本	ZX5		

8.3 河南省制造业高质量发展突破口选择

8.3.1 评价系统设计与数据来源

将中国制造业分为八个区域，将各区域内代表省份的数据放入河南省制造业高质量发展评价体系中进行灰色优势分析，其目的在于寻找河南省制造业高质量发展的战略突破口，中国制造业八个区域分布见表 8-9。各省数据均值像见表 8-10 和表 8-11。

表 8-9 2018 年中国制造业八个区域分布

东部	环渤海、泛珠三角、长三角、海西经济区	北京、广东、上海、福建	天津、江苏	河北、浙江	山东		
东北	东北	辽宁	吉林	黑龙江			
中部	中部	山西	安徽	江西	河南	湖北	湖南
西部	西南	重庆	广西	四川	贵州	云南	
	西北	陕西	甘肃	青海	宁夏	新疆	内蒙古

通过对我国制造业八个区域进行研究，选取北京、广东和上海三个省份分别代表其所在的环渤海、泛珠三角和长三角三个区域；选取黑龙江代表东北地区；由于河南属于中部六省之一，所以在对中部地区制造业的研究中，选取安徽、江西、河南和湖南四省反映中部地区制造业发展情况；在西部选取重庆和陕西作为西南和西北两个地区的代表省份。统计上述 10 个省 2016 年和 2015 年的指标数据，十省数据均值像见表 8-10 和表 8-11。

表 8-10 2016 年十省数据均值像

代码	区域									
	北京	广东	上海	黑龙江	安徽	江西	河南	湖南	重庆	陕西
ZY1	0. 334	3. 102	0. 757	0. 220	1. 005	0. 804	1. 865	0. 938	0. 563	0. 412
ZY2	0. 663	2. 952	1. 167	0. 262	0. 854	0. 628	1. 638	0. 691	0. 547	0. 599
ZY3	0. 725	3. 398	1. 318	0. 249	0. 832	0. 497	1. 396	0. 602	0. 498	0. 484
ZY4	0. 673	3. 183	1. 121	0. 297	0. 873	0. 556	1. 376	0. 652	0. 631	0. 638
ZY5	0. 657	2. 682	1. 213	0. 225	0. 831	0. 711	1. 931	0. 742	0. 452	0. 556
ZX1	0. 374	3. 042	0. 828	0. 219	0. 976	0. 855	1. 835	0. 918	0. 555	0. 397
ZX2	0. 352	3. 028	0. 778	0. 220	1. 001	0. 888	1. 897	0. 890	0. 557	0. 389
ZX3	0. 419	2. 927	1. 090	0. 151	0. 803	0. 903	1. 989	0. 727	0. 602	0. 387
ZX4	0. 258	3. 945	0. 595	0. 188	0. 819	0. 700	1. 803	0. 844	0. 494	0. 354
ZX5	0. 615	4. 120	1. 220	0. 178	0. 480	0. 448	0. 959	0. 962	0. 584	0. 434
ZX6	0. 457	4. 020	0. 936	0. 203	0. 890	0. 442	1. 204	0. 801	0. 444	0. 604
ZX7	0. 591	4. 159	1. 124	0. 072	0. 557	0. 454	0. 924	1. 213	0. 681	0. 225
ZX8	0. 587	4. 124	1. 299	0. 072	0. 548	0. 451	0. 874	1. 158	0. 709	0. 178
ZX9	0. 588	4. 673	0. 778	0. 122	1. 554	0. 404	0. 513	0. 570	0. 563	0. 235

续表

代码	区域									
	北京	广东	上海	黑龙江	安徽	江西	河南	湖南	重庆	陕西
ZX10	0. 200	2. 616	0. 957	0. 818	0. 335	0. 890	2. 357	0. 585	0. 470	0. 773
ZX11	0. 199	3. 230	0. 900	0. 204	0. 970	0. 627	2. 045	0. 630	0. 567	0. 627
ZX12	0. 127	2. 183	0. 827	0. 189	0. 392	0. 787	1. 277	1. 189	0. 662	2. 367
ZX13	0. 126	1. 829	0. 636	0. 298	1. 133	0. 881	1. 784	1. 187	0. 410	1. 715
ZX14	0. 136	1. 992	0. 758	0. 298	1. 211	0. 941	1. 604	1. 111	0. 307	1. 642

表 8-11　2015 年十省数据均值像

代码	区域									
	北京	广东	上海	黑龙江	安徽	江西	河南	湖南	重庆	陕西
ZY1	0. 345	3. 118	0. 824	0. 244	0. 983	0. 788	1. 832	0. 926	0. 539	0. 401
ZY2	0. 636	2. 919	1. 200	0. 311	0. 863	0. 601	1. 648	0. 701	0. 523	0. 599
ZY3	0. 713	3. 355	1. 337	0. 295	0. 819	0. 480	1. 428	0. 619	0. 478	0. 476
ZY4	0. 641	3. 180	1. 130	0. 352	0. 883	0. 546	1. 360	0. 659	0. 610	0. 640
ZY5	0. 635	2. 623	1. 286	0. 266	0. 831	0. 664	1. 950	0. 757	0. 427	0. 562
ZX1	0. 381	3. 038	0. 895	0. 244	0. 971	0. 843	1. 806	0. 895	0. 533	0. 394
ZX2	0. 358	3. 031	0. 851	0. 245	0. 992	0. 880	1. 861	0. 862	0. 533	0. 387
ZX3	0. 411	2. 988	1. 124	0. 157	0. 807	0. 852	2. 025	0. 717	0. 574	0. 344
ZX4	0. 271	3. 991	0. 642	0. 205	0. 818	0. 672	1. 751	0. 828	0. 475	0. 349
ZX5	0. 651	4. 115	1. 305	0. 189	0. 461	0. 406	0. 934	0. 957	0. 544	0. 438
ZX6	0. 504	4. 282	0. 990	0. 228	0. 946	0. 334	1. 235	0. 853	0. 005	0. 623
ZX7	0. 620	3. 870	1. 243	0. 090	0. 527	0. 364	0. 992	1. 313	0. 785	0. 197
ZX8	0. 615	3. 912	1. 291	0. 088	0. 528	0. 356	0. 995	1. 263	0. 774	0. 179
ZX9	0. 711	4. 144	0. 849	0. 131	1. 728	0. 335	0. 581	0. 689	0. 575	0. 258
ZX10	0. 230	2. 822	1. 037	0. 591	0. 341	0. 938	2. 132	0. 594	0. 526	0. 788
ZX11	0. 198	3. 157	0. 916	0. 275	0. 953	0. 624	2. 027	0. 780	0. 592	0. 478
ZX12	0. 186	1. 185	0. 567	0. 159	0. 292	0. 590	1. 071	0. 558	0. 341	5. 050
ZX13	0. 141	1. 688	0. 650	0. 301	1. 027	0. 804	1. 875	1. 364	0. 447	1. 702
ZX14	0. 149	1. 948	0. 793	0. 373	1. 174	0. 968	1. 628	1. 137	0. 417	1. 412

8.3.2 计算与分析

（1）2016年数据分析。先对2016年数据进行优势分析，其目的在于找到2016年制造业高质量发展的优势指标，进而找出河南省制造业高质量发展的突破口。灰色综合关联度计算结果数据见表8-12。

表8-12 2016年十省数据灰色综合关联度

指标名称	代码	ZY1	ZY2	ZY3	ZY4	ZY5
制造业资产总计	ZX1	0.7065	0.7265	0.7523	0.8811	0.8837
制造业流动资产合计	ZX2	0.6732	0.6895	0.7106	0.8159	0.8181
制造业负债合计	ZX3	0.6992	0.7183	0.7432	0.8668	0.8693
制造业所有者权益合计	ZX4	0.7114	0.7319	0.7584	0.8906	0.8933
制造业主营业务成本	ZX5	0.9763	0.9711	0.9182	0.7781	0.7762
制造业平均用工人数	ZX6	0.9001	0.862	0.8242	0.7209	0.7194
制造业研发经费支出	ZX7	0.7409	0.7646	0.7954	0.9489	0.9521
制造业研发人员折合全时当量	ZX8	0.8561	0.8942	0.9437	0.8674	0.8649
制造业新产品产值	ZX9	0.7627	0.7888	0.8228	0.9921	0.9956
制造业综合能源消费量	ZX10	0.8461	0.8152	0.7842	0.6972	0.6959
制造业电力消耗	ZX11	0.6696	0.6608	0.6506	0.6151	0.6143
制造业废气排放量	ZX12	0.8036	0.7795	0.7546	0.6816	0.6804
制造业固体废物产生量	ZX13	0.7909	0.7678	0.744	0.6741	0.673
制造业固体废物综合利用量	ZX14	0.7988	0.7746	0.7498	0.6775	0.6764

计算关联序矩阵 R_1

$$R_1 = \begin{bmatrix} 0.7065 & 0.6732 & 0.6992 & 0.7114 & 0.9763 & 0.9001 & 0.7409 \\ 0.7265 & 0.6895 & 0.7183 & 0.7319 & 0.9711 & 0.862 & 0.7646 \\ 0.7523 & 0.7106 & 0.7432 & 0.7584 & 0.9182 & 0.8242 & 0.7954 \\ 0.8811 & 0.8159 & 0.8668 & 0.8906 & 0.7781 & 0.7209 & 0.9489 \\ 0.8837 & 0.8181 & 0.8693 & 0.8933 & 0.7762 & 0.7194 & 0.9521 \end{bmatrix}$$

$$\left.\begin{matrix}
0.8561 & 0.7627 & 0.8461 & 0.6696 & 0.8036 & 0.7909 & 0.7988 \\
0.8942 & 0.7888 & 0.8152 & 0.6608 & 0.7795 & 0.7678 & 0.7746 \\
0.9437 & 0.8228 & 0.7842 & 0.6506 & 0.7546 & 0.7440 & 0.7498 \\
0.8674 & 0.9921 & 0.6972 & 0.6151 & 0.6816 & 0.6741 & 0.6775 \\
0.8649 & 0.9956 & 0.6959 & 0.6143 & 0.6804 & 0.6730 & 0.6764
\end{matrix}\right]$$

通过对关联序列矩阵进行纵向累加，得出 2016 年制造业高质量发展各指标的优势值，如表 8-13 所示。

表 8-13　纵向累加统计表

指标名称	代码	大小	指标名称	代码	大小
制造业资产总计	ZX1	3.9501	制造业研发人员折合全时当量	ZX8	4.4263
制造业流动资产合计	ZX2	3.7073	制造业新产品产值	ZX9	4.362
制造业负债合计	ZX3	3.8968	制造业综合能源消费量	ZX10	3.8386
制造业所有者权益合计	ZX4	3.9856	制造业电力消耗	ZX11	3.2104
制造业主营业务成本	ZX5	4.4199	制造业废气排放量	ZX12	3.6997
制造业平均用工人数	ZX6	4.0266	制造业固体废物产生量	ZX13	3.6498
制造业研发经费支出	ZX7	4.2019	制造业固体废物综合利用量	ZX14	3.6771

为了更直观地了解各指标的大小，将表 8-13 绘制成柱状图，如图 8-2 所示。

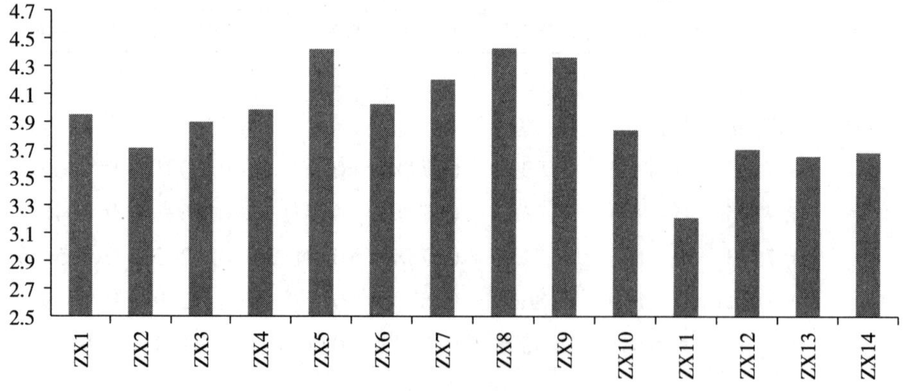

图 8-2　2016 年数据纵向累加分布

1）综上可以看出：$e_{i8}>e_{i5}>e_{i9}>e_{i7}>e_{i6}>e_{i4}>e_{i1}>e_{i3}>e_{i10}>e_{i2}>e_{i12}>e_{i14}>e_{i13}>e_{i11}$。

2）进一步可以得出：ZX8>ZX5>ZX9>ZX7>ZX6>ZX4>ZX1>ZX3>ZX10>ZX2>ZX12>ZX14>ZX13>ZX11。

3）研究发现，河南省制造业高质量发展指标中制造业研发人员的全时当量 ZX8 最优，近年来我国研发人员投入增长十分明显。ZX5 主营业务成本次之，供给侧改革是制造业高质量发展的必经之路，而降成本便是主要任务之一，现阶段河南省制造业乃至中国整体制造业普遍存在高成本问题，这对新时期河南省制造业是一个巨大挑战，企业成本不降，高质量发展便很难实现。之后是 ZX9、ZX7、ZX11，即制造业电力消耗对河南省制造业高质量发展的优势贡献相对较小。

（2）2015 年数据分析。为提高河南省制造业高质量发展突破口选择的可靠性，下面对 2015 年数据进行优势分析，其目的在于找到制造业高质量发展的优势指标，进而找出河南省制造业高质量发展的突破口。灰色综合关联度计算数据见表 8-14。

表 8-14　2015 年灰色综合关联度数据表

指标名称	代码	ZY1	ZY2	ZY3	ZY4	ZY5
制造业资产总计	ZX1	0.7286	0.7490	0.7667	0.9482	0.9118
制造业流动资产合计	ZX2	0.6847	0.7006	0.7145	0.8565	0.9824
制造业负债合计	ZX3	0.7239	0.7438	0.7611	0.9383	0.9210
制造业所有者权益合计	ZX4	0.7305	0.7510	0.7689	0.9519	0.9085
制造业主营业务成本	ZX5	0.9822	0.9700	0.9357	0.7619	0.6972
制造业平均用工人数	ZX6	0.9044	0.8690	0.8439	0.7122	0.6612
制造业研发经费支出	ZX7	0.7234	0.7432	0.7604	0.9365	0.9227
制造业研发人员折合全时当量	ZX8	0.8237	0.8544	0.8812	0.8851	0.7866
制造业新产品产值	ZX9	0.7505	0.7730	0.7925	0.9929	0.8748
制造业综合能源消费量	ZX10	0.8703	0.8392	0.8170	0.6984	0.6514
制造业电力消耗	ZX11	0.6674	0.6593	0.6531	0.6087	0.5861
制造业废气排放量	ZX12	0.8766	0.8664	0.8611	0.7407	0.6846
制造业固体废物产生量	ZX13	0.7985	0.7764	0.7604	0.6692	0.6306
制造业固体废物综合利用量	ZX14	0.8010	0.7783	0.762	0.6696	0.6308

$$R_2=\begin{bmatrix}0.7286 & 0.6847 & 0.7239 & 0.7305 & 0.9822 & 0.9044 & 0.7234 & 0.8237 & 0.7505 & 0.8703 & 0.6674 & 0.8766 & 0.7985 & 0.8010\\ 0.7490 & 0.7006 & 0.7438 & 0.7510 & 0.9700 & 0.8690 & 0.7432 & 0.8544 & 0.773 & 0.8392 & 0.6593 & 0.8664 & 0.7764 & 0.7783\\ 0.7667 & 0.7145 & 0.7611 & 0.7689 & 0.9357 & 0.8439 & 0.7604 & 0.8812 & 0.7925 & 0.8170 & 0.6531 & 0.8611 & 0.7604 & 0.7620\\ 0.9482 & 0.8565 & 0.9383 & 0.9519 & 0.7619 & 0.7122 & 0.9365 & 0.8851 & 0.9929 & 0.6984 & 0.6087 & 0.7407 & 0.6692 & 0.6696\\ 0.9118 & 0.9824 & 0.921 & 0.9085 & 0.6972 & 0.6612 & 0.9227 & 0.7866 & 0.8748 & 0.6514 & 0.5861 & 0.6846 & 0.6306 & 0.6308\end{bmatrix}$$

通过对关联序列矩阵进行纵向累加，得出 2015 年制造业高质量发展各指标的优势值，如表 8-15 所示。

表 8-15 纵向累加统计

指标名称	代码	大小	指标名称	代码	大小
制造业资产总计	ZX1	4.1043	制造业研发人员折合全时当量	ZX8	4.231
制造业流动资产合计	ZX2	3.9387	制造业新产品产值	ZX9	4.1837
制造业负债合计	ZX3	4.0881	制造业综合能源消费量	ZX10	3.8763
制造业所有者权益合计	ZX4	4.1108	制造业电力消耗	ZX11	3.1746
制造业主营业务成本	ZX5	4.347	制造业废气排放量	ZX12	4.0294
制造业平均用工人数	ZX6	3.9907	制造业固体废物产生量	ZX13	3.6351
制造业研发经费支出	ZX7	4.0862	制造业固体废物综合利用量	ZX14	3.6417

为了更加直观地了解各指标的大小，将表 8-15 绘制成柱状图，如图 8-3 所示。

1）图 8-3 可以得出：$e_{i5}>e_{i8}>e_{i9}>e_{i4}>e_{i1}>e_{i3}>e_{i7}>e_{i12}>e_{i6}>e_{i2}>e_{i10}>e_{i14}>e_{i13}>e_{i11}$。

2）进一步可以得出：ZX5>ZX8>ZX9>ZX4>ZX1>ZX3>ZX7>ZX12>ZX6>ZX2>ZX10>ZX14>ZX13>ZX11。

3）研究发现河南省制造业的高质量发展指标体系中 ZX5 主营业务成本最优，辛国斌提出中国制造业高质量发展应该将供给侧结构改革作为突破点，而降成本便是其主要任务之一，即制造业研发人员的全时当量 ZX8 次之，进入

21 世纪以来，制造业研发人员的投入一直被列为各省创新驱动发展战略的重要手段，高水平的技术人员是制造业高质量发展的内在动力，人才兴则科技兴，科技兴则国家兴。之后是 ZX9、ZX4、ZX11，即制造业电力消耗对河南省制造业高质量发展的优势贡献相对较小。

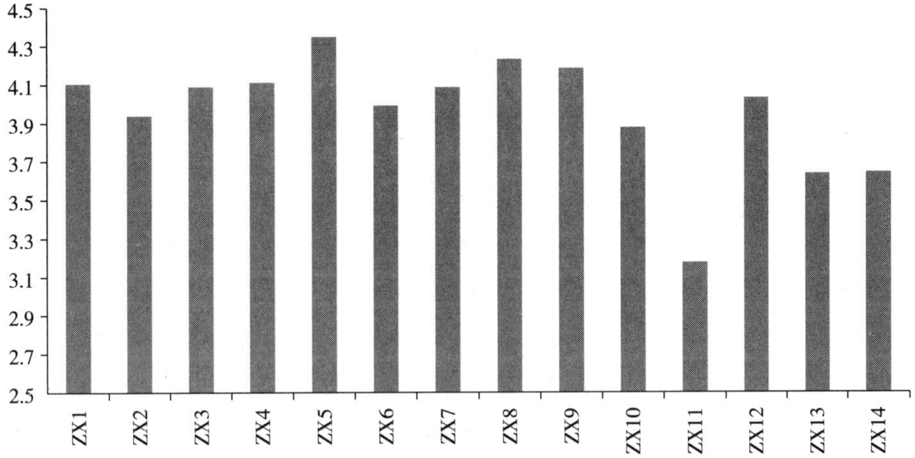

图 8-3　2015 年数据纵向累加分布

8.3.3　结论

将 2016 年和 2015 年优势分析结果进行整合，得到图 8-4。

2016 年：$e_{i8}>e_{i5}>e_{i9}>e_{i7}>e_{i6}>e_{i4}>e_{i1}>e_{i13}>e_{i10}>e_{i2}>e_{i12}>e_{i14}>e_{i13}>e_{i11}$。

2015 年：$e_{i5}>e_{i8}>e_{i9}>e_{i4}>e_{i1}>e_{i3}>e_{i7}>e_{i12}>e_{i6}>e_{i2}>e_{i10}>e_{i14}>e_{i13}>e_{i11}$。

（1）研究发现 2016 年和 2015 年的优势分析结果虽有偏差，但整体趋势大致相同，上下浮动相对较小，可以通过两年的数据来找出河南省制造业高质量发展的突破口。

（2）将 2016 年和 2015 年的优势分析结果从大到小依次分为四个类别。

2016 年：$\{e_{i8}>e_{i5}>e_{i9}\}>\{e_{i7}>e_{i6}>e_{i4}>e_{i1}>e_{i3}\}>\{e_{i10}>e_{i2}>e_{i12}\}>\{e_{i14}>e_{i13}>e_{i11}\}$

2015 年：$\{e_{i5}>e_{i8}>e_{i9}\}>\{e_{i4}>e_{i1}>e_{i3}>e_{i7}>e_{i12}\}>\{e_{i6}>e_{i2}>e_{i10}\}>\{e_{i14}>e_{i13}>e_{i11}\}$

（3）通过四个类别划分，得出表 8-16。

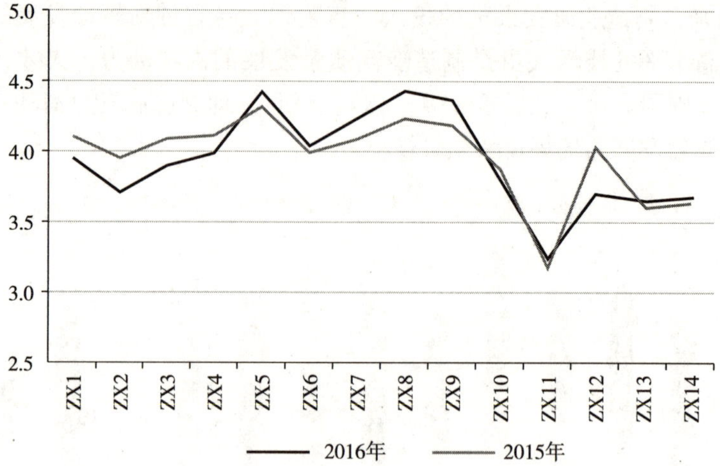

图 8-4 优势分析整合

表 8-16 河南省制造业高质量发展重点分类

分类	代码	指标
第一类	ZX8	制造业研发人员折合全时当量合计
	ZX5	制造业主营业务成本
	ZX9	制造业新产品产值
第二类	ZX7	制造业研发经费支出
	ZX6	制造业平均用工人数
	ZX4	制造业所有者权益合计
	ZX1	制造业资产总计
	ZX3	制造业负债合计
第三类	ZX10	制造业综合能源消费量
	ZX2	制造业流动资产合计
	ZX12	废气排放量
第四类	ZX14	制造业电力消耗
	ZX13	制造业固体废物产生量
	ZX11	制造业固体废物综合利用量

（4）四类重点指标的折线图如图 8-5 所示。

（5）研究发现创新驱动视角下河南省制造业高质量发展的突破口应该将重点放在第一类上面，即研发人员折合全时当量合计、主营业务成本和新产品产值三个指标，即加强制造业企业的创新能力，努力实施创新驱动发展战略。对第二类中的制造业平均用工人数、制造业负债合计、制造业研发经费支出、制造业资产总计和制造业所有者权益合计五项指标给予足够的重视，降低制造业成本，努力推动制造业供给侧结构改革。

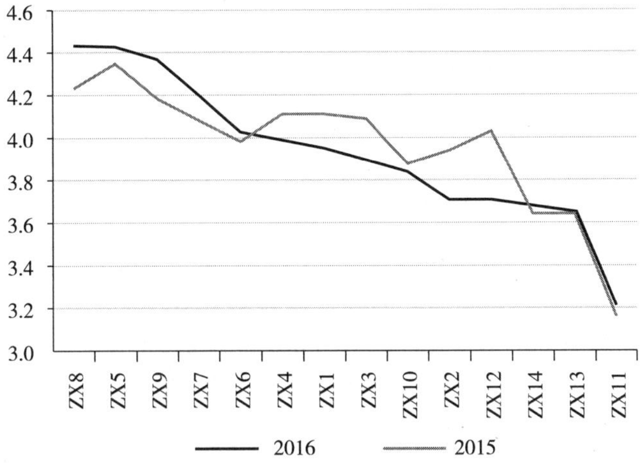

图 8-5　四类重点指标折线图

8.4　河南省制造业高质量发展建议

8.4.1　河南省制造业创新驱动发展建议

（1）政府层面。

1）优化创新投资环境。经济环境为企业的创新投资提供了有效保障，社会经济发展水平的提高会显著影响企业的创新驱动发展水平。目前大多数破坏性创新来自西方发达经济体，而大多数发展中国家只能选择模仿创新。目前我国的科技创新集中于北上广高新技术园区，良好的经济环境吸引了大量科技型人才，这将直接促进当地企业的创新战略选择。若经济发展缓慢，大量科技型人才流失，资金也将流向高效率部门，从长远来看，将会产生恶性循环。目前河南省政府大力发展河南省经济，航空港自由贸易区将直接带动整个河南省经济发展，但是其经济发展水平与一线城市相比仍有待进一步提高。政府部门要积极发展河南省经济，优化制造业企业的创新环境，加大发展力度，这样才更有利于企业开展自主创新。

2）积极实施创新政策。企业创新投入受到资金约束，创新发展的高投入使很多企业望而却步，对于企业而言自主创新需要更大成本，且风险极大。企业自主创新动力不足是大多数企业缺乏核心竞争力的主要原因。河南省制造业虽然近年自主创新水平不断提高，但依然远远落后于东部省份。在未来一段时期，河南省制造业要想取得突破性进展，就要不断提升自身竞争力，积极开展自主创新。然而制造业企业面临严重的融资约束。这就需要政府积极引导企业进行创新投资模式选择和对创新型企业进行创新补贴，并对创新成果实施奖励。强调自主创新的重要性并不是要忽视制造企业的模仿创新，模仿创新对制造企业也很重要，政府要积极引导制造企业做好两种创新投资模式的权衡，助力河南省制造业高质量发展。

3）加强高校创新型人才培养。纵观全球发展，美国与德国相继成为了制造强国，技术创新和人才创新在这一过程中发挥了重要作用，19 世纪末 20 世纪初，美国高校将学生教育和企业联系在一起，更加注重创新型人才的培养。我国创新型人员主要来源于高校的人才培养，高校每年为我国制造业提供了大量科技人员，高校人才培养是我国创新驱动发展战略的人才储备地。但应试教育显然不适合对创新性人才的培养，学校在开设课程和实践操作等多方面都受到制约，校内学生大部分停留在理论学习上，学习内容和企业需求脱节，需要政府加大教育资金投入力度，加强高校与企业间的交流合作。

（2）企业层面。

1）合理选聘创新型人才。当代创新型人才需要拥有创新意识和创新能力，在工作中表现出活跃的思维和对事物的好奇心，勇于挑战，具有冒险精神，为企业在竞争环境中开辟新路。面对当前中国制造业激烈的竞争环境，河南省制造业企业应加快完善本企业的人才制度来推动创新驱动发展战略的顺利进行。为此，企业应进一步完善自身的信息管理系统，不断收集本行业国内外最新技术创新成果，此外，企业应加强内部沟通，为创新活动完善人才制度、留住人才和合理利用人才。同时企业部门要加大对核心员工技术能力的培养，积极组织员工培训，提升其技术能力。

2）加强员工内部交流学习。当前制造业竞争十分激烈，河南省制造业发展也面临着变革和挑战。科技进步日新月异，每种创新都会加剧企业间的竞争程度，在这种大环境下，企业不创新就面临淘汰。创新发展需要员工共同努力，所以企业要加强员工之间的交流，积累经验，努力营造工作中学习、学习中进步、进步中创新的局面。

3）建立良好的创新氛围。作为创新发展的基础，企业创新主要来源于研发人员。在企业内部建立良好的创新氛围，让研发人员切身感受到企业的文化，将自身融入企业。一方面鼓励研发人员大胆创新，不怕困难，迎难而上，构建一支极具创新能力和凝聚力的研发团队，为企业今后发展打下坚实的基础。另一方面强化研发人员的学习能力，开办课程培训，邀请行业专家进行授课，还可以与高校合作交流，联合培养人才，为今后企业长远发展做打算。

4）敢于投入市场竞争。竞争可以最大程度地激发经济活力，企业要积极投入竞争。市场的新需求往往会引发激烈的市场竞争，而新的市场竞争又是技术变革的重要途径。相较于发达地区的竞争激烈程度而言，河南省企业所面临的环境较为缓和，企业的竞争压力相对较小。随着河南省经济的不断发展，新的投资者会把目光移到这里，到那时竞争环境会和现在大不相同，如果企业不能及时转变发展模式，拘于较为保守的创新方式，最终会被市场竞争机制淘汰。所以河南省制造业企业要有自主创新意识和忧患意识，只有积极投身激烈的市场竞争，加大自主创新能力的培养，才能在竞争浪潮中站稳脚跟。

5）增加企业新产品产值。企业新产品产值代表着创新产出，企业在创新驱动发展战略下采用新技术原理、新设计构思，从而研制、生产全新产品，或在结构、材质、工艺等某一方面比原有产品有明显改进，从而显著提高产品性能或扩大使用功能的产品。制造业作为实体经济的主体，要充分发挥省级“科技大市场”功能，引导创新要素向企业聚集，科技成果转化率稳步攀升，自主科技成果快速增长。新产品产值的稳步提升，意味着河南省制造业在供给侧结构性改革道路上的步伐日益稳健。接下来，企业还将在自主创新环境、高新技术产业、科技服务水平、校企合作关系等层面强化推进，进一步加大新产品、新技术攻关力度，用科技创新来推动制造业的高质量发展。

8.4.2 应对河南省制造业发展高成本的对策

（1）降低劳动力成本。我国劳动力一直是制造业的重要生产要素之一，

2010年以前，中国劳动力成本偏低。2010年以后，我国廉价劳动力的时代便宣告结束。劳动力成本提升会增加行业成本，对行业竞争力和产品价格产生一定影响。但同时，劳动力成本会改变生产要素投入比例，增大资金、技术等生产要素的相对重要性，有利于产业结构优化升级和产品附加值提升；对提高劳动者收入水平和劳动者报酬在国民收入分配中的比重有积极作用，有利于促进消费增长。因此，一方面要充分认识到降低劳动力成本的合理性和积极意义，进一步采取措施改善劳动者社会保障和福利水平，切实维护劳动者权益，在提高劳动力市场资源配置效率的同时，让劳动者充分分享经济发展成果。另一方面也要加大教育和培训投入，提高劳动者技能和素质，增强农民工在城镇就业居住的稳定性，鼓励技术进步和产业升级，通过提高劳动生产率来减轻劳动力成本上升带来的负面影响。

提高劳动生产率，降低劳动力成本。我国制造业劳动力价格与发达国家相比具有很大的优势，但劳动生产率却具有极大的差距。从经济发展规律来看，不能长时间依靠单纯的劳动力价格优势。随着经济的发展，我国制造业劳动者的平均工资也将不断提高。因此，就要不断提高劳动生产率，提高劳动生产率是降低产品成本的重要途径。要提高劳动生产率，就必须采用新技术、新设备，并对员工进行必要的培训，提高企业职工的素质。提高劳动生产率的途径有很多，如改革生产工艺、改善劳动条件、改进操作规程、使用新的材料等，可以显著提高产量。

正确对待劳动力成本上升，维护劳动者权益。随着经济的快速增长，我国劳动力成本上升速度较快，但劳动者的报酬水平，特别是普通工人的薪酬水平还比较低，这同劳动生产率完全不成比例。低工资水平在给我国带来劳动力比较优势的同时，也带来了很多负面效应。因此，必须正视劳动力价格的现状，实现从粗放式劳动力价格优势向集约式技术优势的转变。同时要进一步健全劳动力市场，使劳动力价格形成机制更为合理。

提高劳动者素质，改善制造业低效率现状。劳动成本的比较优势是劳动资源成本和劳动资源效率二者的综合体现。将劳动力成本的比较优势变成竞争优势必须具备两个条件，即低劳动力成本要基于高素质的劳动力和高效的劳动生产率，这也是劳动密集型的产品向技术密集型产品升级的重要条件，其中劳动者的素质即人力资源的质量是关键。因此，在低廉劳动力价格和高素质劳动力之间寻求长期均衡，是制造企业必须谨慎思考的问题。

以高科技促进传统产业升级，提高国际竞争力。科学技术进步和创新已成为当今世界经济发展的主导力量，科学技术进步和技术创新所创造的生产力可以改变一国的要素积累和比较优势。以劳动成本或天然资源为优势的产业，往往资本和技术要求较低、进入门槛不高，当进入者骤增而加剧成本和价格竞争时，原有的优势就会削弱。同时，有些劳动密集型产业由于缺乏品牌创造能力、独特技术优势和知识产权，市场竞争能力不强，并且大大降低了经济效益。因此，在发挥现实比较优势的同时，必须加强劳动密集型传统产业的改造、提高和升级。

保证劳动力资源及制造产业的可持续发展。大多数制造企业的生产活动最终都是资本不断取代劳动的过程，劳动密集型生产方式终将为资本密集型和技术密集型生产方式所取代。我国虽具有相对丰富的廉价劳动力，但长期来看，不能成为可以依赖的优势。况且劳动力的廉价性，在很大程度上是挤压了劳动者的合理待遇。所谓低成本的竞争优势是不可持续的，也与社会主义经济发展的根本目的相违背。因此，必须及时转变发展模式，积极和国际接轨，培育核心竞争力。

（2）降低物流成本。影响我国制造业高成本的因素有很多，近年来专家学者对其原因进行研究分析，通过与以美国为首的发达国家制造业进行比较，发现中国制造业高成本的原因是物流成本太高。据统计，在中国制造业企业的总成本中，物流成本所占的比重在15%左右，而其他发达国家的物流成本仅占总成本的3%，所以，降低物流成本就显得十分重要。针对河南省制造业自身情况，相应提出降低物流成本的对策。

企业应该调整布局，仿照近年来国内其他大型制造业企业的布局调整，例如宝钢建设、首钢搬迁、沿海的石油化工企业建设等一系列规划调整，大大减少企业的物流成本。

取消高速公路中间的收费站，一律在高速公路进口和出口建立信息化计费系统，通过驶入和驶出的信息计算过路费，并通过信息系统在各个路段之间分配各个路段应得的过路费。这种信息系统可以减少收费设施，减少收费人员，大大降低收费成本。不仅如此，还可以大大提高公路的车辆通过速度，降低车辆油耗，特别是可以大大减少车辆缴费时发生的怠速尾气排放，改善环境质量。如果能够早日实现这项改革，过路费价格可以降低，公路养护费也可以大幅度降低，归还贷款的速度也可以加快，企业物流成本也相应降低。

9

河南省制造业高质量发展生产力布局研究

9.1 低碳经济背景下河南省制造业优势产业选择

气候变暖问题不断发酵，低碳经济（绿色经济）不可避免地被推向前所未有的高度，作为一种新的发展形式，低碳经济也成为烜赫一时的经济发展策略，日益受到世界各国的重视。低碳经济对区域产业选择有新的需求，作为国民经济发展支柱的制造业产业，采用的粗放式发展模式，对低碳发展模式产生阻力。实现低碳经济发展的必要条件就是实施制造业低碳创新，产业的快速增长、创新能力和关联效应可带动整体经济的健康快速增长。把低碳经济作为背景，构建优势产业评价指标体系，正确选择优势主导产业，本书丰富和发展了区域优势产业选择相关理论，为一个地区发展优势产业提供理论支持。

9.1.1 引言

改革开放以来，河南省经济发展尤为迅速，从传统的农业大省逐步发展成为全国重要的工业大省，并形成了庞大的工业体系。2017 年，河南省全年的生产总值排名全国第 5 位，其中，全年全省工业增加值 18807.16 亿元，同比 2016 年增长 7.4%。另外，规模以上工业增加值增长了 8.0%，制造业增长 8.5%；利润总额为 5272.37 亿元，相比 2016 年增长 8.5%，制造业利润总额达 5059.34 亿元，增长 9.1%，占整个工业利润总额的 95.96%。河南省工业发展是以制造业发展为主导的，制造业发展对河南经济发展有显著的推动作用。

根据 G20 峰会形成的共识，人类开始进入低碳经济时代，多个国家及组织提出低碳经济时代的战略规划。2011 年以来，我国已成为世界上最大的工业国，许多污染物排放总量居世界前列，土壤、地下水和空气污染比较严重。据统计，我国的土壤污染超标率为 16.1%，地下水观测点中 60%的水质较差，约有 75%地级以上城市的空气污染是属于超标状态。三大产业中，制造业的能耗和污染物排放量最大，这意味着制造业特别是传统制造业面临巨大的低碳压力，但这并不代表低碳经济要求完全放弃制造业工业。特别是在人口众多、处于发展阶段的河南省，未来制造业仍将是其经济结构的主体，因此，河南省的制造业主导产业需要有新的选择。这些新兴主导产业不仅要符合传统主导产业的选择标准，包括技术含量更高、经济效益更好、市场潜力更大、产业驱动力更强、区域竞争力更强等，而且要适应低能耗、低污染、低排放，即低碳经济的发展要求。河南省制造业产业增长仍然存在着各种各样的问题，如资源环境、技术等条件的限制，要想把河南省由制造大省变为制造强省，任务依然艰巨，同时，相比传统产业的技术创新，低碳技术创新面临现有“技术锁定”的风险（樊步青、王莉静，2016），必须找出河南省的优势产业，合理配置资源，提高效率。

（1）优势产业含义。基于产业功能，产业类型划分为优势产业、主导产业、基础产业和支柱产业（侯璐璐、张燕华，2015）。早期优势产业理论包括比较优势理论、绝对优势理论和要素禀赋理论（赵育琴，2014）。之后学者不断研究优势产业，对优势产业的定义各有不同。宋德勇、李金滟（2006）基于优势是外生还是内生将优势产业分为两类，一类是由于先天性自有条件而产生的优势，例如丰富的资源禀赋。另一类是在不存在外生优势的情况下，通过合理分工，提高产业专业化水平，发挥优势。訾永胜（2019）认为优势产业的界定应该从比较优势、竞争优势和资源禀赋三个方面来考虑，这是多种优势综合作用的结果。白小明认为优势产业是指能够在一个区域内发挥其具有的各种优势，立足于市场，专业化程度高，能够合理配置和利用各种资源的产业部门（白小明，2010）。本书认为优势产业能够满足社会的需求，投入的资本和劳动力较多，具有较大的生产规模和较好的效益，能够在某一地区内以一定的优势优于其他产业。

（2）指标构建。赵军、蔡翔（2007）选择多个指标来评价优势产业，包括区位熵、市场占有率、工业利润率、需求收入弹性指数、技术要求相对密度、就业吸收率、产值利税率、工业劳动生产率指数等。贾琳（2009）认为评价优势产业的指标包括区位熵、市场占有率、需求收入弹性、规模效应系数、劳动生产率、资产利税率、产业贡献率、产业增长率、比较利税率和劳动力吸纳率。郭永花（2012）用五个指标评价优势产业，包括规模效益、区位熵、比较劳动生产率、产值占有率和就业吸纳率。孙硕、唐铜生（2012）选取成本费用利润率、产品销售收入、总利润、企业亏损率、工业总产值等指标来评价优势产业。赵亮（2013）用总产值区位熵、总资产贡献率、全员劳动生产率、从业人员、工业增加值、主营业务收入、新产品产值等指标来评价优势产业。向平安、姚瑶（2016）用市场占有率、产业专业化系数、区位熵、需求收入弹性、劳动密集度、资产利税率和产值利润率来评价特色优势产业。张祎蓉、向平安（2018）选用产业专业化系数、资产利税率、市场占有率、产值利润率、产值利税率和区位熵评价优势产业。蔡兴（2010）选用原煤消耗量等指标作为低碳经济背景下制造业优势产业选择的指标。

姚晓芳、赵恒志（2006）综合运用区位熵指标、因子分析和产业关联度三种方法，选出安徽省当前的优势产业并对此作出相应的分析。李豫新、王淑娟（2014）以因子分析和灰色定权聚类分析为研究方法，选择优势产业。张颖、丁贺（2014）运用偏离份额分析方法选择安徽省林业的优势产业，为安徽省林业未来的发展提供合理性建议。

结合已有文献的研究，本书认为优势产业应具有三个方面的优势：市场优势、规模优势和效益优势，选取区位熵和市场占有率来反映产业的市场优势，选取产业平均规模和全员劳动生产率来反映规模优势，选取产品销售率、主营业务收入利润率、总资产贡献率和成本费用利润率来反映效益优势，同时选取综合能源消费量作为低碳指标，即用这 9 个指标对河南省制造业产业进行评价。

1）区位熵也称为专业化率，区位熵的值越大，表示该产业的专业化水平越高，表明在该地区越具有优势。这一指标是用来测定各产业在各地区的相对专业化的程度（张丽叶，2016）。

$$\text{计算公式为：区位熵}=\frac{\text{某区域某产业就业人员数/某区域总就业人员数}}{\text{全国某产业就业人员数/全国总就业人员数}}$$

2）市场占有率。市场占有率可以衡量某区域某产业部门在全国同类产业中的地位，反映该产业的产品是否具有发展的前景和是否能够适应市场的需求。

计算公式为：$市场占有率=\frac{某区域某产业的销售收入}{全国该产业的销售收入}\times100\%$

3）产业平均规模。产业平均规模是某产业累计资产总额与企业单位个数的比值，用来比较不同产业的规模相对大小，产业规模大，则产业的优势相对较大。

计算公式为：$产业平均规模=\frac{累计资产总额}{企业单位数}$。

4）总资产贡献率。总资产贡献率反映投入的资产所带来的利润，用来评价盈利能力。该指标高则表明盈利能力强，反之则表明获利能力弱。

计算公式为：$总资产贡献率=\frac{利润总额+税金总额+利息支出}{平均资产总额}\times100\%$

5）产品销售率。产品销售率可以展现工业产品销售的实现情况，产品销售率高，说明产品生产和销售之间的衔接情况好，较好地满足了社会需求，产品销售率低，说明产品生产和销售之间的衔接情况不好，难以满足社会需求。

计算公式为：$产品销售率=\frac{现价工业销售产值}{现价工业总产值}\times100\%$

6）主营业务收入利润率。主营业务收入利润率反映产业效益的好坏，优势产业通常是效益好的产业，资金和优质的劳动力都倾向于注入优势产业。

计算公式为：$主营业务收入利润率=\frac{利润总额}{主营业务收入}\times100\%$

7）全员劳动生产率。全员劳动生产率是体现一个企业生产和管理效率的综合指标，劳动生产率越高，产业的效率越高，优势相对越明显。

计算公式为：$全员劳动生产率=\frac{某产业工业增加值}{该产业平均从业人员人数}$

8）成本费用利润率。成本费用利润率是一个反映企业的经济效益指标，该指标值越高，说明利润越大，企业的经济效益越好。

计算公式为：$成本费用利润率=\frac{利润总额}{成本费用总额}\times100\%$

9）综合能源消费量。综合能源消费量可以很好地反映低碳效益，该指标越低说明该企业是环境友好型，为了便于分析，将综合能源消费量去负数。

根据《河南统计年鉴 2018》《河南统计年鉴 2017》《中国统计年鉴 2018》，总资产贡献率、产品销售率、总劳动生产率和成本利润率四项指标的数据可直接获得，其余指标的数据需通过计算得出。本书所采用的制造业产业的分类方法，与《河南统计年鉴2018》对制造业的分类一致。

9.1.2 实证分析

（1）描述性统计分析。各指标的统计描述结果如表9-1和表9-2所示。2017年，河南省制造业的区位熵均值为0.86，与2016年相比有所降低，说明河南省制造业总体专业化程度降低；标准差减小，说明产业之间差距减小；市场占有率均值为7.28%，比2016年增加0.42%，说明河南省制造业总体的市场占有率呈增加趋势；产业平均规模均值变小，极大值与极小值之间的差距与2016年相比缩小，整体规模变小；总资产贡献率均值为16.8%，比2016年减少0.53%，获利能力平稳；产品销售率均值为98.41%，较2016年有微小变化，标准差较2016年减小较多，表明各产业之间的差距减小；主营业务收入利润率均值和标准差都减小，利润率稳定；全员劳动生产率的4个统计量较2016年变化大，均值明显增加，极小值和极大值都增大，表明整体效率变高。

表9-1 2017年指标的统计性描述分析

指标	均值	标准差	分析 N
区位熵	0.859257	0.3180221	30
市场占有率	7.279513	3.33235	30
产业平均规模	3.729533	5.3304483	30
总资产贡献率	16.7967	9.76669	30
产品销售率	98.411463	0.7980394	30
主营业务收入利润率	7.194733	1.5334425	30
全员劳动生产率	305169.015	325621.326	30
成本费用利润率	8.1583	3.10576	30
综合能源消费量万吨煤	-294.18478687	595.480191581	30

表9-2 2016年指标的统计性描述分析

指标	N统计	均值统计	标准错误	标准偏差统计	方差统计
区位熵	30	0.920727	0.059877	0.3279596	0.108
市场占有率	30	6.860973	0.5497194	3.0109372	9.066
产业平均规模	30	3.85755	1.2198372	6.6813233	44.640

续表

指标	N统计	均值统计	标准错误	标准偏差统计	方差统计
总资产贡献率	30	17.3337	1.75033	9.58698	91.91
产品销售率	30	98.1033	0.27263	1.49328	2.23
主营业务收入利润率	30	7.254327	0.3148416	1.7244587	2.974
全员劳动生产率	30	278394.06	48479.31	265532.1	70507293784.8
成本费用利润率	30	8.4173	0.75256	4.12195	16.99
综合能源消费量（万吨煤）	30	-8162.2343	2803.6781	15356.37738	235818326.182

（2）因子分析。因子分析法可以解决各指标之间相关性的问题，主要用少数几个不相关的因子来代替所有的指标，从而科学地选择出河南省制造业的优势产业（侯仲凯、何卓静，2016）。

将选取的上述 9 个指标分别记为 X_1，X_2，X_3，X_4，X_5，X_6，X_7，X_8，X_9。

设模型为：

$$F_i = a_iX_1 + b_iX_2 + c_iX_3 + d_iX_4 + e_iX_5 + f_iX_6 + g_iX_7 + h_iX_8 + j_iX_9 \tag{9-1}$$

$$F = \sum w_i F_i \tag{9-2}$$

其中，a_i，b_i，c_i，…，j_i为每个指标的系数，F_i为第 i 主成分的线性组合，w_i为第 i 个主成分的方差贡献比例，把 i 个主成分的得分按照各自的权重加总，得到河南省制造业各产业的得分情况。

因子分析前要看数据是否能通过 KMO 检验和 Bartlett 球形检验（李洪成、姜宏华，2012）。表 9-3 为河南省制造业产业评价指标的 KMO 检验和 Bartlett 球形检验。

表 9-3　KMO 检验和 Bartlett 球形检验

取样足够度的 Kaiser-Meyer-Olkin 度量		0.547
Bartlett 球形度检验	近似卡方	305.457
	df	36
	Sig.	0.000

根据 SPSS21.0 统计软件，检验结果如表 9-3 所示，可知 KMO 统计量的值为 0.547，大于 0.5，其中的 Bartlett 球形度检验 Sig. =0.000，小于 0.05，说

明这9个指标之间有较强的线性相关，因此，该书可以采用因子分析法。

下面对变量个数为9、容量为30的样本进行因子分析。根据特征值大于1的原则，提取三个主成分，记为F_1、F_2和F_3，三者解释的总方差累积为84.124%，接近90%，可以解释大部分信息，详见表9-4和图9-1。

表9-4　各成分的特征值及其对应的方差贡献率

成分	初始特征值			提取平方和载入			旋转平方和载入		
	合计	方差的%	累积%	合计	方差的%	累积%	合计	方差的%	累积 %
1	3.886	43.177	43.177	3.886	43.177	43.177	3.562	39.573	39.573
2	2.236	24.841	68.017	2.236	24.841	68.017	2.302	25.573	65.146
3	1.450	16.106	84.124	1.450	16.106	84.124	1.708	18.977	84.124
4	0.668	7.427	91.551						
5	0.521	5.791	97.342						
6	0.144	1.600	98.942						
7	0.071	0.791	99.734						
8	0.017	0.188	99.922						
9	0.007	0.078	100.000						

提取方法：主成分分析。

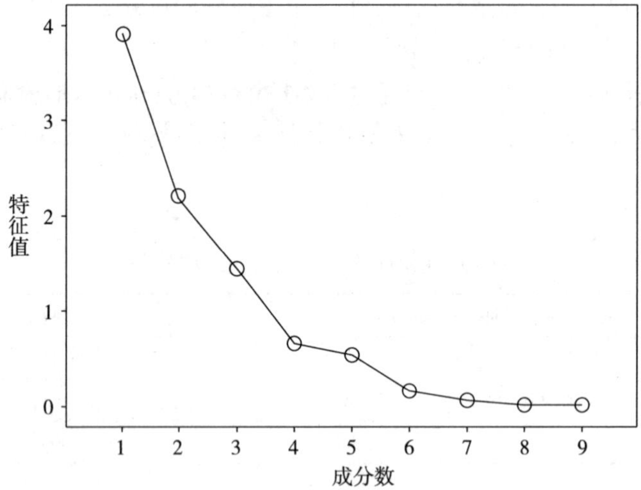

图9-1　碎石图

用最大方差法，根据旋转后的因子载荷矩阵，分析各主因子与9个指标的关系，详见表 9-5。

表 9-5 旋转后的因子载荷矩阵旋转成分矩阵[a]

指标	成分		
	1	2	3
区位熵	0. 149	0. 928	-0. 109
市场占有率	-0. 160	0. 948	-0. 026
产业平均规模	0. 890	-0. 145	-0. 273
总资产贡献率	0. 886	0. 166	0. 260
产品销售率	-0. 535	0. 139	-0. 421
主营业务收入利润率	0. 212	0. 554	0. 718
全员劳动生产率	0. 987	0. 001	-0. 002
成本费用利润率	0. 793	0. 320	0. 473
综合能源消费量万吨煤	-0. 032	-0. 252	0. 798
提取方法：主成分分析。			
旋转法：具有 Kaiser 标准化的正交旋转法。			

注：a. 旋转在 5 次迭代后收敛。

从旋转后的因子载荷矩阵可以看出，成分 1 在总资产贡献率、产业平均规模和全员劳动生产率上的载荷较多，这 3 个指标可以表现出规模和效益方面的优势，所以F_1反映的是规模效益优势。成分 2 的载荷集中在市场占有率和区位熵上，这 2 个指标表示产业的市场优势，F_2表现的是市场优势。成分 3 在综合能源消费量、主营业务收入率上的载荷较多，F_3 反映的是低碳优势。

旋转后主成分得分系数矩阵如表 9-6 所示。

表 9-6 主成分得分系数矩阵

指标	成 分		
	1	2	3
区位熵	0. 033	0. 413	-0. 137
市场占有率	-0. 073	0. 427	-0. 047
产业平均规模	0. 311	-0. 076	-0. 276
总资产贡献率	0. 236	0. 035	0. 051

续表

指标	成 分		
	1	2	3
产品销售率	-0.117	0.099	-0.212
主营业务收入利润率	-0.038	0.202	0.407
全员劳动生产率	0.304	-0.027	-0.122
成本费用利润率	0.177	0.095	0.191
综合能源消费量万吨煤	-0.100	-0.153	0.530

提取方法：主成分。

旋转法：具有 Kaiser 标准化的正交旋转法。

即 $a_1=0.033$，$b_1=-0.073$，$c_1=0.311$，…，$i_1=-0.1$；

$a_2=0.413$，$b_2=0.427$，$c_2=-0.076$，…，$i_2=0.153$；

$a_3=-0.137$，$b_3=-0.047$，$c_3=-0.276$，…，$i_3=0.530$。

由式（9-1）得：

$$F_1=0.033X_1-0.073X_2+0.311X_3+0.236X_4-0.117X_5-0.038X_6+0.304X_7+0.177X_8-0.1X_9$$

$$F_2=0.413X_1+0.427X_2-0.076X_3+0.035X_4+0.099X_5+0.202X_6-0.027X_7+0.095X_8-0.153X_9$$

$$F_3=-0.137X_1-0.047X_2-0.276X_3+0.051X_4-0.212X_5+0.407X_6-0.122X_7+0.191X_8+0.530X_9$$

以各成分解释的方差占解释的总方差的比例计算权重：

$$w_1=43.177/84.124=0.51;$$

$$w_2=24.841/84.124=0.30;$$

$$w_3=16.106/84.124=0.19。$$

由式（9-2）得：

$$F=w_1F_1+w_2F_2+w_3F_3=0.51F_1+0.3F_2+0.19F_3$$

通过 SPSS21.0 统计软件对各变量进行标准化处理，将无量纲处理后的X_i代入F_1、F_2和F_3，再按各成分的权重加权求和，即得到河南省制造业 30 个产业的综合得分 F，如表 9-7 所示。

表 9-7 各产业综合得分及排名

名称	综合得分 F	排名	名称	综合得分 F	排名
烟草制品业	242954.24	1	电气机械和器材制造业	31775.51	16
石油加工、炼焦和核燃料加工业	75160.18	2	家具制造业	31176.38	17
黑色金属冶炼和压延加工业	40707.35	3	专用设备制造业	30920.36	18
化学原料和化学制品制造业	39593.88	4	食品制造业	29555.69	19
非金属矿物制品业	36539.23	5	皮革、毛皮、羽毛及其制品和制鞋业	26838.08	20
废弃资源综合利用业	36449.20	6	木材加工和木、竹、藤、棕、草制品业	26117.34	21
汽车制造业	36084.74	7	仪器仪表制造业	24910.87	22
有色金属冶炼和压延加工业	35466.60	8	铁路、船舶、航空航天和其他运输设备制造业	22985.99	23
通用设备制造业	34540.77	9	纺织业	22668.75	24
农副食品加工业	34421.65	10	文教、工美、体育和娱乐用品制造业	20031.46	25
酒、饮料和精制茶制造业	33851.30	11	化学纤维制造业	19973.92	26
医药制造业	33739.66	12	印刷和记录媒介复制业	19258.21	27
金属制品业	33082.94	13	纺织服装、服饰业	17511.15	28
造纸和纸制品业	32574.80	14	计算机、通信和其他电子设备制造业	16641.07	29
橡胶和塑料制品业	32249.80	15	其他制造业	14273.81	30

（3）区位熵分析。因子分析法得出的结果反映的是各产业在河南省的综合优势水平，比较单一，区位熵能衡量某地区的某产业专业化程度在全国的水平，代表区域产业发展的方向，可用来分析区域产业的优势水平。一般情况下，区位熵大于1，说明该产业的专业化程度高于全国水平，也表明该产业的供给能力强，说明该产业在某地区具有明显优势。下面对河南省制造业30个产业进行区位熵分析，选用就业人数来计算区位熵（李春生，2015）。表9-8为河南省制造业30个产业的区位熵排名。

表 9-8 河南省制造业 30 个产业的区位熵排名

产业名称	区位熵	排名	产业名称	区位熵	排名
食品制造业	1.7018	1	其他制造业	0.7623	16
非金属矿物制品业	1.5316	2	化学原料和化学制品制造业	0.7615	17
农副食品加工业	1.4430	3	黑色金属冶炼和压延加工业	0.7400	18
有色金属冶炼和压延加工业	1.2857	4	纺织服装、服饰业	0.7314	19
专用设备制造业	1.1387	5	文教、工美、体育和娱乐用品制造业	0.6791	20
酒、饮料和精制茶制造业	1.1274	6	橡胶和塑料制品业	0.6583	21
烟草制品业	1.0907	7	铁路、船舶、航空航天和其他运输设备制造业	0.6529	22
医药制造业	0.9940	8	金属制品业	0.6521	23
木材加工和木、竹、藤、棕、草制品业	0.9522	9	仪器仪表制造业	0.6393	24
造纸和纸制品业	0.9450	10	计算机、通信和其他电子设备制造业	0.5638	25
印刷和记录媒介复制业	0.9394	11	汽车制造业	0.5503	26
纺织业	0.8838	12	电气机械和器材制造业	0.5105	27
皮革、毛皮、羽毛及其制品和制鞋业	0.8132	13	废弃资源综合利用业	0.5089	28
家具制造业	0.7972	14	石油加工、炼焦和核燃料加工业	0.5078	29
通用设备制造业	0.7875	15	化学纤维制造业	0.4283	30

9.1.3 选择与分析

根据表 9-7 因子分析的综合排名，排名前十五的产业综合得分为正数，后十五名的产业综合得分为负数，将排名前十五的产业作为优势产业重点备选对象，结合表 9-8，区位熵值大于 1 或者近似为 1 的相关产业有 8 个，最终选择出河南省制造业优势产业。

（1）因子分析中烟草制品业位居第一，综合得分为 242954.24，明显超过其他产业的得分，反映出该产业的市场、规模、经济效益整体显著，推断该产业是垄断产业，利润率高，而且其区位熵为 1.0907，专业化程度高，河南省产业优势明显，因此，可以将其作为优势产业。

（2）因子分析排名靠前的产业为劳动密集型产业，包括食品制造业，烟草制品业，农副食品加工业，酒、饮料和精制茶制造业，皮革、毛皮、羽毛及其制品和制鞋业，家具制造业等产业，烟草制品业、食品制造业、农副食品加工业，酒、饮料和精制茶制造业的区位熵都大于 1，其中食品制造业的区位熵最高，食品制造业是河南省的优势产业，与其他产业相比具有较大的规模和较高的专业化程度。河南是全国第三人口大省，也是地理位置独特的中部大省，在其产业发展过程中很好地利用了劳动力和自然资源这两个优势，虽然劳动密集型产业的科技投入不多、知识创新少、产品附加值低，但在一定程度上构成了河南省制造业的稳固坚实基础，是第二产业的重要组成部分。

（3）有色金属冶炼和压延加工业，计算机、通信和其他电子设备制造业，专用设备制造业和非金属矿物制品业的因子分析排名在前十五。医药制造业的区位熵接近 1，属于资本技术密集型产业，对资本和技术的要求高，产品附加值高，经济效益好，同时由于高技术性而对资源、环境消耗性低，符合低碳要求，因此具有成为优势产业的潜力，与高质量发展相互适应，应该是重点发展的优势领域。然而计算机、通信和其他电子设备制造业的区位熵较低（仅有 0.5638），说明其专业化程度较低。另外，导致其产业优势不明显的因素有很多，如技术滞后、人才缺口、市场反应弱等，短期内难以扭转。

（4）石油加工、炼焦和核燃料加工业，黑色金属冶炼和压延加工业，化学纤维制造业都是资源型的行业，具有消耗能源多、对环境污染大的不利特点（胡源，2011），随着环境保护意识的增强，对该产业的约束增多，这类产业的优势逐步丧失，呈现衰退趋势，因此不适宜作为优势产业发展。

除此以外，装备制造业和轻工业的因子排名得分相差不大，这些产业的区位熵都比较小，在两类分析中排名都不靠前，从效益、专业化以及整体来说都不具有区域优势，因此不适宜作为优势产业发展。

综上所述，选取 7 个产业作为河南省制造业优势产业，分别为食品制造业，农副食品加工业，烟草制品业，有色金属冶炼和压延加工业，酒、饮料和精制茶制造业，非金属矿物制品业和专用设备制造业。

河南优势产业发展具有一定的综合竞争优势，竞争优势来源于低成本要素资源投入和长期发展模式相互适应（王秋香，2011），然而，利用有限的自然资源和低质量的劳动力资源来发展经济必然导致产业选择狭窄、产业技术升级缓慢、产业竞争力丧失。在大力倡导绿色可持续发展环境的背景下，以基础资源和原材料为支撑的产业面临着巨大的资源约束压力。同时，河南省作为长期粗放型发展的人口大省，资源收缩的考验更为严峻。对于如何提高产业发展质量和效益，促进稳定增长？本书提出以下建议：

（1）推动传统优势产业结构升级，发展循环经济。充分发挥资源优势是欠发达地区工业发展初期和工业增长阶段应遵循的原则，河南省传统优势产业的比较优势逐渐丧失，碳能源消耗仍然居高不下，而且隐含的碳排放量非常高。优势产业的发展不应局限于资源和劳动力的优势，而应促进产业结构由粗放型资源向集约型资源转变，由工业和劳动密集型产业向集约型和科技密集型产业转变。同时，在矿业开采消耗的过程中，要统筹规划，提高废弃物循环利用的综合利用率，建立循环经济模式。

（2）着眼优势产业，增大产业集群。传统优势产业转型升级，要充分考虑原有产业布局，提高原有优势产业的规模和市场竞争力；围绕优势产业的上下游配套和服务，引进与原有产业关联性强的产业，扩大河南优势产业链，形成有利于产业发展的产业园区，鼓励和支持在产业园区内发展循环经济。

（3）推动能源替代，发展服务贸易。政府应通过财政补贴等优惠政策，鼓励企业开发生产低碳产品，提高清洁能源和可再生能源的比重，降低煤炭在能源结构中的比重，鼓励企业研发低碳技术，重点支持企业进行技术改造、自主创新和新产品研发，淘汰落后的产能设备。严格执行低附加值、高能耗、高排放行业能耗和碳排放法规，引导产品结构向高附加值、低能耗的高新技术产品和服务转移，通过促进产业结构升级和引进低碳项目，实现低排放、低污染。

（4）拓宽准入门槛，加快非公有制经济发展。非公有制经济是社会主义市场经济的重要组成部分，是中国经济社会发展的重要基础。加快国有企业结构调整，允许非公有制经济进入基础设施可以在一定程度上提高市场效率和技术产品创造水平，从源头上控制污染企业的进入。在投融资、税收、土地利用、对外贸易等方面，保障非公有制企业与其他企业同等待遇，建立健全现代企业制度，鼓励和引导非公有制经济发展。在制定非公有制企业技术市场准入标准时，既要注意承接产业带来的经济效益，又要考虑资源环境的承载能力。

9.2 河南省制造业主导产业选择研究

9.2.1 河南省主导产业发展历程

区域主导产业是一个区域的产业核心，是区域所有资源优势的集中体现，同时代表了区域产业未来的发展方向，具有发展潜力大、关联性强等特点，在某种程度上也是衡量一个国家或者地区经济发展质量的重要标准。与此同时，主导产业对其他产业也存在辐射效应，从而带动经济增长。但由于经济发展环境或区域产业结构的调整，主导产业将发生变化。因此，评价区域主导产业和把握区域经济发展的脉搏成为国内外专家学者研究的重点问题。

制造业在河南省工业经济中占有重要地位，制造业主导产业是制造业经济发展的支撑力量，也是河南省经济增长的“火车头”和“驱动轮”。制造业主导产业的正确选择和培育，要利用地区与地区之间的发展联系，相互扶持，这对于国家和谐稳定的发展、减小贫富差距是至关重要的，不仅有助于河南制造业产业结构的优化与升级，而且对于充分发挥河南省制造业比较优势、促进国民经济健康发展意义重大。河南省主导产业演进历程详见表 9-9。

产业结构的调整和优化已成为影响经济发展的重要因素，产业结构在经济发展中的重要作用日益明显。河南省正处于向工业化中后期过渡的关键时期，这一时期的重要特征是经济结构发生重大变化。作为农业大省，河南省第一产业比重不断下降，第二、第三产业比重不断上升，制造业成为拉动经济发展的主要动力，所以必须打造具有竞争力的制造业，推动河南省工业结构调整和转型升级。虽然近年来河南省着力发展制造业，但制造业未来发展方向和行业侧重依然不确定。通过优化产业结构以实现经济增长成为经济学界研究的热点，产业结构优化的重点就是主导产业的选择。

经济学界对区域主导产业的含义与特征认识不统一，使得指标的选择存在差别。区域主导产业的特征和含义无法通过简单的指标选取表现出来，或其中某些指标因为数据无法获得而失去了可操作性。在制造业内部选择合适的集聚指标，通过各产业错位发展，促进集聚、避免同质竞争和低水平重复。在世界范围内，全球制造业的发展方向正被工业 4.0 的概念引领着。工业 4.0 将工业化与智能化结合起来，对我国制造业发展具有借鉴意义。中国要从“制造大国”向“制造强国”迈进，就需要调整制造业结构。主导产业的优势早期在其他国家已有所体现，由于选择了相适应的主导产业，英国成为了资本主义强国，日本逐步成长为经济强国。因此从国际经验来看，提升河南省经济发展的重点是主导产业的恰当选取。河南省“十二五”规划强调要着力推动产业结构优化升级，发展河南省的现代化产业体系。同时在中部崛起和工业转型的背景下，主导产业发展到一定阶段会被新的主导产业所代替，这是经济发展的必然结果。为推动经济健康稳定可持续发展，对河南省制造业主导产业的选择进行探讨有一定的理论价值和实践意义。

表 9-9 河南省主导产业演进历程一览表

时期	主导产业	变化及原因
九五（1996~2000 年）	1. 以汽车、摩托车、程控交换机、彩色显示产品为主的机械电子工业； 2. 以医药化工、石油化工、煤化工为主的化学工业； 3. 农副产品深加工为主的食品工业； 4. 以高附加值和出口创汇产品为主的轻纺工业； 5. 以建筑业为龙头的建筑建材业	原因：1. 农业大省地位，食品工业的规模、效益占产值重要地位。 2. 人口大省，建筑业、轻纺、电子机械对就业拉动力大。对地方财政贡献大。 3. 化工工业与钢铁、机械等部门联系广，产业关联度高。其发展在实现工业化初级阶段具有重要意义。 4. 河南省承接劳动密集型产业。 5. 电子通信设备制造业的影响力、科技信息化水平、需求弹性均居首位。它不仅是一个在高新技术产业中具有较强渗透力的产业，也是一个以现代技术为基础的新兴产业
十五（2001~2005 年）	1. 食品工业以粮食、畜产品、水果深加工为主； 2. 有色金属工业重点建设国家重要铝工业基地； 3. 煤化工和石油化工主要着眼于提高资源开发利用效率； 4. 以输变电及成套设备为主的机械设备行业； 5. 轻纺行业，主要致力于纸张、烟草和纺织产品的升级换代	变化：工农业主导产业正逐步由低水平的加工业向深加工、精加工产业转变，资源利用效率较高的企业处于主导地位。 原因：1. 随着科学技术的进步，研发水平进一步提高。资源利用效率高的企业具有较强的发展动力、较强的盈利能力和较强的带动作用。 2. 发展方向进一步明确，国家级企业不断壮大。 “十五”以来，全省石油工业发展正逐步形成以石油化工为主的化工体系

续表

时期	主导产业	变化及原因
十一五（2006~2010年）	1. 大力支持高新技术产业发展（重点培育电子信息、生物、新材料等新兴主导产业）； 2. 六大支柱产业被确定为全省工业发展的主导产业（食品工业、装备制造业、汽车及零部件工业、有色金属工业、煤化工石化工业、纺织工业）	变化：要在六大主导产业发展的基础上，着力培育新的主导产业，进一步提高发展质量。 原因：食品工业是河南省的传统支柱产业。特别是“十五”以来通过产业结构调整，竞争优势凸显。目前，仅食品工业名牌产品就占河南工业名牌产品的近1/3
十二五（2011~2015年）	加快掌握一批重要的自主知识产权和标准，加快发展高增长产业和主导产业（重点关注现代农业、装备制造、电子信息、生物医药、新材料、新能源、生态环境保护等重点领域）	变化：新能源、新燃料、生态环保领域获得更多的关注，加快掌握自主产权，逐步淘汰高污染高耗能产业。 原因：1. 我省的资源状况已经不容乐观，工业产业（尤其是主导产业）的发展与资源环境的约束矛盾相当突出，正处于一个工业污染总体排放低增长率，在高增长、环境承载力接近极限的转型期（资源环境约束下河南省产业主导产业选择研究），环境发展的要求必然催生新能源、新材料产业的发展； 2. 依据《煤炭工业十二五规划》，我省应该逐步控制和放缓煤炭的开采量。落后产能逐步退出市场
十三五（2016~2020年）	新能源产业、生物技术产业、高端装备产业、信息产业、生态环保产业	变化：推动第三产业、高新技术产业发展，转变发展方式追求高质量。 原因：1. 高技术产业具备强大的吸纳新技术的能力，具备创新性，重要意义在于提高河南省经济的高质量发展； 2. 由于河南省经济结构的调整，第三产业占比重逐渐升高，金融服务业发展势头强

9.2.2 制造业主导产业选择的标准和方法

（1）制造业主导产业选择标准。主导产业是指一个国家或地区在一定的经济发展阶段，其一些产业部门对产业结构和经济发展起着引领作用。优势产业强调产业资源配置合理和产业运行状况良好，主导产业利用区域资源带动其他相关产业发展，需要用一定的指标体系来衡量制造业主导产业的选择，评价指标的选择和量化决定了评价结果的质量。目前，国际上著名的主导产业选择标准包括里卡多的比较优势基准理论、赫希曼的“产业关联基准”、日本经济学家筱原的“筱原两基准”、罗斯托的“罗斯托基准”和李嘉图的比较优势理论。赫希曼认为，产业关联效应可以反映一个产业对其他产业的诱导和影响强度，以此衡量主导产业的效度，促进资本积累和生产部门对其他生产部门发展的扩张。通常采用的指标有：诱导系数和影响系数。王凯（2018）根据产业发展规模、产业比较优势、产业经济效益、产业社会效益和产业发展潜力在内的五大基准构建指标体系，同时使用因子分析法找到优势产业，再使用专家打分法得到主导产业。谢雅珠和李光勤（2017）在全球价值链背景下，以福建省主导产业中的化工业和机械制造业为研究对象，实证分析了闽台产业合作模式选择。曲泽静和张慧君（2017）构建了产业升级新模型，以投入产出法区分和测度了生产非一体化程度，重点研究区域主导产业选择和推动主导升级与重构产业价值链的创新驱动路径。喻友员（2018）通过构建产业发展潜力、产业比较优势以及产业关联度等指标体系，对江西省现代服务业进行主导产业选择研究。雷心恬（2018）构建福建省主导产业选择基准模型时，选择了五个判定指标，包括关联度测评、技术进步、市场需求与生产率、社会福利、动态相对优势。谢雅珠等（2015）根据区位熵和产业梯度系数，将海西经济划分为五个区域，对各区域的主导产业和产业差异进行分析。许卫华（2019）建立了河南省工业主导产业选择的六大类基准指标体系。参考相关文献和考虑主导产业的特征，本书结合我国制造业的国际和国内背景、资源条件与现实情况，认为制造业主导产业选择应遵循以下基准。

1）可持续发展标准。可持续的和长远的发展才是真正的发展。一个产业如果没有可持续发展的潜力或者不具备可持续发展的优势，它就不具备成为主导产业的必要条件。在当前经济发展背景下，可持续发展基准应在“筱原两基准”的基础上，考察自然资源消耗和产业造成的环境污染等指标。考虑到需求收入弹性计算的复杂性及不精确性，本书用产值增长率来衡量产业的发展潜力，因为产业增长速度表明了市场需求增长的趋势，另外，由于数据可获得性方面的限制，本书用工业成本利润率来衡量产业资源消耗水平，用工业生产过程中主要污染物的排放量来衡量工业环境污染，污染物的排放量小，表明该产业为低污染的产业，是更适合在“低碳经济”“环保经济”背景下发展的产业。从数据来看，各产业的废水排放达标率相差不大，本书用产业的二氧化硫排放量来衡量产业的环保情况。所以，可持续发展可以用产出增长率、生产率增长率、成本利润率、二氧化硫排放量四个指标进行描述。

2）产业关联基准。赫希曼基准又称为与产业相关的基准，它认为主导行业应该能够促进和诱导其他产业的发展。产业关联度高的产业对其他产业的发展表现为正向关联、反向关联和连锁关联。因此，选择关联性强、能够很好地带动其他产业发展的产业为主导产业。主要采用投入产出表的逆矩阵系数来计算产业的影响系数和敏感系数来确定产业关联度。从产业关联度来看，影响系数和敏感系数较大、后向和前向关联效应较强的产业应是主导产业的最佳选择。

3）比较优势基准。衡量产业的比较优势一般运用区位熵指标。区位熵主要是某地区某产业的产值占该地区工业总产值的比重比上级区域该产业工业产值与相应区域总产值的比重。某地区某产业的比较优势可以通过区位熵值表现出来，区位熵大于1，则认为该产业是该区域的比较优势产业，且比值越大该产业的比较优势越大；若计算出的区位熵小于1，则认为该产业不具备比较优势。

4）就业功能基准。较高的就业压力需要增加更多的就业岗位来缓解，因此，就业问题在选择和培育主导产业时应着重考虑。从产业要素密度角度来看，具有较强就业功能的产业为劳动、技术密集型产业，具有较弱就业功能的产业是资本密集型产业，可以通过就业吸收率和就业贡献率衡量产业的就业功能。

5）技术强度基准。国际上对于产业技术密集度的划分没有统一的标准，一般用工业研发成本与产值的比值来判断。制造业主导产业要优先发展市场潜力大、产业关联性强、就业功能强、产业竞争力强等的产业。因此，在上述选择标准的基础上，制造业主导产业量化评价指标体系的选择如表9-10和图9-2所示。除二氧化硫排放为负向指标外，其他指标均为正向指标。本书通过计算二氧化硫排放量的倒数，将该指标转化为正向指标。

表9-10　制造业主导产业选择的定量测度体系

评价基准	评价指标	文中指标解释
可持续发展基准	产值增长率 X_1	产值增长额/基期产值
	生产值上升率 X_2	生产率上升额/基期生产率
	成本费用利用率 X_3	利润总额/成本及费用总额
	二氧化硫排放量 X_4	产值/二氧化硫排放量

续表

评价基准	评价指标	文中指标解释
产业关联基准	影响力系数 X_5	纵列逆矩阵系数平均值/全部产业纵列逆矩阵系数平均值的平均
	感应力系数 X_6	横行逆矩阵系数平均值/全部产业横行逆矩阵系数平均值的平均
比较优势基准	区位熵 X_7	产值占河南制造业总产值的比重/全国该产业产值与全国制造业总产值的比重
就业功能基准	就业吸纳率 X_8	产业吸纳的就业人数/当年全行业从业人数
	就业贡献率 X_9	产业吸纳的就业人数/产业的总产值
技术进步基准	技术密集度 X_{10}	研发投入/产值

（2）制造业主导产业选择方法。学者对制造业主导产业的选择方法进行了大量研究，刘克利等（2003）运用主成分分析法，建立了湖南省主导产业选择评价模型。党耀国等（2004）基于灰色系统理论，建立了区域主导产业评价的定权聚类模型，实证研究了江苏省主导产业的选择。杨雪春等（2010）以四川省工业投入产出数据为基础，基于产业发展能力构建指标体系，采用熵权法对各产业类型分别进行权重划分，计算出各产业发展能力的综合得分值，最终选择出四川省的主导产业。赵艳轲和余兴厚（2011）利用 AHP 方法确定各个指标的权重，通过 DEA 有效模型得出各产业门类的综合效率值及综合效率排名，确定重庆的主导产业。王秋红等（2013）基于 DEA 有效基准，构建 DEA-CCR 模型来确定甘肃省的主导产业。高爽爽（2018）在供给侧结构性改革背景下，以产业关联度、潜力投入产出表、产业比较优势、产业吸纳就业率以及产业可持续发展能力等指标对 17 个部门进行分析，最终选择出排名前 5 的部门产业为我国的主导产业。刘倩（2018）构建成都市八大卫星城主导产业的评价指标体系，利用 AHP 层次分析法进行指标权重赋值，获得各产业综合排名，最终获得青白江区的主导产业。

9.2.3 河南省制造业主导产业的选择实证研究

（1）计算各产业指标值。根据《2017 年河南投入产出表》，按制造业 17 个部门计算各产业影响力系数与感应力系数。为了提高数据可信度，本书采用河南制造业各产业 2014~2017 年各项指标数据的平均值，并对统计年鉴中划分的制造业 30 个部门和投入产出表上 17 个部门之间进行了相关处理。根据《河南统计年鉴》和中国统计年鉴的统计数据（规模以上）和《2017 年河南投入产出表》，对河南制造业 17 个产业的 10 项指标进行计算（见表 9-11）。

（2）建立定量评价模型。基于以上数据，利用 SPSS16.0 软件进行相关性分析，检验相关系数矩阵的 Bartlett 球形检验值的显著性，因为制造业主导产业选择是一个多目标决策问题，本书选择层次分析法对河南省制造业进行多目标综合排序，然后根据问题的性质和要达到的总体目标，将问题划分为不同的组成部分，并根据各因素之间的相互关系和各因素之间的隶属关系，将各因素按不同层次进行组合，形成分析结构模型，最后将系统的权重降到最低层次（评价指标），如图 9-2 和表 9-12 所示。

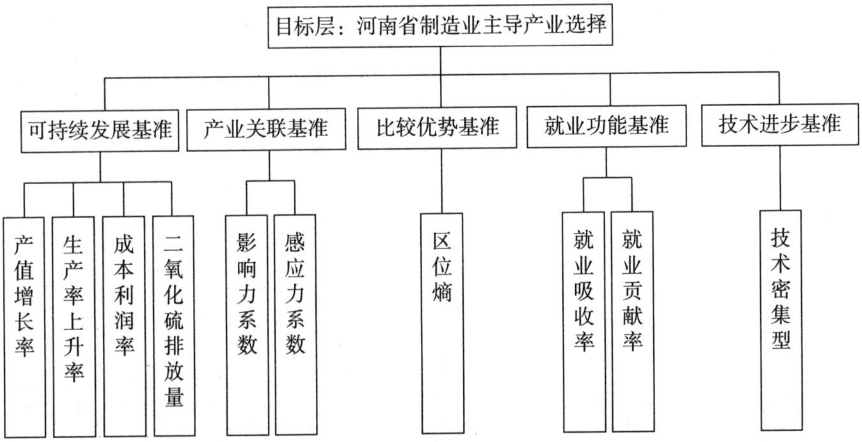

图 9-2　河南省制造业主导产业选择的 AHP 递阶层次结构模型

表 9-11　河南省制造业 17 个行业指标计算

产业	X_1	X_2	X_3	X_4	X_5	X_6	X_7	X_8	X_9	X_{10}
食品制造及烟草加工业	18.07	20.96	23.87	1.76	0.96	1.97	0.79	0.75	118.53	0.43
纺织业	11.05	14.33	4.44	0.14	1.18	1.17	1.49	11.79	240.78	0.31
纺织、服装、鞋帽、皮革、羽绒及其制品业	11.71	16.76	5.57	0.98	1.22	0.59	0.97	4.68	358.98	0.15
木材加工及家具制造业	16.78	19.98	6.19	0.74	1.22	0.75	0.67	1.25	281.79	0.17
造纸印刷及文教体育用品制造业	12.56	12.76	7.86	1.61	1.11	1.00	0.83	1.08	247.09	0.36
石油加工、炼焦及核燃料加工业	21.85	30.64	3.09	0.75	1.58	1.62	0.33	0.25	23.03	0.07
化学工业	17.54	12.87	7.86	0.43	1.32	3.34	1.21	2.37	145.97	0.79

续表

产业	X_1	X_2	X_3	X_4	X_5	X_6	X_7	X_8	X_9	X_{10}
非金属矿物制品业	20.81	17.97	6.86	0.04	1.16	0.88	0.56	3.86	181.76	0.23
金属冶炼及压延加工业	10.76	11.43	4.77	0.46	1.26	3.34	0.75	2.37	54.76	0.48
金属制品业	14.57	19.92	6.64	0.40	1.34	1.07	1.36	4.75	169.70	0.64
通用、专用设备制造业	21.75	17.56	8.65	2.75	1.75	1.64	1.21	6.48	177.29	0.70
交通运输设备制造业	33.65	19.64	9.54	3.75	1.57	1.14	0.78	6.65	132.80	0.74
电气机械及器材制造业	23.64	14.53	7.48	4.54	1.26	1.46	1.74	7.74	119.75	1.06
通信设备、计算机及其他电子设备制造业	14.65	8.54	5.75	19.55	1.86	1.79	1.75	15.76	153.97	0.76
仪器仪表及文化、办公用机械制造业	20.65	14.86	7.98	8.98	1.35	0.76	1.76	1.75	141.76	0.87
工艺品及其他制造业	27.88	16.87	5.65	1.77	1.86	0.76	0.56	0.68	269.99	0.16
废弃资源和废旧材料回收加工业	31.86	22.76	3.23	0.76	0.76	0.57	0.72	0.18	66.35	0.00

表 9-12　评价体系权重

目标层	准则层	权重	指标层	对准则层的权重	对目标层的权重
河南省制造业主导产业选择	可持续发展基准	0.4046	产值增长率 X_1	0.2500	0.1012
			生产率上升率 X_2	0.2449	0.0991
			成本费用利用率 X_3	0.3102	0.1255
			二氧化硫排放量 X_4	0.1949	0.0788
	产业关联基准	0.2041	影响力系数 X_5	0.5742	0.1172
			感应力系数 X_6	0.4258	0.0869
	比较优势基准	0.1247	区位熵 X_7	1.0000	0.1247
	就业功能基准	0.1763	就业吸纳率 X_8	0.4397	0.0775
			就业贡献率 X_9	0.5603	0.0988
	技术进步基准	0.0903	技术密集度 X_{10}	1.0000	0.0903

通用、专用设备制造业：目前以大规模制造模式为主，区位熵值高意味着专业化程度高，可以吸纳较多的就业人口，符合低碳发展标准，因此可以作为主导产业。但不完善的上下游产业链导致产业集中度较低。以高端化、智能化、服务化着力发展国内国际电气设备、工程设备，建设先进的农机研发生产基地和智能电网设备、领先的智能电网设备和农机研发生产基地。

食品制造及烟草加工业：目前食品深加工比重很低，从事粗加工利润率很低，产品质量要求逐步提高，这些因素都不同程度地影响着河南省食品工业的发展。从结果分析可知，食品烟草行业是一个规模较大、绿色发展能力较强、产业效益指标较好的产业，河南省正在优化烟草产品结构，提高河南省烟草市场占有率，积极规划大枣、花生、香菇、板栗等特色资源产业化。因此，食品和烟草可以作为河南省的主导产业。

金属冶炼及材料制造业：以豫西北山区的煤炭资源和南部的玉石、石油资源为代表。但是目前存在矿产资源缺乏科学利用、产业集聚规划混乱、产业技术能力低下和与市场无法有效对接等问题。重点推进有色金属材料、尖端新材料、中端和高端铝加工新型合金制品等有色金属材料的加工，金属冶炼和压延加工品也可以作为主导产业发展的对象。壮大新型材料制造发展的一个重要环节就是推进相关材料的研发工作，如高性能超硬材料、纳米材料、石墨烯等前沿新材料。因此非金属矿物制品可以作为主导产业来带动新型材料制造的发展。大力发展有色金属材料、黑色金属材料、尖端新材料等，朝着轻量化、合金化的方向建设国家重要的冶金新材料研发生产基地以及国际先进的关于尼龙化工研发生产基地。

通信设备、计算机及其他电子设备制造业：长期以来融入价值链低端来获取利润及附加值，但其影响力和带动力不容忽视，可以解决重大用工问题，同时建设国家重要的电子信息产业基地和全球重要的智能终端研发生产基地，全力推进正威、酷派、中兴产业园等项目建设。

交通运输设备制造业：其影响力和感应力的产业关联度较高，技术含量得分较高，例如汽车制造业成为新兴技术产业正逐步崛起，将此选择作为河南省主导产业。然而交通运输设备制造业自主创新能力不足，存在产业上下游、零部件配套产业弱等问题，在坚持传统汽车产业高端化与新兴新能源汽车规模化一同发展的情况下，争取建立国际先进的客车研发与生产基地和全国重要的新能源汽车研发与生产基地。

河南省制造业各细分行业综合评价如表 9-13 所示。

表 9-13　河南省制造业各细分行业综合评价

产业	X_1	X_2	X_3	X_4	X_5	X_6	X_7	X_8	X_9	X_{10}	综合得分
食品制造及烟草加工业	54.32	25.60	23.59	46.09	94.03	6.01	90.00	10.86	35.75	94.85	51.54
纺织业	26.90	51.84	15.08	3.65	87.98	8.83	0.00	6.45	66.74	16.70	30.66

续表

产业	X_1	X_2	X_3	X_4	X_5	X_6	X_7	X_8	X_9	X_{10}	综合得分
纺织、服装、鞋帽、皮革、羽绒及其制品业	8.53	17.73	20.36	8.22	75.78	16.30	0.00	6.34	66.72	34.04	26.25
木材加工及家具制造业	44.47	42.93	17.84	0.04	81.10	12.33	0.00	22.04	47.90	23.94	30.02
造纸印刷及文教体育用品制造业	4.82	35.83	11.93	4.74	87.39	3.54	0.00	20.84	28.94	14.84	29.77
石油加工、炼焦及核燃料加工业	17.27	25.26	15.73	1.91	87.97	16.66	63.73	29.98	43.87	38.56	38.56
化学工业	1.73	27.83	6.44	0.84	83.83	26.73	82.98	70.84	64.84	30.73	40.61
非金属矿物制品业	46.42	99.00	87.97	0.00	82.98	35.26	0.00	0.94	0.00	6.98	28.06
金属冶炼及材料制造业	56.72	26.84	35.94	23.32	93.79	20.47	37.97	10.84	35.75	90.00	50.26
金属制品业	32.58	55.63	97.87	9.56	60.28	22.28	0.00	4.24	28.87	33.68	37.27
通用、专用设备制造业	16.96	0.00	9.83	99.00	95.89	38.07	90.45	100.00	38.79	69.35	54.50
交通运输设备制造业	29.22	20.83	23.39	1.44	86.29	90.98	62.93	14.84	36.86	75.33	45.41
电气机械及器材制造业	99.00	50.43	29.54	17.05	89.08	18.89	0.00	37.38	32.70	73.18	44.95
通信设备、计算机及其他电子设备制造业	48.40	40.30	24.80	13.64	94.39	35.33	56.39	39.06	45.84	68.34	47.96
仪器仪表及文化、办公用机械制造业	75.63	35.68	12.05	8.99	81.46	0.00	0.00	4.37	73.46	15.09	31.92
工艺品及其他制造业	0.00	14.28	8.17	1.78	93.87	99.00	0.00	13.29	9.38	47.01	28.42
废弃资源和废旧材料回收加工业	92.96	63.95	0.10	2.58	0.00	4.75	0.00	12.87	0.00	0.00	17.64

9.2.4 结论与建议

根据主导产业划分可知，通用、专用设备制造业，食品制造及烟草加工业，金属冶炼及材料制造业，通信设备、计算机及其他电子设备制造业和交通运输设备制造业应成为河南省制造业的主导产业，从工业化角度来看，主导产业替代规律和比较优势理论也支持以上产业。研究发现，河南省制造业主导产业缺失高科技主导产业，例如化学工业、医药制造业等，主要以传统工业为主导，指标设置标准（可持续发展、产业关联、比较优势、就业功能、技术进步）都是在前期，因此得出的主导产业含有导向标准，存在现状并未满足发展要求的情况。

要把河南省建设成为先进制造业强省，不仅要扩大通用、专用设备制造业、食品制造业、新材料制造业、电子制造业、交通运输装备制造业等主导产业，还要升级建材、冶金、轻纺、化工等传统产业，同时发展智能制造装备、节能环保、新能源装备等新兴产业，加快形成新的发展势头和新的竞争优势。这将有效加快制造业结构转型、动力转型和方式转变，有利于提高供给质量、结构调整和效益增长。

（1）激励创新以提升主导产业层次。随着产业结构升级和“中国制造2025”概念提出，中国制造业将走进智能制造时代。智能制造的关键在技术，技术的提升又依赖创新。河南省制造业主导产业的发展应以经济结构优化为中心，加快技术创新体系的完善，促进科技的快速发展并转换为生产力。企业是落实创新驱动发展的主体和关键，要实现该目标需要先做到聚集人才，用企业的资本、股权和其他激励政策将高水平的人才吸引并留在该区域，在主导产业的发展过程中这些高技术人才将开发新的产业形式以及将原有的产业层次升级。

（2）推动主导产业集群化以提高产品影响力。提高制造业效率和竞争力应从科技含量和自主创新入手，着力打造特色优势产业集群，培育新兴技术产业，增加主导产业优势和活力，以此来促进相关产业发展。吸取国内外工业园区的建设经验，根据河南省制造业主导产业发展的特点，建设一批适合主导产业发展的工业园区。对于区域内主导产业来说，工业园区的建设使主导产业享受园区内的基础设施和相关经济政策，提高科技创新投入。在产业发展规划或政策制定方面，转变研发、设计、服务三个阶段和改变区域产业在全球产业价值链中的地位有利于产业的合作模式选择决策。主导产业之间合作主要包括纵向和横向产业升级、纵向产业协调、产业转移等，根据主导产业优势不同进行合作决策，对园区及产业聚集区重新规划或者划分整合。

（3）转变政府职能。产业的发展是一个动态演化的过程，因此政府在制定产业政策或主导产业相关政策时，应根据产业的发展阶段及时调整相关政策，扮演好服务者的角色，为产业发展提供优质的环境。其中，建立人才运行机制以满足主导产业发展过程对各层级人才的需求也是政府职能之一。目前制造业主导产业内部各企业或生产者在人才吸引方面的力量还是单薄的，河南省高端人才外流现象严重。企业不仅需要采取人才岗位、薪酬设置等措施，还应该借助行政力量使主导产业人才需求得到满足，政府应该以主导产业的人才需求为政策重点，制定相关人才招聘制度，根据主导产业各行业有针对性地吸引人才。

10

河南省服务型制造业发展策略研究

经济的高速发展、人们生活品质的提高和信息技术的高速发展使得顾客更加追求个性、多样化的产品和服务。服务型制造作为一种全新的生产运营模式，可以解决目前传统制造业遇到的难题。本节分析在中国和国际经济大环境下传统制造业的现状和问题，由面及点介绍河南省传统制造业的现状和问题；了解到服务型制造业的具体优势，得到要想使中国经济快速发展就应该大力发展服务型制造业的结论。在相应研究基础上，筛选得到影响制造业服务化的五个因素，分别为经济发展水平、劳动力素质、品牌高度、市场化程度和信息化程度。选取中部六省的数据，比较分析河南省相较于中部六省的不足和优势。以这些数据为样本分析每个因素对制造业服务化的影响程度，构建模型对这些影响因素进行分析，结果显示这五个因素都对制造业服务化有着积极的作用。

10.1 研究背景与问题提出

制造业与人们的生活有着千丝万缕的联系，是一个国家的根基，更是一个国家的经济命脉。全球化经济和网络信息技术的全方位应用促使制造业和服务业逐步融合。原来以传统产品为主导的全球经济正在向服务经济转变，制造业正逐渐向提供更加高质量、更加完善的服务型制造业发展。目前各制造强国都重新重视起制造业发展，“再工业化”作为一个新的战略被提出。

中国在制造业领域已经取得了骄人的成果，但要想适应中国工业化发展新阶段的要求，就必须加快制造业向高质量、服务型发展。按照经典工业化理论的人均 GDP、需求规模和投资率的指标来衡量，目前中国已经处于工业化后期，正面临着产能过剩、供需失衡、新旧动能转换缓慢等一系列突出矛盾，原来以数量、规模、速度为主要特征的增长模式，已经不能再满足中国发展的需求。因此为了提升制造业水平，由制造业大国变成制造业强国，更应该积极进行制造业产业结构调整，引导传统制造业的转型发展，大力发展服务型制造业，探索向服务型制造业转型的发展策略。

河南省是中国名副其实的制造业大省，2018 年全省生产总值 48055.86 亿元，同比增长 7.6%，高于全国平均水平 1.0 个百分点，增速位于全国前列。三次产业同比增长 3.3%、7.2%和 9.2%。因此，河南省在总体发展规模上有一定的优势。通过对河南省制造业的数据统计，发现河南省制造业面临以下挑战：①发展质量方面与国内先进省份的制造业有较大的差距，产业层次更加偏向于资源加工型，单靠制造获得的纯利润逐步减少。②产业结构不合理，河南省制造业中食品加工仍然占据重大的比例，相对来说高新技术类所占比重很小，还是以产品附加值较低的传统制造业为主。③中小企业大都以低附加值的产品加工为主，转型升级困难。

因此要改变河南省制造业的现状，缩小与先进省份制造业的差距，应该积极发展服务型制造业，将制造业和服务相融合发展，提升河南省制造业的整体水平。

10.2 国内外研究综述

10.2.1 服务型制造概念

Vandemerveand Rada（1988）提出制造业与服务业融合的概念。传统型制造企业为了进一步提升自身的核心竞争力，正在改变自身的经营模式和发展理念，所以产生了“包”这一新概念。“包”是对服务、新技术和知识的外包，最主要的是服务为其产品带来的极高附加值。Coffey（2001）最先提出服务型制造，即将制造业与服务相结合，认为服务型生产是一种具有过渡性特征的中间投入，这些服务也是其他产成品的“材料”，由此看来服务并不是一种产品。White（1999）提出服务型制造是一个循序渐进的过程，产品与其相应的服务都会在这个过程中得以体现，传统的制造商在这个过程中也会进行角色的转换，从只是单纯提供产品的产品生产者变为提供服务的供应商。Szalavetz（2003）指出服务型制造有两方面的意义，一是外部的服务，它会直接提升产品相应的附加值，如产品的运输、安装、维护、修理以及技术的更新换代。二是制造业的内部效率，可以提升企业的核心竞争力，包括企业内部的人力资源管理。Toffel（2013）指出制造业的服务化是一种全新的生产模式，体现在制造商向客户提供产品和服务。刘继国（2016）对制造业服务化的内涵做了补充。李刚和郑立（2015）指出服务型制造是服务与制造相结合，根据产品以及相应的服务实现原有产品在流通过程中的增值。

10.2.2 服务型制造的理论

激烈的市场竞争是制造业与服务业融合的推动力，使消费者与生产者的交易过程成本缩减，让企业有能力去处理更加复杂的市场环境（Michael，1980）。Mathine（2001）从创造的效益角度进行研究，指出在整个服务制造的过程中，与产品相关的服务往往会增加产品的价值。Fishbein（2002）指出市场和顾客需要多种多样的产品和服务，制造业企业仅以产品去满足需求将失去竞争力，因此制造业企业完全可以用商品和服务来满足多样化的需求。

邵锦华（2014）指出在资源逐渐短缺的情况下，产品的同质化会越来越严重，这将制约制造业企业的持续发展，研发具有个性化的产品才能适应社会发展。李刚（2016）指出客户的消费理念和信息技术的进步推动制造业服务化发展。周国华和王岩岩（2017）指出传统制造与现代服务相结合构成了服务型制造。郑吉昌（2014）指出个性化的产品服务正在成为创造价值的重要来源，如今企业之间的竞争逐渐多样化，已不是原先的单方面竞争，而是现在的全方面竞争，传统制造型企业的主要优势在于实物商品，但这一优势已经不能满足客户的需求，由此看来企业要想引领市场和占据市场，重要因素就是尽力满足每个客户提出的需求。刘平（2015）指出现代企业的核心竞争力来源于售后服务增值阶段，企业独特的服务能力给企业带来巨大的收益和更好的顾客依赖度。

10.2.3 制造业服务化

制造业服务化的实现过程是循序渐进的。Baines 等（2009）研究发现在制造业服务化的过程中，服务的价值会逐渐被重视起来，要达到服务元素有机融合到传统制造业中需要多种前提和要素。Gunter（2010）对欧洲制造业的调查发现服务与制造相结合受到多方面因素的影响，如商品的种类、企业对于服务的重视等。Dimache 和 Roche（2013）指出服务型制造业最终将形成“去制造”的模式，每一个制造企业经过服务的过程，都会从原来的纯供应商转变为纯服务供应商。

张伯旭和赵剑波（2016）从不同层次把服务型制造业模式归纳分为生产过程的服务化、生产产品的服务化和生产产业的服务化。刘兰芝（2017）分析了企业提供服务的方式以及服务在企业中的地位，如商品和服务相互捆绑、服务的价值增加、企业为客户提供整体方案、逐渐以服务代替制造 4 种运营模式。

10.2.4 影响传统制造业向服务化转型的影响因素

传统制造业由原来的以产品为中心的模式转变到以服务为中心的模式进程中会受到多种要素的影响。Saara（2005）指出在服务型制造成长过程中，会受到多种要素的影响，如企业的资金流动情况、产品的结构、技术的创新能力等，并针对这些要素提出了相应建议。赵少华（2014）针对制造业服务水平的依存度设计了一个综合的服务水平模型，找出影响制造业服务水平的因素。周艳春（2016）指出制造企业的体系格局、企业内部管理、员工的综合素质、品牌效应和外部经济环境等对制造业服务化起到重要作用。童有好（2015）认为现代信息高速发展，人们的生活已经离不开信息的传输和交流，因此以互联网为基础的信息技术使制造业与服务业更好地协同融合发展。

10.2.5 服务型制造业的发展趋势

经济发展的未来趋势是服务化，服务与产品的相结合提升企业的竞争力（胡敏等，2016；周国华和王岩岩，2017）。Reiskin（2003）指出制造型企业将由供应实物商品转变为供应服务，企业会变成“服务的供应者”并不是“产品的供应者”。赵一婷和刘继国（2016）提出服务化是制造业未来发展的趋势，对国民经济的发展、新型工业化以及创新型国家的建设有着至关重要的作用。

10.3 服务型制造业相较于传统制造业的发展优势

2018 年召开的中央经济工作会议指出，要坚定地以“制造强国”为目标，清晰地指出了当代我国制造业发展的历史任务，为当前和今后一个时期我国制造业发展确定了目标。从制造大国走向制造强国，改变固有的思维方式，把握改革重点，采取有力有效措施，大力推动制造业高质量发展。

根据经济发展趋势，无论是发达国家还是我国制造业服务化对国民经济的贡献都在逐渐增大，制造业与生产性服务业相互融合和服务外包运营模式有效提高了资源的配置效率，对经济发展做出了重要贡献，将深远影响中国经济以及河南省经济发展。

10.3.1 河南省传统制造业发展现状与问题分析

2009 年以来，河南省经济发展迅速，GDP 年均增速与全国 GDP 增速几乎持平，这表明河南经济能跟随国家经济健康可持续发展，河南省制造业爆发出磅礴的生命力和巨大的潜力，详见图 10-1。

河南省制造业已经形成规模，带动着河南省的经济发展，创造了巨大的经济效益和社会效益，在经济高速发展的同时，暴露出制约河南省制造业健康可持续发展的一些问题，归根结底就是制造业发展模式过于落后，具体表现在：①资源高消耗和高污染排放的制造业发展模式。由于研发投入较低，大部分制造业企业仍然采用传统的生产模式，产品升级缓慢，缺乏竞争能力。②河南省生产性服务业发展滞后于制造业，与制造业协调融合度较低。③河南省传统制造业企业在生产过程中建立了相对完善严谨的企业组织结构，在企业机构内部实施集中化、专业化的管理。与外界的交流和沟通相应减少，这种行为使企业的效率降低，如果需要更加专业化的设计和建议，可以选择外

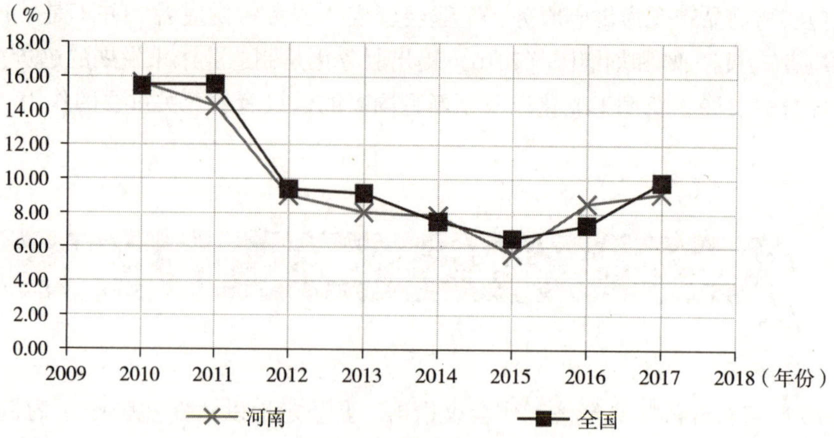

图 10-1 全国与河南省 GDP 年均增速比较

包，那么效率无疑会提升很多，还会促进服务型制造业的发展。④对科技和技术的研发投入不足。河南省研发经费支出较少，所带来的结果就是科技技术落后，没有良好的科技创新，企业终将失去自己的竞争力，阻碍制造业的良性发展。

10.3.2 服务型制造业的特点以及发展进程

10.3.2.1 服务型制造业的主要特征

“时间”特征：服务型制造业的时间特征体现在提供给产品整个生命周期的服务，不像传统制造业那样“一次性”服务。如果从各个过程所耗用的时间看，服务过程将会占据80%以上的时间，其他的时间才是生产过程，服务过程在整个产品周期不断为顾客提供服务，为顾客提供专业完整的产品解决方案。

“关注对象”特征：传统意义上的制造业仅着重于商品的制造，只是从产品本身获取价值而通常忽略附加服务的价值，这就限制了传统制造业所能创造的价值。然而服务型制造将会在过程中寻找更多创造价值的机会，持续关注其对象并提供丰富的服务以实现价值的增长。

“利润模式”特征：传统制造业的利润多来自生产商品自身，还有在销售物流环节中赚取差价。服务型制造不同于传统制造的地方在于向顾客提供“产品+服务”的模式，尽力满足顾客的实际所需，提供给客户高价值的优质服务等。

"运作模式"特征：传统制造仅通过产品在各个加工过程快速传递来实现成本最小化和价值最大化，然而服务型制造是将各种业务流程结合起来，利用现有的网络技术整合服务与制造实现价值的增长。

"流动对象"特征：所谓服务型制造是在传统的制造基础上增加了价值流以及服务流。价值流是在整个过程中主动创造价值和增加价值，而不是被动地依靠别人来实现价值的增长。服务流则具体包括传输基层的要求和信息以及关键环节的服务。

"环境效益，可持续发展"特征：从资源和环境以及各种约束来看，传统的制造业发展模式已经不适合我国目前经济发展的需要。服务型制造业的发展模式通过投入更多的人力资本以及技术资本来发展服务型制造业，从而带动经济快速增长，而不是原来的以资源和环境为代价的发展经济。真正做到绿色环保，做到"环境效益"。

制造业服务化是在新的环境氛围下产生的一种新的运作盈利方式，顾客生活水平的改善，对产品能为其带来怎样的便利和服务提出了更高的要求，如果企业真正实现这种运营方式，可以实现健康可持续发展，客户也真正得到了所需，可谓真正的"双赢"。

10.3.2.2 服务型制造业的发展阶段

一个制造型企业要想成为服务型制造企业通常要经历以下阶段：①提供基础服务的阶段：制造业企业初期为了获取更多的利润会极其重视商品制造，对其产品的附加值并不重视，这时候企业的主要利润来源于产品，从现阶段来看，我国的绝大部分企业都处于这一阶段。②提供附加服务的阶段：企业经过一个时期的发展，服务会慢慢成为一种附属于产品的附属品，这会使服务连同产品一起提供给客户，在这一阶段企业的核心业务仍然是生产产品和销售产品，服务仅是企业为了提升自己的市场竞争力和产品质量所提供的一种额外的"附加品"。③提供增值服务的阶段：企业会将产品和服务一起打包销售给顾客，在这一阶段服务会被重新定义，不仅包括安装、维护修理，而且包括更换以及升级换代等过程。④提供整体解决方案的阶段：企业听取客户自身的切实需求之后，运用自己专业的技能为客户设计整体的解决方案。这时，产品成为服务的一部分，服务本身的竞争力决定着企业的市场竞争力。⑤提供单独服务的阶段：在这一阶段，企业更加重视客户的使用体验，尽力为客户提供各种独立于产品的服务，实现服务的专业化。

10.4 河南省服务型制造转型路径影响因素分析

10.4.1 传统制造业转型路径影响因素的理论分析

传统意义上的制造业多以产品生产为目的和重心，但是在转型升级时，多方面的要素对其产生积极作用，找到哪些条件对传统制造业转型是有利的，对本书尤为重要。本书在前人研究的基础上，选择经济发展水平、劳动力素质、市场化水平、品牌高度以及信息化程度五个要素来进行分析。同时把河南省与中部六省的数据进行比较，分析河南省制造业服务化存在的问题。

（1）经济发展水平。经济发展水平的高低对服务型制造的进程有着积极的作用。一方面，经济发展水平高，人们的收入会增加，就会寻求更好的生活品质，对产品和服务会提出更高要求，进而形成更加激烈的市场竞争，迫使制造型企业进行转型升级。另一方面，人均收入的提高会促进需求结构改变。生活水平提升使得对产品的要求更高，如同一款手机有人更注重外观，有人更注重性能，而有人更注重其他功能。这样会对制造手机的厂家提出更高要求，厂家在生产过程中就不得不考虑更多的要素和条件以增加手机的卖点，吸引更多人喜欢这款手机，这样一来制造业的水准就会随之提升，所以经济发展水平是影响制造业服务化的重要因素。

（2）劳动力素质。劳动力素质体现在很多方面，包括一个人的受教育程度、身体素质以及思想认识水平。劳动力素质关系着一个地区的整体水平，有好的劳动力素质，科技进步得会更快，经济发展也会更快。对于一个企业来说劳动力素质尤为重要，甚至决定着一个企业能否成为这个行业的引领者，如一个企业的生产能力、管理能力、资本运作能力、制造的服务化都需要专业的人才，如果企业的劳动力素质高，那么员工的积极性就能够得到充分发挥，工作效率就会提高，所以劳动力素质是影响制造业服务化的重要因素。

（3）市场化水平。市场化水平越高，市场的资本流通更加充分，能够产生更多的效益，资源配置效率就越高，企业与社会的生产效率就越高，经济增长就越快。市场化程度越高，一方面资源越容易流通到需要它的地方，这样资源就会在合适的地方产生更多的经济效益。另一方面，对企业的发展就会越有利，因为这样的企业能够根据市场变化及时做出调整，企业融资会更加方便快捷，成本也会降低，这无疑使那些创新性企业压力变小，还会使很多落后的企业淘汰。总之，市场化水平越高，资金使用效率就会越高，制造业和服务业的融合趋势就会加强。所以说市场化水平是制造业服务化的重要因素。

(4) 品牌高度。当今时代品牌对于消费者心理的影响作用是巨大的，品牌创造品牌高度的感召力，高度引发关注，高度指引方向，高度创造感召力。一个地区的品牌高度代表着这个地区制造业服务化的程度，品牌高度是影响制造业服务化的重要因素。

(5) 信息化程度。信息对每一个行业都是至关重要的，国家提出了“以信息化带动工业化”的战略。信息化的提升意味着信息技术的发展，信息的传输与交流就会更加顺畅，对外可以及时了解市场以及其他动态，对内管理者可以更快地了解企业内部存在的问题。所以说信息化的程度是影响制造业服务化的重要因素。

10.4.2 传统制造业转型路径影响因素的实证分析

传统意义上的制造业在向服务型制造转型升级的进程中会受到各方面条件和要素的影响。根据经济发展水平、劳动力素质、市场化水平、品牌高度和信息化程度五个因素对传统制造业转型路径的影响，基于2010~2017年河南省以及中部六省相关因素的面板数据，构建计量模型分析传统制造业转型路径的影响因素，并据此提出相应的对策建议。

10.4.2.1 选取解释变量及选取被解释变量

(1) 经济发展水平。一个地区的经济发展水平与当地人均收入正相关。较高的人均收入水平会提升制造业产品的需求数量与质量，也会要求更加优质的服务和生活品质，因此本书用人均可支配收入来代表本地区经济发展水平，进而讨论经济发展水平对传统制造业转型路径的影响。

依据图10-2，中部六省的经济水平发展速度逐步提高，表明人们的生活水平一步步提升，但河南省的人均收入在中部六省中排名靠后，湖北省和湖南省的经济水平一直以第一、第二的位置领先其他省份，河南省在经济发展水平方面仍需要继续大力发展，弥补缺点和不足。

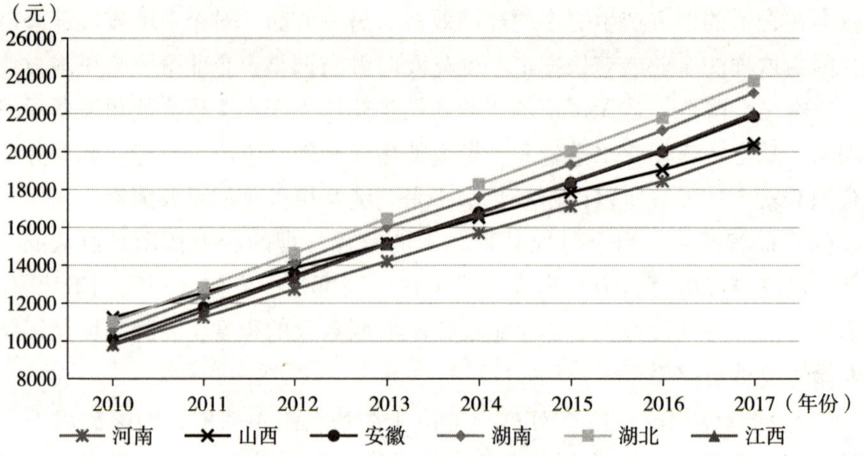

图 10-2 中部六省的年人均收入

(2)市场化水平。市场化水平提升，资金的利用效率就会增加，资源的流动也会更加适应市场的需求，企业和整个行业的运作效率会大幅度升高。市场化程度越高意味着市场竞争越激烈，因此市场化可以选取民营企业、私营企业的生产总值占本地区生产总值的比重来反映，本书为方便统计，数据选取国有以及国有控股企业的生产值占本地区生产总值的比重来反映，比重越高则反映出市场化水平越低，反之则市场化水平越高。

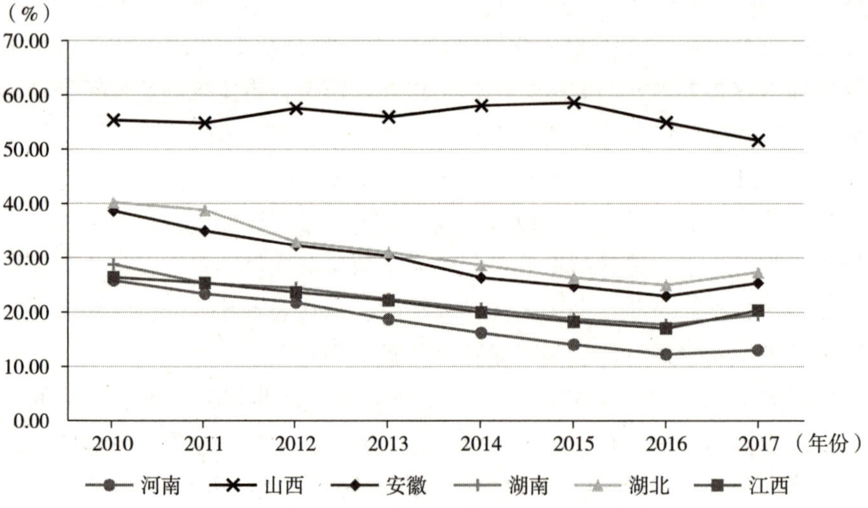

图 10-3 中部六省的国有企业生产总值占比

如图 10-3 所示，河南省国有以及国家主要控股企业总产值与规模以上工业企业生产总值占比较其他的省份低，由此看来河南省的市场化程度比较好，有利于企业之间的相互竞争，企业在优胜劣汰的环境中会迸发出活力，但山西省的这一比率一直较高，导致山西省的市场化水平较低，不利于企业之间的相互竞争，也不利于企业的健康发展。相对于山西省，河南省的市场化水平较高，有利于资本的充分流动，可以有力提升河南省制造业的整体水平。

（3）劳动力素质。劳动力素质的提升更多体现在受高等教育的人数上，接受高等教育对于一个人的提升是巨大的。高等教育不仅会给受教者丰富的学识，更会提升一个人的眼界和能力，使一个人的综合素质全面提升。因此本书用高等学校在校学生数与总人数的比值来表示劳动力素质。

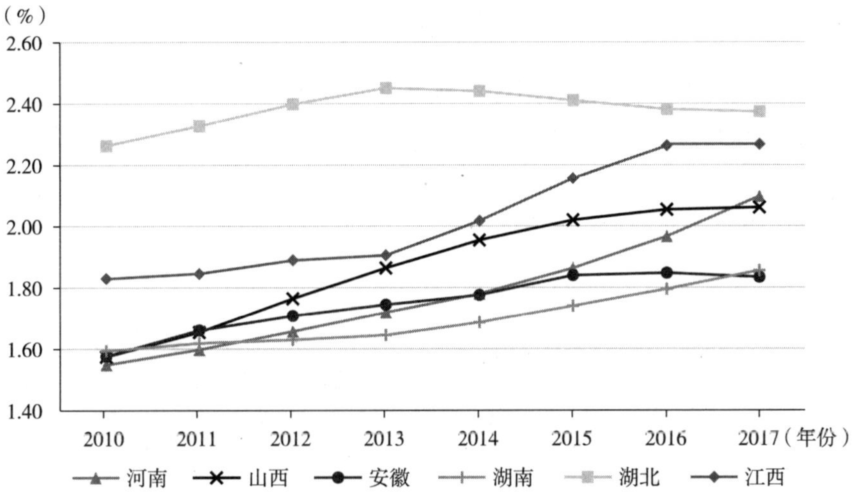

图 10-4　中部六省的劳动力素质水平

如图 10-4 所示，河南省的劳动力素质呈现逐年递增的状态，表明河南省对人才的重视和对高等教育的重视。河南省劳动力素质的提升意味着更多的专业人才走向工作岗位，有了高素质人才，服务型制造业的发展就有更为强劲的动力。

（4）品牌高度。品牌的高度无论对于一个企业还是对于一个地方都有很大的作用，一个地区的品牌高度可以从这一地区成功注册的商标个数上得到很好的体现，因此本书采用累计有效注册商标数来表示一个地区的品牌高度。

如图 10-5 所示，河南省的品牌高度相对于中部六省是比较高的，尤其是 2014 年之后更加明显，这说明河南省相较于中部六省有着不错的品牌注册数，

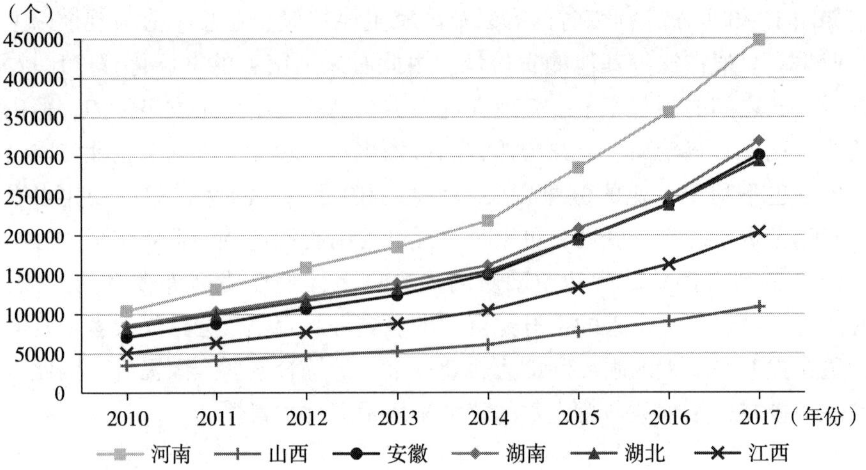

图 10-5　中部六省的品牌高度

良好的品牌效应有利于河南省服务型制造业的健康发展。

（5）信息化程度。信息化技术的提升促使企业合理地配置资源，避免浪费，提升企业的生产效率和管理效率，因此本书用各省市和地区互联网的普及率来代表信息化程度。

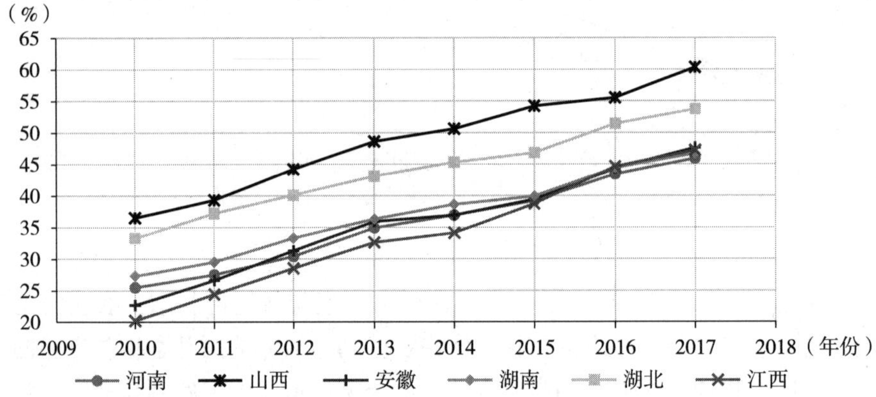

图 10-6　中部六省的信息化程度

如图 10-6 所示，河南省的信息化程度相对于其他省份较低，互联网普及率低会造成信息传输和交流阻塞，信息无法及时传输到位，导致资源浪费，工作效率降低。因此信息化水平对于服务型制造业的发展有很重要的作用。

综上所述，制造业服务化的影响因素详见表 10-1。

表 10-1　制造业服务化影响因素

目标	序号	指标	影响因素
制造业从生产型向服务型转型路径影响因素	A	经济发展水平	人均可支配收入
	B	市场化程度	国有以及国家控股企业产值与规模工业企业总产值的比值
	C	劳动力素质	高等学校在校学生数与总人数的比值
	D	品牌高度	地区有效注册品牌数
	E	信息化程度	互联网普及程度

（6）被解释变量的选取。本书用制造业服务化系数描述五个因素对传统制造业转型的影响程度，制造业服务化系数可以表示为：

$$PSI_i = \frac{\sum S_i^j}{\sum Y_i} \tag{10-1}$$

其中，S_i^j表示制造产业 i 所能提供的服务产品 j 的数量，Y_i表示某制造产业 i 的全部产出，服务型制造程度可以解释为制造业全部产出中生产性服务业产品产出所占比重，因此用生产性服务业总产值占制造业总产值的比重来表示。

本书选取的生产性服务包括计算机信息技术和软件业、交通工具交通业、物流运输业、仓储服务、邮政快递业、科学技术研究行业、技术服务、信息的处理和传输、金融业等以服务为主的服务性生产行业。

10.4.2.2　数据选取与模型

本书实验论证所需的数据是从国家数据网、《中国统计年鉴》《河南统计年鉴》以及各省统计年鉴收集整理得到。面板数据模型一般有三种：固定效应模型、随机效应模型以及混合回归模型，本书采取固定效应模型。

构建如下计量模型：

$$Y_{i,t} = \alpha_{i,t} + \beta_1 X1_{i,t} + \beta_2 X2_{i,t} + \beta_3 X3_{i,t} + \beta_4 X4_{i,t} + \beta_5 X5_{i,t} + \gamma_i + \delta_i + \varepsilon_{i,t} \tag{10-2}$$

其中，X 为因变量；Y 为被解释变量；而$\alpha_{i,t}$为常数项，β_i为变量系数，γ_i表示行业固定，δ_i表示时间固定，$\varepsilon_{i,t}$为随机扰动项。指标对应关系如表 10-2 所示。

表 10-2 指标变量对应表

被解释变量	Y	服务化程度
解释变量	X1	人均可支配收入（元）
	X2	商标注册数（件）
	X3	市场化程度（%）
	X4	劳动力素质（%）
	X5	信息化程度（%）

10.4.2.3 平稳性检验

为了保证不因为数据的非平稳性而造成的假的回归现象，对面板数据进行单位根检验。本书选择 LLC（Levin-Lin-Chu）和 PP 检验，各个变量的平稳性检验结果如表 10-3 所示。

表 10-3 平稳性检验结果

变量	Levin，Lin & Chu t*		分布检验统计量		结论
	统计量	P 值**	统计量	P 值**	
Y	1.63682	0.9492	6.97437	0.9903	不平稳
DY	-10.8474	0.0000	66.9298	0.0000	平稳
X1	1.3612	0.9133	0.53465	1.0000	不平稳
DX1	-1.81929	0.0344	25.408	0.1141	平稳
X2	32.45	1.0000	15.6000	0.6210	不平稳
DX2	-4.69697	0.0000	19.5049	0.3614	平稳
X3	-1.3439	0.0895	11.9689	0.8488	不平稳
DX3	-5.081	0.0000	44.0297	0.0006	平稳
X4	-0.80743	0.2097	22.3209	0.2180	不平稳
DX4	-6.40007	0.0000	29.7002	0.0405	平稳
X5	9.86779	1.0000	5.58234	0.9976	不平稳
DX5	-8.82529	0.0000	70.2377	0.0000	平稳

根据表 10-4，在 5%的显著水平下，Y、X1、X2、X3、X4、X5 的原系列都是不平稳的，它们的一阶差分都是平稳的，记作一阶单整。可以进行协整检验分析。

10.4.2.4 协整检验

采用 Pedroni（EG）协整检验，结果如表 10-4 所示。

表 10-4 协整检验结果

	统计量	p 值
组间 ρ 统计量	3.652046	0.9999
组间 pp 统计量	-15.22261	0.0000
组间 t 统计量	-8.421363	0.0000

通过协整检验可以得出，存在长期稳定的协整关系，可以进行回归。

表 10-5 豪斯曼检验

测试汇总	卡方检验统计量	卡方统计量的自由度	P 值
截面随机样本	67.451602	5	0.0000

通过表 10-5 豪斯曼检验结果可知，在 5%的显著水平下，其对应的 P 值为 0.0000，小于 0.05，拒绝了采用随机效应模型的原假设，因此，将模型设定为固定效应模型。

10.4.2.5 面板回归结果—固定效应模型

模型回归结果如表 10-6 所示。

表 10-6 回归结果

变量	系数	标准误差	t-统计量	P 值
X1	1.074274	0.00000346	3.101706	0.0030
X2	1.681869	0.0000000375	2.578582	0.0125
X3	-0.111950	0.142561	0.785275	0.4355
X4	0.732710	11.17757	2.123244	0.0380
X5	0.600849	0.003249	2.108139	0.0394
C	-0.288580	0.157001	-1.838074	0.0712
R^2	0.942930			
调整过的 R^2	0.930139			
F 统计量	73.71552			
P 值（F 统计量）	0.000000			

从模型结果可得到如下回归方程：

$$Y=1.07427465633\times X1+1.68186978813\times X2-0.111949792401\times X3+0.732711933\times X4+0.00684944383861\times X5-0.288580123409$$

通过回归分析可以看出该模型的拟合优度值良好，为 0.943。回归方程的 F 检验对应的 P 值小于 0.01，在 1%显著性水平下通过了 F 检验，说明了方程整体回归是显著的。

从回归方程可知，X1、X2、X4、X5 对应的 P 值都小于 0.1，说明人均可支配收入 X1、商标注册数 X2、劳动力素质 X4、信息化程度 X5 都在 10%显著性水平下通过了 T 检验，即他们都对服务化程度 Y 具有显著影响。X3 的系数对应的 P 值大于 0.1，说明 10%的显著性水平下市场化程度 X3 对服务化程度 Y 不具有显著影响。

具体来看，X1、X2、X4、X5 对应的系数为正，说明人均可支配收入、商标注册数、劳动力素质与服务化程度都呈现出明显的正相关关系，X3 的系数为负，说明 X3 与服务化程度 Y 呈现负相关关系。

10.4.3 结果分析

品牌高度对于制造业服务化的影响较大，良好的品牌高度代表着企业的信誉和综合实力，能促进企业良好发展，提升企业的服务化进程，由点及面提升总体制造业的服务化进程。

经济发展水平有利于传统制造业向服务型制造业转型。一方面，随着经济的良好发展、居民的生活水平以及收入的提高，人们对生活质量提出更高的要求，这就意味着人们需要更好的产品和服务，要求制造型企业更加关注服务领域。另一方面，随着生活水平的提高，人们关注的不仅是产品本身，还有产品之外的服务，因此需要更加多样化的服务来满足不同的客户需求，而多样化服务会加剧企业之间的竞争。

劳动力素质对制造业服务化有着明显的促进作用。服务型制造就是制造业企业将重心从附加值较低的生产制造环节转移到高附加值的服务环节，从而获取更多的利润。要想实现整个过程的转变，专业人才起到了举足轻重的作用，整个过程的实施以及实施过后的评估都离不开专业的人才，所以提高劳动力素质对服务型制造业的发展有着明显的促进作用。

信息化程度对服务化程度有着积极的作用。企业具有信息技术优势意味着在竞争中有先天的优势，所以信息化对服务化的帮助是不言而喻的，良好的信息交流和传输使相应的服务更准确更快捷地到达需要的地方，避免资源浪费，提高工作效率，所以说信息化对于服务化有着良好的促进作用。

市场化水平与服务化呈现出负相关，这是由于本书选取的数据和计算数据的方法导致的，本书中市场化程度是以国有控股企业总产值与规模以上工业企业总产值的比值来表示，比值越高代表着市场化水平越低，因此得到了上述负相关关系，因此，市场化对于服务型制造业也有着积极的促进作用。

综上所述，品牌高度、经济发展水平、劳动力素质、市场化水平和信息化程度对制造业服务化程度有着良好的促进作用，特别是品牌高度以及经济发展水平有更为显著的影响。

10.5 研究结论与发展策略

10.5.1 研究结论

本书对服务型制造业相关文献和理论进行整理，根据相关文献和数据分析河南省传统制造业的发展现状以及存在的问题，建立模型分析中部六省影响服务型制造业发展的因素。得出以下结论：我国的制造业体系和格局已经居于世界前列，但也存在很多急需解决的问题，如劳动力和资源的优势逐步减弱、关键技术和关键装备的缺乏、自主品牌的缺乏、高素质人才的短缺等。造成这些问题的原因是发展模式落后、企业内部结构不完善和不合理以及服务型制造业发展极其缓慢等。所以要进一步提升我国制造业的竞争力，应该发展并实施服务型制造。河南省是名副其实的制造业大省，但是以资源消耗和要素驱动的发展模式给制造业带来很多问题，如资源的大量消耗会造成巨大的环境压力、产能的过剩、创新能力的缺乏等。所以河南省要建设成为制造业强省就需要制造业发展模式的转型，实施服务型制造战略，尽快促进服务业与制造业的融合发展。

10.5.2 发展策略

(1) 加强产业政策扶持力度。从市场化对制造业服务化的影响来看，政府应该加强产业的政策扶持力度，充分完善市场机构，提升市场化水平。市场化的提升意味着资本流通更加充分。我国政府作为宏观调控的主体，要更加注重产业转型的方式和方法，要重点把握增值服务化转型。根据服务型制造业的特点找出适合自己的发展策略。政府要多出台优惠政策，减轻企业的负担，企业才有更多的精力去发展服务型制造业。

(2) 重视人才培养。河南省应加强对高素质人才的培养，河南省制造业与服务业的融合程度较低，主要是高素质的制造业人才与相应的服务型人才缺失导致的。所以要进一步培养并储备高素质人才，同时还应该大胆尝试教学改革，为服务型制造的进一步发展形成人才优势。

(3) 打造优质品牌。河南省要打造自身的优质品牌。优质良好的品牌在默默影响消费者的心理，如人们的潜意识里认为好的品牌代表着好的产品、好的服务、好的品质。所以河南省应该集中优势打造自己的优质品牌，并以此为标杆引导其他企业学习，提升服务型制造业的整体水平。

(4) 提升经济发展水平。河南省要提升经济水平。河南省人均收入在中部六省当中排名靠后，在“一带一路”的机遇下，河南省经济会有很大的发展空间和发展潜力。只有经济水平提上去，人们的腰包才会鼓起来，人们才会追求更好的生活品质，这促成河南省制造业和服务行业的进一步提升。

>>>>>> 11

河南省实体经济高质量发展对策建议

党的十九大报告指出，我国经济已由高速增长阶段转向高质量发展阶段，正处在转变发展方式、优化经济结构、转换增长动力的攻坚期。河南实体经济总体形势良好，是促进地区经济增长的绝对力量。然而研究发现河南实体经济发展过程中仍存在创新不足，缺乏良好的创新氛围及创新型人才；企业的主体地位未能充分发挥，企业的创新动力不足；科技成果转化率低，无法实现科技助力实体经济的目标；虚拟经济火爆带来的产业“空心化”趋势越来越明显；产业结构还需进一步优化，高质量发展势在必行。

通过对河南省基础特征的研究，从“人、地、物”视角，梳理河南省创新驱动发展的基础及优势，构建灰色关联序模型，探索河南省创新驱动的战略重点及突破口，进一步设计河南省创新驱动四条路径，见图 11-1。

创新驱动发展战略的实施是我国转变经济发展模式、提升产业结构、实现跨越发展的必由之路。从基于区位优势的区域创新驱动路径实现策略集；基于文化优势的区域创新驱动路径实现策略集；基于人力资本优势的区域创新驱动路径实现策略集；基于农业优势的区域创新驱动路径实现策略集出发，厘清创新驱动发展战略的基本认识问题，提出创新驱动发展战略的策略选择思考和策略选择路径，并对现阶段存在诸多阻碍创新驱动发展战略实施的难题提出了建议。

当前，机遇与挑战并存。我国经济大而不强，经济总量大但附加值低。经济增长是依靠“三高”来实现的，即“高投入”“高消耗”“高污染”，但是产出却和高投入不成比例。同时经济发展面临着环境污染、资源匮乏等问题，高投入低产出的发展路径已经难以为继，国家对此提出了创新驱动战略、高质量发展战略以寻求新的经济发展方式。而且，我国人口众多，资源总量大，但人均资源占有量少。资源的有限性与人类需求的矛盾会随着资源的减少而日益凸显。

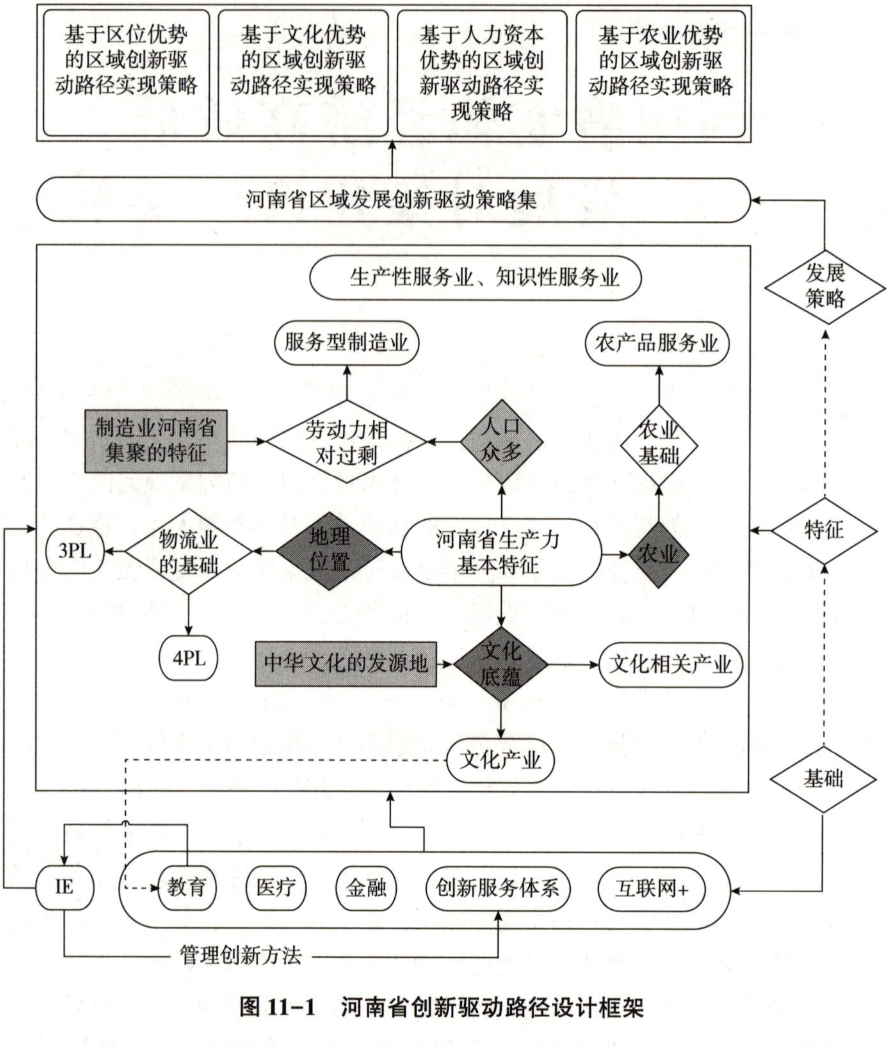

图 11-1　河南省创新驱动路径设计框架

对于河南省的区域发展，分别从以下四个方面论述：基于区位优势的区域创新驱动路径实现策略集；基于文化优势的区域创新驱动路径实现策略集；基于人力资本优势的区域创新驱动路径实现策略集；基于农业优势的区域创新驱动路径实现策略集。

11.1 基于区位优势的区域创新驱动路径实现策略

11.1.1 地理位置优势

河南省地处中部，承东启西、连接南北，京广、陇海两大铁路干线穿省而过并在郑州相汇，自古是兵家必争之地，所谓“得中原者得天下”。河南作为中国重要的交通枢纽，在铁路、高速公路、航空和高速铁路战略布局中，始终处于重要地位，促使了物流业的快速发展，同时河南省在“十三五”规划中已明确提出建设网络经济大省在建设强国的过程中居于关键地位。

11.1.2 “一带一路”倡议下河南省交通运输产业的发展机遇

“一带一路”倡议下，河南省交通运输产业迎来前所未有的发展机遇。河南省要抓住此次机遇，需大力发展交通运输，加强贸易合作，促进经济的繁荣发展。

11.1.2.1 积极融入倡议建设，推进产业转移和经济发展

根据相关数据，“一带一路”沿线大多数国家为发展中国家，具有承接产业转移的意愿和需求。河南省大型制造业企业已经成功上市，走出河南，走向全国，面向世界。食品工业、有色金属工业、化学工业、汽车及零配件工业、装备制造业、纺织服装业等六大优势产业发展迅速。因此，河南省积极融入“一带一路”倡议，可以带动产业转移，发挥产业优势，促进对外经济增长。

11.1.2.2 “一带一路”倡议下河南省发展前景展望

“一带一路”倡议下，河南省迎来前所未有的发展机遇，河南大力发展交通运输、加强贸易合作、促进经济发展。2016 年 2 月 28 日，郑州市城乡规划局公布了《郑州建设国际商都发展战略规划纲要（草案）》，提出要将郑州打造成“国际商都”，并指出在“十三五”期间，要强力推进开放综合枢纽建设，全力打通国际通道，成长为知名国际物流中心。因此建立国际化现代化的

立体综合交通大枢纽体系在未来必将成为现实。

影响货物运输需求的因素主要有经济发展水平、国民经济产业结构和产品结构、运输网络数量和质量、运输价格水平的变动、国家经济政策和经济体制、人口的增长与分布等。基于以上影响因素分析，未来五年全社会运输量预测结果见表 11-1。

表 11-1　河南省未来五年全社会交通运输量预测

类别	年度	合计	铁路	公路	民航	水运
客运量（万人）	2015	147039	13100	131800	1860	279
	2020	180468	18117	158819	3064	468
	2025	220145	25768	188627	5210	540
年均增长率（%）	2016~2020	4. 5	6. 7	3. 8	10. 5	10. 9
	2021~2025	3. 9	7. 3	3. 5	11. 2	2. 9
货运量（万吨）	2015	211941	9800	191600	41	10500
	2020	301435	14735	272517	65	14118
	2025	415962	22361	375128	109	18364
年均增长率（%）	2016~2020	7. 2	8. 5	7. 3	9. 7	6. 1
	2021~2025	6. 9	8. 7	6. 6	10. 9	5. 4

从表 11-1 可以看出，未来五年，河南省的交通运输业仍然保持着强劲的发展势头。综合考虑“一带一路”倡议建设进程的推动开展、国际商都的建设进程以及城镇化建设的推动，未来五年内河南省交通运输产业的客运量年均增长速度将在 4. 5%左右，货运量年均增长速度将在 7. 2%左右；未来五年内河南省全社会客、货运输量仍将快速增长，其中客运量平均增长速度在 3. 9%左右，货运量平均增长速度在 6. 9%，交通运输业前景良好。

11. 1. 2. 3　对外贸易前景展望

2015 年，河南省全年进出口总值 4600. 19 亿元，比 2014 年增长 15. 3%。其中，出口总值 2684. 03 亿元，增长 11. 0%；进口总值 1916. 16 亿元，增长 21. 9%。“一带一路”建设的推进必将增强对外贸易的频繁程度、加强与外省以及国外的贸易合作和推动贸易额的增长。具体预测见表 11-2。

由表 11-2 可以看出，河南省的对外经济在未来五年内仍将保持较高的增长速度。我国经济增长速度保持在6%~7%，河南省未来五年内的增长率保持在18.1%左右，再过五年的增长率保持在17.6%左右。对外贸易总额五年内将实现翻两番。

虽然河南省GDP在全国稳居第五名，但目前河南省的国际交往渠道少。因此设立领事馆专区，兴建领事馆大厦，着手吸引“一带一路”沿线国家、外国或国际组织设立驻郑州代表处或办事机构，为河南乃至中部地区对外交往提供更完善的服务和更舒适的环境，提升郑州的国际化水平，是未来河南发展的必经道路。河南也能加强与多个国家的交流合作，与多个城市建立友好合作关系，成为名副其实的国际化大都市。

表11-2　河南省未来五年对外贸易额预测

年份	总额（亿元）	年增长率（%）	进口额（亿元）	年增长率（%）	出口额（亿元）	年增长率（%）
2015	4600.19	15.3	1916.16	21.9	2684.03	11.0
2020	17287.86	18.1	5242.81	22.3	5809.54	16.7
2025	24946.44	17.6	12045.19	18.1	12901.25	17.3

11.2 基于文化优势的区域创新驱动路径实现策略

河南历史悠久，文化光辉灿烂，是我国古代文明发祥地之一。“裴李岗文化”“仰韶文化”和“龙山文化”，耳熟能详；名人和大家有李耳、庄子、商鞅、张衡、张仲景、韩愈、岳飞等；在漫长的历史长河中，河南在中国的政治、军事、经济、文化上始终占据重要地位，先后有20个朝代建都或迁都河南，中国七大古都河南就占了三个，分别是洛阳、开封和安阳。这是河南的“古代文明”，正所谓“一部河南文明史，半部中国文明史”。

11.2.1 河南的文化优势

河南是华夏文明和中华民族文明的发源地，在中华五千年的历史长河中，前三千年，河南是中国政治、经济和文化中心。悠久的历史给中原大地留下了光辉灿烂的文化遗产，这些文化遗产拥有着艺术文化和科学价值，在整个国家文化遗产体系中占据了非常重要的地位。

近年来，在中央和省委的统一安排下，河南省不断加大文化遗产保护力度。在城镇化规划和发展中，河南将文化遗产保护一并列入其中。例如在郑州市 2017~2020 年发展规划中，75 处有重点保护价值的文化遗产将打造成文化遗产生态公园。与此类似，洛阳、开封等市也在文化遗产保护方面做了大量工作。对于文化遗产的保护，河南省还将加强立法和宣传力度，不断完善相关法律法规。

在文化遗产保护的方式上，河南省做出了新的探索。据杨丽萍介绍，为加快生态郑州建设，全面构建森林、湿地、流域、农田、城市五大生态系统，郑州市委、市政府以大生态、大环保、大格局、大统筹为基本要求，全面启动了生态建设工作，“生态保遗工程”就是其重要组成部分。

生态保遗既是对国家文化遗产保护战略的落实，也是郑州市加快生态郑州、美丽郑州建设，做好文物密集型城市片区化、集群化、生态化、亲民化保护的创新和探索，是以生态绿化方式让古遗址“活”起来，形成“地上绿树葱茏，地下气象万千”的文物保护新模式。妥善保护文物，服务发展，为郑州建设国家中心城市延续文脉、强化文化支撑。

11.2.2 发挥河南文化优势

河南是中华文化的重要发祥地之一。作为中原文化重要组成部分的河洛文化，体现了中华传统文化的根源性，以“河洛郎”南迁为途径，把这一优秀文化传播到海内外，体现了中华传统文化的辐射性。

坚持以内容创新为着力点、形式创新为关键点、业态创新为切入点，把创新贯穿文化创作、生产、服务全过程，使各种门类的艺术不仅具有时代特色，还具有鲜明个性，具有较强的吸引力、感染力和影响力。省文化产业重点项目、大型古装电视连续剧《少林寺传奇》第一部 45 集播出后反响良好；河南电视台名牌栏目《梨园春》，以演唱比赛、打擂台的新形式弘扬民族戏曲的优良传统，不仅 4 次荣获全国电视文艺“星光奖”，还远赴委内瑞拉、墨西哥、巴西等国演出，受到当地人民的喜爱。

河南是戏剧大省，有豫剧、曲剧、越调三大剧种以及蒲剧、坠剧、宛梆等

20 多个小剧种活跃在城乡舞台上。随着文化精品工程的深入实施，豫剧《香魂女》《程婴救孤》《常香玉》等剧目连续三届分别获得中国艺术节最高奖——文华大奖；《程婴救孤》《风中少林》《铡刀下的红梅》等剧目连续三年分别获得国家舞台艺术精品工程“十大精品剧目”、舞台艺术双“三连冠”，在全国独树一帜，使河南舞台艺术的地位日益提高。豫剧《程婴救孤》、舞剧《风中少林》、戏曲电影艺术片《村官李天成》、电视剧《快乐星球》等获得全国第十届“五个一工程”优秀作品奖。河南戏剧界涌现出很多艺术名家，如“人民艺术家”常香玉、豫剧表演艺术家马金凤、越调表演艺术家申凤梅等。全省现有中等艺术学校 18 所，专业艺术表演团体 204 个，年均演出 5 万多场，其中到农村演出 4 万多场。

在精神文明建设方面，全省宣传思想战线坚持贴近实际、贴近生活、贴近群众，围绕中心、服务大局，统筹谋划、真抓实干，理论武装、正面宣传、思想道德建设、精神文明创建等各方面工作整体推进，为全面建设小康社会、加快中原崛起提供了有力的思想保证、舆论支持和精神动力。

11.3 基于人力资本优势的区域创新驱动路径实现策略

11.3.1 加大劳动者教育投入

在“中国制造”向“中国智造”的转变过程中，高素质劳动力的支持使中国的劳动力质量提高，国家近年来各种人才培养计划都是提升劳动力素质的重要手段。据统计，我国劳动者的人均受教育年限从 1982 年的 4.6 年到 2009 年的 9.5 年。各级各类学校每十万人口的学生在校数量都逐步增加，人才培养的基础质量不断提高。作为人口大省，受教育年限的提升带来的是劳动者素质的提高，从而使其在产业链中地位发生改变。截至 2016 年，河南省共有普通高校 129 所，在校生 187.48 万人，高等教育水平进一步提升，人才培养的质量不断提升。

政府应加强基础教育，使更多人可以接受高等教育，加大在公共卫生、医疗保健方面的投入，健全社会保障制度等。为了提高中原城市群劳动力的竞争力，政府需担负起责任，通过加大培训和再培训力度等各种形式，提升劳动者的综合素质，使劳动者更加适应劳动力市场的要求。

11.3.2 提高劳动力竞争力

现阶段我国劳动力资源占世界总量的26.3%，而资本资源只占世界总量的3.4%，比较我国同世界整体的要素供给状况，我国的劳动密集型产业是具有比较优势的产业。但我国在劳动力方面的比较优势还没有得到充分发挥。随着国际市场需求结构的升级、初级劳动密集型产品的市场份额下降，我国必须发展具有一定人力资本的劳动密集型企业，以发挥我国劳动力资源的比较优势。这一现状同样适用于河南。如全省仅郑州大学入选全国一流大学建设高校，临床医学、材料科学与工程、化学入选一流建设学科；河南大学入选全国一流学科建设高校，生物学入选一流建设学科。对比上海、江苏、浙江等地区，河南省的技术领军人才显得十分稀少，行业创新动力疲软。加强高校专业化人才的培养才能为提升劳动力素质提供力量。

11.4 基于农业优势的区域创新驱动路径实现策略

河南省生产总值先后跨越3万亿元、4万亿元台阶，初步核算2017年达到4.5万亿元，年均增长8.4%，高于全国平均水平1.3个百分点。财政总收入先后迈过4000亿元、5000亿元台阶，达到5238.3亿元，年均增长9.8%。数据表明，河南省经济发展已初步走出高增长阶段，开始向高质量发展阶段迈进。河南省作为农业大省，要利用好农业这一优势产业，结合河南省实际，认真贯彻落实习近平总书记的重要讲话精神，落实好李克强总理的部署，坚持质量兴农、绿色兴农的方向，紧扣现代农业高质量发展这一目标，牢牢把握实施乡村振兴战略、农业供给侧结构性改革两条主线，突出农业转型升级、乡村全面振兴、农民持续增收三大任务，加快现代农业质量变革、效率变革、动力变革，推动农业大省向农业强省转变。

要想实现深化供给侧结构性改革这一目标，需要先对河南省农业生产中的结构和生产条件问题进行分析，以揭示河南省农业发展的特点，希冀为河南省农业的可持续发展和科学决策提供理论依据。

参考文献 | REFERENCE

［1］宋国友．再工业化与美国经济增长［J］．外交评论（外交学院学报），2013，30（03）：67-78.

［2］何玉长，潘超．经济发展高质量重在实体经济高质量［J］．学术月刊，2019，51（09）：57-69.

［3］张培刚．“牛肚子”理论［J］．决策，2005（01）：22.

［4］黄晓航．河南省产业结构变迁对经济波动的影响研究［J］．广西质量监督导报，2020（02）：179-180.

［5］李进平．河南省农业现代化评价与发展对策研究［D］．华中师范大学硕士学位论文，2015.

［6］郑湘明．论我国实体经济的持续健康发展［J］．中央财经大学学报，2013（05）：46-51.

［7］黄群慧．论新时期中国实体经济的发展［J］．中国工业经济，2017（09）：5-24.

［8］马燕坤，陈耀．中国实体经济空间格局优化研究［J］．区域经济评论，2018（02）：45-54.

［9］周维富．我国实体经济发展的结构性困境及转型升级对策［J］．经济纵横，2018（03）：52-57.

［10］刘志彪．强化实体经济吸引力和竞争力［J］．中国科技产业，2018（03）：36-37.

［11］陈健，龚晓莺．新时代实体经济与虚拟经济协调发展研究［J］．经济问题探索，2018（03）：178-184.

［12］刘鹤．坚持和完善社会主义基本经济制度［N］．人民日报，2019-

11-22（006）.

［13］徐忠．如何理解十九大后的中国经济及相关改革［J］．上海金融，2018（02）：1-4.

［14］宋国恺．新时代高质量发展的社会学研究［J］．中国特色社会主义研究，2018（05）：60-68.

［15］李淑，李松龄．新时代高质量发展的理论认识与制度安排——基于劳动价值论的深化认识［J］．湖南大学学报（社会科学版），2019，33（06）：63-70.

［16］魏杰．高质量发展的六大特质［N］．北京日报，2018-07-23（014）.

［17］金碚．关于“高质量发展”的经济学研究［J］．中国工业经济，2018（04）：5-18.

［18］史丹，赵剑波，邓洲．推动高质量发展的变革机制与政策措施［J］．财经问题研究，2018（09）：19-27.

［19］杜秦川．实现平衡、充分发展需破解四大结构性问题［J］．宏观经济管理，2019（03）：21-30.

［20］潘素昆，王跃生．利用对外直接投资推动中国经济高质量发展［J］．新视野，2018（04）：89-95.

［21］袁晓玲，李彩娟，李朝鹏．中国经济高质量发展研究现状、困惑与展望［J］．西安交通大学学报（社会科学版），2019，39（06）：30-38.

［22］盛朝迅．“十四五”时期我国产业高质量发展环境将面临深刻变化［J］．中国发展观察，2019（21）：32-35.

［23］温涛，刘渊博．西部地区高质量发展的制约瓶颈和突破路径［J］．贵州财经大学学报，2019（03）：75-81.

［24］王耀，何泽军，安琪．县域城镇化高质量发展的制约与突破［J］．中州学刊，2018（08）：31-36.

［25］刘志彪．为高质量发展而竞争：地方政府竞争问题的新解析［J］．河海大学学报（哲学社会科学版），2018，20（02）：1-6+89.

［26］方大春，马为彪．中国省际高质量发展的测度及时空特征［J］．区域经济评论，2019（02）：61-70.

［27］李梦欣，任保平．新时代中国高质量发展指数的构建、测度及综合评价［J］．中国经济报告，2019（05）：49-57.

［28］易昌良，李林．以金融创新推动我国资源型城市经济转型［J］．经

济研究参考，2016（49）：59-66.

［29］师博．中国特色社会主义新时代高质量发展宏观调控的转型［J］．西北大学学报（哲学社会科学版），2018，48（03）：14-22.

［30］潘建成．中国经济进入转型升级的关键时间窗口［N］．企业家日报，2017-04-21（W01）．

［31］任保平，李禹墨．新时代我国高质量发展评判体系的构建及其转型路径［J］．陕西师范大学学报（哲学社会科学版），2018，47（03）：105-113.

［32］师博，任保平．中国省际经济高质量发展的测度与分析［J］．经济问题，2018（04）：1-6.

［33］王志博．中国区域经济实现高质量发展的思路和政策——基于高质量发展的评价指标体系构建与分析［J］．全国流通经济，2019（06）：86-87.

［34］张银银．创新驱动产业结构升级的路径研究［N］．东莞日报，2015-08-24（A07）．

［35］魏江，李拓宇，赵雨菡．创新驱动发展的总体格局、现实困境与政策走向［J］．中国软科学，2015（05）：21-30.

［36］王海芸，陶晓丽，刘杨．基于“五种责任”的全国科技创新中心评价指标研究［J］．科研管理，2017，38（S1）：317-324.

［37］韦伟．从区域竞争迈向高质量发展的区域合作［J］．区域经济评论，2018（05）：53-57.

［38］蔡之兵．如何实现高质量区域协调发展新格局［J］．经济，2018（08）：96-98.

［39］张占军，班斓，袁晓玲．老龄化与污染对中国经济转型的倒逼机制研究［J］．当代经济科学，2018，40（04）：113-123+128.

［40］金乐琴．高质量绿色发展的新理念与实现路径——兼论改革开放40年绿色发展历程［J］．河北经贸大学学报，2018，39（06）：22-30.

［41］彭文斌，文泽宙．绿色创新与中国经济高质量发展［J］．江汉论坛，2019（09）：36-43.

［42］杨丹辉．以更高水平开放推动更高质量发展［J］．国家治理，2018（27）：3-10.

［43］姚树洁，王洁菲．新中国成立70年来的经济发展与反贫之路［J］．中南财经政法大学学报，2019（06）：3-16+158.

［44］刘光浩，李强治．共享经济用户押金的性质分析及治理策略［J］．

信息通信技术与政策，2019（03）：20-22.

［45］任保平，张星星．新中国70年工业化发展进程的演进及其未来趋势［J］．西安财经学院学报，2019，32（04）：17-23.

［46］闫柳君．高质量发展阶段的共享理念探析［J］．江南论坛，2018（07）：33-35.

［47］Haken H. Thermodynamics—Synergetics—Life［J］. Journal of Non - Equilibrium Thermodynamics，1987，12（01）：1-10.

［48］赫尔曼·哈肯．协同学：大自然构成的奥秘［M］．上海：上海译文出版社，2005.

［49］哈肯．高等协同学［M］．北京：科学出版社，1989.

［50］Zotin A. A.，Lamprecht I.，Zotin A. I. Bioenergetic Progress and Heat Barriers［J］. Journal of Non - Equilibrium Thermodynamics，2001，26（02）：191-202.

［51］郭皓月，樊重俊，李君昌，王来，吴海春，杨云鹏．考虑内外因素的电子商务产业与大数据产业协同演化研究［J］．运筹与管理，2019，28（03）：191-199.

［52］林黎．我国区域产学研创新的协同度研究：以重庆市为例［J］．科技管理研究，2018，38（15）：99-104.

［53］王会金，嵇欣欣．反腐视域下政府审计与行政部门协同治理研究［J］．会计之友，2018（12）：91-95.

［54］张兴．协同视野下的财政支出绩效评价——以X市职业教育项目为例［J］．地方财政研究，2017（07）：94-99+105.

［55］王得新．我国区域协同发展的协同学分析——兼论京津冀协同发展［J］．河北经贸大学学报，2016，37（03）：96-101.

［56］Robert Lieb，John Miller. The Use of Third-party Logistics Services by Large US Manufacturers，The 2000 Survey［J］. International Journal of Logistics Research and Applications，2002，5（01）.

［57］于丽静，于娟，王玉梅．制造企业与物流企业协同创新的演化博弈分析［J］．科技管理研究，2019，39（06）：1-10.

［58］吴占坤，赵英姝．物流业与制造业协同联动发展研究［J］．河北企业，2018（11）：98-99.

［59］王珍珍．基于共生度模型的长江经济带制造业与物流业协同发展研

究［J］. 管理学刊，2017，30（05）：34-46.

［60］李学兰，王海元．陕西省物流业与制造业低碳联动协同发展研究［J］. 内蒙古财经大学学报，2017，15（03）：44-48.

［61］张骥．论制造业运输业协同发展关系——新经济地理理论视角［J］. 技术经济与管理研究，2018（04）：3-11.

［62］弓宪文，王勇．我国制造业与物流业耦合协调的时空演化分析［J］. 技术经济与管理研究，2016（07）：8-12.

［63］弓宪文．制造业与物流业协调发展测度方法及实证分析［J］. 北京交通大学学报（社会科学版），2016，15（04）：74-84.

［64］李根．产业共生视角下制造业与物流业协同发展研究［J］. 商业经济研究，2016（22）：184-187.

［65］范荣华．基于协同体系构建的物流业与制造业创新服务模式探析［J］. 企业经济，2016（06）：128-132.

［66］张长森．物流业与制造业协同发展实证分析与对策研究［J］. 物流技术，2014，33（09）：299-301.

［67］Zhang，Ding，Ke. The Effect of R&D Input and Financial Agglomeration on the Growth Private Enterprises：Evidence from Chinese Manufacturing Industry［J］. Emerging Markets Finance and Trade，2019，55（10）.

［68］张杰．中国金融体系偏向性发展的典型特征、错配效应与重构路径［J］. 探索与争鸣，2018（01）：91-99+143.

［69］李鹏飞，孙建波．我国经济“脱实向虚”的影响、成因及对策——基于国际比较的视角［J］. 郑州大学学报（哲学社会科学版），2017，50（04）：72-76.

［70］刘佳宁．新常态下制造业转型升级的金融支撑［J］. 广东社会科学，2016（01）：46-54.

［71］修国义，许童童．中国装备制造业发展的金融支持测度研究［J］. 工业技术经济，2016，35（03）：73-77.

［72］徐玲．制造业 FDI 与服务业 FDI 动态经济效应研究［J］. 统计与决策，2016（13）：133-135.

［73］赵明亮．新常态下中国产业协调发展路径——基于产业关联视角的研究［J］. 东岳论丛，2015，36（02）：123-129.

［74］王青，李佳馨，郭辰．生产性服务业对装备制造业子行业效率的影

响——基于东北地区的实证研究［J］. 工业技术经济，2019，38（05）：71-78.

［75］沈华夏，殷凤．制造业与生产性服务业互动不平衡性［J］. 国际经贸探索，2019，35（03）：54-69.

［76］高月媚．东北老工业地区生产性服务业与制造业联动实证分析［J］. 统计与决策，2018，34（24）：120-123.

［77］唐晓华，张欣珏，李阳．中国制造业与生产性服务业动态协调发展实证研究［J］. 经济研究，2018，53（03）：79-93.

［78］袁平红．中国流通业、制造业对外直接投资协同研究［J］. 贵州省党校学报，2017（06）：59-65.

［79］巩宏丽．河南省制造业与制造服务业的空间协同效应分析［J］. 统计与决策，2018，34（06）：92-94.

［80］高寿华，刘程军，陈国亮．生产性服务业与制造业协同集聚研究——基于长江经济带的实证分析［J］. 技术经济与管理研究，2018（04）：122-128.

［81］李宁，王玉婧，韩同银．生产性服务业与制造业协同发展机理研究——基于产业、空间、企业活动多维视角［J］. 技术经济与管理研究，2018（07）：124-128.

［82］孟卫军．推动经济高质量发展［J］. 浙江经济，2018（1）.

［83］裴小兵，裴志杰．浅谈创新驱动产业结构转型升级［J］. 价值工程，2017（6）.

［84］苏治，方彤，尹力博．中国虚拟经济与实体经济的关联性——基于规模和周期视角的实证研究［J］. 中国社会科学，2017（08）：88-110+206-207.

［85］王云平．振兴实体经济、壮大制造业的对策建议［J］. 宏观经济管理，2017（11）：36-41.

［86］张杰，宋志刚．供给侧结构性改革中“降成本”的战略内涵与具体途径［J］. 经济体制改革，2016（05）：5-11.

［87］王晓玲，董绍增，安春生．新常态下黑龙江省产业结构转型升级对策研究［J］. 对外经贸，2017（03）：44-45.

［88］夏飞龙，张小筠．制造业转型升级的经验、方向及对策——以深圳市为例［J］. 企业经济，2018（09）.

［89］程浩．我国制造业集聚的经济效应研究［D］. 吉林大学博士学位论文，2015.

[90] 邵林，都银友．新旧动能转换下山东省制造业转型升级的金融支持路径研究［J］．山东广播电视大学学报，2019（02）：75-78.

[91] 魏少彬，韦素琼，李航飞．1991 年以来两岸关系背景下台湾制造业对外直接投资的时空格局演化［J］．经济地理，2019，39（03）：108-116.

[92] 白万平，吕政，刘丽萍．外商直接投资、交通基础设施改善与制造业集聚——基于 2003—2016 年中国 285 个地级市面板数据的实证研究［J］．贵州财经大学学报，2019（02）：11-23.

[93] 李治国，朱永梅，吴茜．山东省制造业碳排放驱动因素研究——基于 GDIM 方法［J］．华东经济管理，2019，33（04）：30-36.

[94] 闫坤，于树一．稳增长、财税政策和制造业新动能找寻［J］．改革，2017（04）：90-101.

[95] Mittal S.，Khan M. A.，Romero D.，et al. Smart Manufacturing：Characteristics，Technologies and Enabling Factors［J］. Proceedings of the Institution of Mechanical Engineers，Part B：Journal of Engineering Manufacture，2019，233（05）：1342-1361.

[96] 谢波，李松月．贸易开放、技术创新对我国西部制造业碳排放绩效影响研究［J］．科技管理研究，2018，38（09）：84-90.

[97] 王家庭，李艳旭，马洪福，曹清峰．中国制造业劳动生产率增长动能转换：资本驱动还是技术驱动［J］．中国工业经济，2019（05）：99-117.

[98] 李金华．高端制造业创新要素、创新活动及成果非均衡测度［J］．财经问题研究，2019（04）：37-44.

[99] 刘家骏，赵剑波．制造业技术创新中心国际经验借鉴［J］．中国工业和信息化，2019（05）：52-58.

[100] 张营营，高煜．创新要素流动能否促进地区制造业结构优化——理论解析与实证检验［J/OL］．现代财经（天津财经大学学报），2019（06）：98-113.

[101] Rupietta C.，Backes-Gellner U. Combining Knowledge Stock and Knowledge Flow to Generate Superior Incremental Innovation Performance—Evidence from Swiss Manufacturing［J］. Journal of Business Research，2019（94）：209-222.

[102] Pérez J. A. H.，Geldes C.，Kunc M. H.，et al. New Approach to the Innovation Process in Emerging Economies：The Manufacturing Aector Case in Chile and Peru［J］. Technovation，2019（79）：35-55.

［103］ 卢志渊．中国制造业价值链软肋对高校创新创业教育的启示［J］．改革与开放，2019（01）：28-31.

［104］ 肖挺．知识密集型服务业与制造业互动发展的实证分析——基于就业与动能转换的双重视角［J］．中国科技论坛，2018（10）：128-137+145.

［105］ 连素兰，何东进，纪志荣，洪伟，吴柳萍，曹彦．低碳经济视角下福建省林业产业结构与林业经济协同发展研究——基于耦合协调度模型［J］．林业经济，2016，38（11）：49-54+71.

［106］ 刘蒙罢，胡贤辉．湖南省土地利用经济效益空间差异分析——基于耦合协调度模型［J］．安徽农业科学，2018，46（23）：39-43.

［107］ 李琦．基于耦合协调度模型的成都市旅游产业与区域经济发展关系研究［J］．现代商业，2017（13）：83-85.

［108］ 胡凤英，郑毅，周正龙．基于耦合协调度模型的广西旅游业与区域经济互动影响研究［J］．华中师范大学学报（自然科学版），2015，49（04）：640-646.

［109］ 张艳珍．基于耦合协调度模型的新疆旅游产业与区域经济发展关系研究［D］．新疆大学硕士学位论文，2015.

［110］ 程长林，任爱胜，王永春，王国刚，修文彦．基于协调度模型的青藏高原社区畜牧业生态、社会及经济耦合发展［J］．草业科学，2018，35（03）：677-685.

［111］ 马鸣．基于耦合协调度模型的旅游业与城镇化协调发展实证分析［J］．中国集体经济，2017（10）：49-51.

［112］ 熊晓炼，代芳芳．中国西部地区金融集聚与经济发展的耦合机制——基于协调度模型的实证分析［J］．贵州师范大学学报（社会科学版），2018（04）：94-103.

［113］ 耿芳，董增川，管西柯．基于耦合协调度模型的南京市用水效率与经济发展关系［J］．水利经济，2017，35（01）：21-25+76.

［114］ 张文会，韩力．我国装备制造业高质量发展应聚焦三大能力［J］．工业经济论坛，2018，5（05）：1-6+64.

［115］ 许卫华．国家粮食主产区制造业高质量发展指标体系的构建——以河南省为例［J］．中国物价，2019（02）：44-46.

［116］ 周雪峰，左静静．河南省民营企业创新投资研究［M］．北京：清华大学出版社，2018：5-6.

[117] 张雪玲，陆秋夏．中国新经济发展与创新驱动因素的量化关系研究 [J]．生产力研究，2018（11）：26-30+50.

[118] 李世婷．基于创新驱动的陕西省产业升级能力评价研究 [D]．西安科技大学博士学位论文，2017.

[119] 李丹青，胡雪萍．中国制造业技术创新效率及其影响因素探析——基于不同所有制企业的对比 [J]．财会月刊，2017（27）：45-51.

[120] 张再生，张奕野，杨庆．创新驱动发展战略实施效果评估及政策优化研究——以天津市为例 [J]．经济与管理研究，2019（03）：107-116.

[121] 苗圩．通过“四快一好”抓好制造业的高质量发展 [J]．中国经济周刊，2019（05）：70.

[122] 张文会，乔宝华．构建我国制造业高质量发展指标体系的几点思考 [J]．工业经济论坛，2018，5（04）：27-32.

[123] 王振．上海制造业如何实现高质量的创新驱动 [J]．上海质量，2018（07）：23-25.

[124] 赵鹏．谋篇布局制造业高质量发展[J]．浙江经济，2019(02)：63.

[125] 李廉水．中国制造业发展研究报告 2017-2018 [M]．北京：北京大学出版社，2018：85-92.

[126] 陈才．基于互联网大数据的制造业企业高质量发展评价指标体系及方法研究——以重庆上市企业为例 [A]//中国统计教育学会．2018 年（第六届）全国统计建模大赛论文集 [C]．2018：26.

[127] 李金昌，史龙梅，徐蔼婷．高质量发展评价指标体系探讨 [J]．统计研究，2019，36（01）：4-14.

[128] 国家统计局．中国统计年鉴 2018 [M]．北京：中国统计局，2018.

[129] 樊步青，王莉静．我国制造业低碳创新系统及其危机诱因与形成机理分析 [J]．中国软科学，2016（12）：51-60.

[130] 侯璐璐，张燕华．地区经济主导产业与优势产业选择比较研究——以重庆市制造业为例 [J]．技术经济与管理研究，2015（12）：113-117.

[131] 赵育琴．基于国际贸易理论的优势产业发展基础与概念界定 [J]．商业时代，2014（05）：120-121.

[132] 宋德勇，李金滟．论区域优势产业的作用机制与培育途径 [J]．理论月刊，2006（03）：73-76.

[133] 訾永胜．“一带一路”倡议下新疆优势产业选择研究 [J]．科技和

产业，2019，19（04）：28-32.

［134］白小明．河南省优势产业创新能力的分析与思考［J］．北方经济，2010（04）：73-75.

［135］赵君，蔡翔．基于比较优势的区域优势产业选择研究——以广西制造业为例［J］．安徽农业科学，2007（18）：5626-5628.

［136］贾琳．江苏制造业优势产业选择分析［J］．苏州市职业大学学报，2009，20（03）：69-73.

［137］郭永花．基于因子分析法分析陕西省优势产业选择——以第二产业为例［J］．企业导报，2012（17）：126.

［138］孙硕，唐铜生．基于 PCA 模型的南宁制造业优势产业分析［J］．商业研究，2012（07）：76-81.

［139］赵亮．基于因子分析的区域优势产业实证研究——以河南省优势产业为例［J］．农村经济与科技，2013，24（08）：70-72.

［140］向平安，姚瑶．重点生态功能区特色工业选择的实证研究［J］．湖南社会科学，2016（03）：116-121.

［141］张祎蓉，向平安．重点生态功能区域特色优势产业选择——以张家界市为例［J］．作物研究，2018，32（05）：422-428.

［142］蔡兴．低碳经济背景下中国制造业主导产业选择［J］．系统工程，2010，28（12）：105-110.

［143］姚晓芳，赵恒志．区域优势产业选择的方法及实证研究［J］．科学学研究，2006（S2）：463-466.

［144］李豫新，王淑娟．向西开放背景下优势产业选择研究——基于新疆的实证分析［J］．国际经贸探索，2014，30（07）：98-107.

［145］张颖，丁贺，张锐．基于偏离份额分析法的安徽省林业优势产业的选择研究［J］．中南林业科技大学学报，2014，34（07）：115-120.

［146］张丽叶．河南省农业产业化集群发展实证研究［J］．河南牧业经济学院学报，2016，29（03）：14-18.

［147］侯仲凯，何卓静．基于因子分析法的西藏县域优势产业评价研究［J］．经济研究参考，2016（37）：38-46.

［148］李洪成，姜宏华．SPSS 数据分析教程［M］．北京：人民邮电出版社，2012.

［149］李春生．京津冀协同发展中的产业结构调整研究［J］．企业经济，

2015（08）：141-145.

［150］胡源．河南省主导产业发展中存在的主要问题及对策［J］．现代商业，2011（06）．

［151］王秋香．河南省传统优势产业竞争力提升研究［D］．郑州大学博士学位论文．2011.

［152］王凯．基于因子分析法和专家打分法的制造业主导产业选择——以威海为例［J］．时代金融，2018（32）：97+100.

［153］裴学亮，朱铁，满小莉．全球价值链视角下产业合作模式选择——来自闽台主导产业的实证研究［J］．科技进步与对策，2017，34（22）：47-54.

［154］曲泽静，张慧君．创新驱动区域主导产业升级与价值链重构路径［J］．统计与决策，2017（24）：35-39.

［155］喻友员．江西省现代服务业主导产业选择研究［J］．统计与咨询，2018（4）．

［156］雷心恬．区域主导产业选择基准模型构建——以福建省宁德市为例［J］．宁德师范学院学报，2018（2）．

［157］谢雅珠，李光勤．海西经济区产业差异与主导产业选择研究——基于区位熵和产业梯度系数的分析［J］．发展研究，2015（01）：61-67.

［158］许卫华．国家粮食主产区工业主导产业的选择研究——以河南省为例［J］．现代商贸工业，2019，40（06）：4-5.

［159］刘克利，彭水军，陈富华．主导产业的评价选择模型及其应用［J］．系统工程，2003（03）：62-68.

［160］党耀国，刘思峰，翟振杰．区域主导产业评价指标体系选择与数学模型［J］．经济经纬，2004（06）：38-40.

［161］杨雪春，苏海威，王茂军．基于投入产出数据的区域工业主导产业选择——以四川省为例［J］．首都师范大学学报（自然科学版），2010，31（03）：76-82.

［162］赵艳轲，余兴厚．基于投入产出和 DEA 的重庆主导产业选择研究［J］．重庆工商大学学报（社会科学版），2011，28（03）：33-37.

［163］王秋红，吕沙．基于 DEA-CCR 模型的甘肃主导产业选择［J］．开发研究，2013（04）：38-41.

［164］高爽爽．供给侧结构性改革背景下我国主导产业的选择［D］．河南大学硕士学位论文，2018（6）．

［165］刘倩．中心城市卫星城主导产业选择研究［D］．北京交通大学硕士学位论文，2018.

［166］Vandemerve S.，Rada J. Servititation of Business：Adding Value by Adling Services［J］. European Management Journal，1988，10（9）：33-40.

［167］Croxton K. L.，Gareria-Dastugue S. J.，Lambert D. M.，Rogers. The Supply Chain Management Proces［J］. The Internet Journal of Logistic Management，2001（12）：22-30.

［168］White A. L.，Stoughton M.，Feng L. Servicizing. The Quiet Transi-tion to Extended Procduct Responsibility［M］. Boston：Tellus Institute，1999：123-140.

［169］Szalavetz A. Tertiarization of Manufacturing Industry in the New Economy：Experiences in Hungarian Companies［M］. Hungary：Institute for World Economics，2003.

［170］Toffel. M. W. Contracting for Servicizing［M］. Hass School of Business University of California-Berkeley Working Paper，May，2013：30-40.

［171］刘继国，李江．国外制造业服务化问题研究综述［J］．经济学家，2016（03）：119-126.

［172］李刚，郑立．21世纪的先进制造模式——服务型制造［J］．中国机械工程，2015（18）：51-53.

［173］迈克尔·波特．竞争战略［M］．北京：华夏出版社，1980：50-80.

［174］Mathieu V. Product Service：From a Service Supporting the Product to a Service Supporting the Client［J］Journal of Business & Industrial Marketing，2001，1（05）：50-55.

［175］Fishbein B.，L. S. McGarry，P. S. Dillon. Leasing：A Step Toward Producer Responsibility［J］. NY：Inform，Inc.，2002，8（04）：45-50.

［176］邵锦华．基于价值链理论视角的制造业服务化原因探讨［J］．江苏商论，2014（09）：21-23.

［177］孙林岩，李刚，蒋志斌．21世纪的先进制造模式——服务型制造［J］．中国机械工程，2016（18）：20-33.

［178］周国华，王岩岩．服务型制造模式研究［J］．技术经济，2017（02）：32-34.

［179］郑吉昌．产品服务增值与制造企业的战略扩张［J］．学术探索，

2014（10）：44-48.

［180］刘平．基于产品服务的制造企业战略选择［M］．南昌：江西社会科学出版社，2015：60-70.

［181］Baines T. S.，Lightfoot H. W.，Benedettini O.，et al. The Servitization of Manufacturing：A Review of Literature and Reflection on Future Challenges［J］. Journal of Manufacturing Technology Management，2009，20（5）：547-567.

［182］Lay G.，Copani G.，Jager A.，et al. The Relevance of Service in European Manufacturing Industries［J］. Journal of Service Management，2010，21（5）：715-726（12）.

［183］Dimache A.，Roche T. A Decision Methodology to Support Servitisation of Manufacturing［J］. International Journal of Operations & Production Management，2013，33（11-12）：1435-1457.

［184］张伯旭，赵剑波等．服务型制造的模式创新［J］．企业管理，2016（11）：12-15.

［185］刘兰芝．制造业服务化模式研究［J］．经贸实践，2017（5）：140.

［186］Saara Brax. A Manufacturer Becoming Service Provider-challenges and a Paradox［J］. Managing and Service Quality，2005，15（2）：140-145.

［187］赵少华．装备制造业服务化水平过程及影响因素研究——基于我国内地 30 个省市截面数据的实证研究［J］．科技进步与对策，2014（14）：48-52.

［188］周燕春，赵守国．制造企业服务化的理论依据及动因分析［J］．科技管理研究，2016（30）：15-20.

［189］童有好．“互联网+制造业服务化”融合发展研究［J］．经济纵横，2015（10）：60-67.

［190］胡敏，陈建军，沈继为等．生产性服务业与安徽制造业互动发展的思考［J］．安徽科技，2016（13）：21-23.

［191］周国华，王岩岩．服务型制造模式研究［J］．技术经济，2017（02）：13-18.

［192］Reiskin E. D.，White Kauffman Johnson. Servcicing the Chemical Supply Chain［J］. Journal of Industrial Ecology，2003（3）：20-50.

［193］赵一婷，刘继国．制造业服务化：概念、趋势及其启示［J］．当代经济管理，2016（7）：45-60.